内蒙古发展报告（2021）

DEVELOPMENT REPORT OF
INNER MONGOLIA（2021）

内蒙古自治区社会科学院

主　编　包思勤

副主编　天　莹　双　宝　焦志强

远方出版社

编　委　会

“双碳”目标下调整优化内蒙古自治区能源结构和制造业结构的几点思考

（代序）

包思勤

改革开放特别是进入21世纪以来，内蒙古抓住我国工业化和城镇化加速推进的历史机遇，依托资源禀赋，发挥比较优势，大力发展能源和原材料产业，客观上形成了重型化产业结构。全区能源和原材料工业占规模以上工业增加值比重82.1%，电力、化工、钢铁、有色金属、石化炼焦、建材六大高耗能行业能耗占规模以上工业能耗比重89.4%，单位地区生产总值能耗是全国平均水平的3倍。内蒙古用占全国7.2%的碳排放生产了占全国1.7%的经济总量，单位地区生产总值碳排放和人均碳排放是全国平均水平的近4倍。在碳达峰碳中和战略目标要求下，我们要严格落实能耗“双控”目标任务，进一步控制和减少上游高耗能、高排放产业规模，通过严格控制新增产能、改造提升存量产能、淘汰落后产能等措施降低耗能和排放，腾出空间大力发展以绿色低碳为特征的新兴产业和先进制造业。

一、推动内蒙古由化石能源大区向非化石能源大区转变

内蒙古是我国煤炭、天然气、风能、太阳能等能源资源富集区，是国家重要的能源安全保障基地。2020年，全区煤炭产量10.1亿吨，占全国的1/4；煤炭外运5.7亿吨，占全国跨省调煤量的1/3；油气年生

产当量3900万吨标准煤，居全国前列；电力总装机1.48亿千瓦，火电装机9428万千瓦，跃居全国第一位；建成5条特高压、11条超高压电力外送通道，输电能力达7000万千瓦，外送电量占全国跨省送电量的17%，均居全国第一位，成为全国最大的电力保障基地。内蒙古大量煤炭、电力外输，在为国家大气污染治理、绿色发展做出重大贡献的同时，也给本地区的生态保护和环境治理带来很大压力。内蒙古要在"双碳"背景下实现能源绿色低碳转型，根本出路在于构建以新能源为主体的生产体系和新型电力系统，根本动力和支撑在于科技创新，核心任务是要在大规模新能源高效消纳、先进储能、氢能、碳捕集封存与利用等关键技术上取得突破。围绕火电脱碳，建议国家应优先考虑在内蒙古建设技术减碳国家实验室、科创中心、成果转化平台等，支持绿色低碳技术在内蒙古试点示范与推广应用。

着力构建以新能源为主体的清洁低碳安全高效能源体系。深入落实习近平总书记的重要指示，切实做好现代能源经济这篇大文章。根据美国著名学者杰里米·里夫金的研究，世界化石能源资产可能会在2025—2030年之间发生一次危机，也就是化石能源资产将会大幅度贬值缩水，特别是以煤炭为代表的资产。并指出，当今世界已进入以风、光等新能源、信息技术、生物技术并发为代表的第三次工业革命。我们紧跟世界能源革命和产业变革新趋势，着力调整优化能源结构，加快推动可再生能源大规模、高比例、市场化和高质量发展。充分利用风能、太阳能等新能源资源优势（内蒙古风能资源位居全国第一，光照资源位居全国第二），依托强大的新能源产业基础（新能源装机占全区电力总装机规模的36%，规模和占比均居全国前列），加快打造以新能源为主体的新型电力系统。推进煤电油气产供储销体系建设，推动形成多种能源协同互补、综合利用、集约高效的供能方式。以新能源发展为主要抓手，积极发展风能、光伏、氢能、储能等产业集群，实施好新能源倍增、源网荷储、绿电输送、数字能源等重点工程，大力发展新能源装备制造业，做大做强做优新能源全产

“双碳”目标下调整优化内蒙古自治区能源结构和制造业结构的几点思考

（代序）

包思勤

改革开放特别是进入21世纪以来，内蒙古抓住我国工业化和城镇化加速推进的历史机遇，依托资源禀赋，发挥比较优势，大力发展能源和原材料产业，客观上形成了重型化产业结构。全区能源和原材料工业占规模以上工业增加值比重82.1%，电力、化工、钢铁、有色金属、石化炼焦、建材六大高耗能行业能耗占规模以上工业能耗比重89.4%，单位地区生产总值能耗是全国平均水平的3倍。内蒙古用占全国7.2%的碳排放生产了占全国1.7%的经济总量，单位地区生产总值碳排放和人均碳排放是全国平均水平的近4倍。在碳达峰碳中和战略目标要求下，我们要严格落实能耗“双控”目标任务，进一步控制和减少上游高耗能、高排放产业规模，通过严格控制新增产能、改造提升存量产能、淘汰落后产能等措施降低耗能和排放，腾出空间大力发展以绿色低碳为特征的新兴产业和先进制造业。

一、推动内蒙古由化石能源大区向非化石能源大区转变

内蒙古是我国煤炭、天然气、风能、太阳能等能源资源富集区，是国家重要的能源安全保障基地。2020年，全区煤炭产量10.1亿吨，占全国的1/4；煤炭外运5.7亿吨，占全国跨省调煤量的1/3；油气年生

产当量3900万吨标准煤，居全国前列；电力总装机1.48亿千瓦，火电装机9428万千瓦，跃居全国第一位；建成5条特高压、11条超高压电力外送通道，输电能力达7000万千瓦，外送电量占全国跨省送电量的17%，均居全国第一位，成为全国最大的电力保障基地。内蒙古大量煤炭、电力外输，在为国家大气污染治理、绿色发展做出重大贡献的同时，也给本地区的生态保护和环境治理带来很大压力。内蒙古要在“双碳”背景下实现能源绿色低碳转型，根本出路在于构建以新能源为主体的生产体系和新型电力系统，根本动力和支撑在于科技创新，核心任务是要在大规模新能源高效消纳、先进储能、氢能、碳捕集封存与利用等关键技术上取得突破。围绕火电脱碳，建议国家应优先考虑在内蒙古建设技术减碳国家实验室、科创中心、成果转化平台等，支持绿色低碳技术在内蒙古试点示范与推广应用。

着力构建以新能源为主体的清洁低碳安全高效能源体系。深入落实习近平总书记的重要指示，切实做好现代能源经济这篇大文章。根据美国著名学者杰里米·里夫金的研究，世界化石能源资产可能会在2025—2030年之间发生一次危机，也就是化石能源资产将会大幅度贬值缩水，特别是以煤炭为代表的资产。并指出，当今世界已进入以风、光等新能源、信息技术、生物技术并发为代表的第三次工业革命。我们紧跟世界能源革命和产业变革新趋势，着力调整优化能源结构，加快推动可再生能源大规模、高比例、市场化和高质量发展。充分利用风能、太阳能等新能源资源优势（内蒙古风能资源位居全国第一，光照资源位居全国第二），依托强大的新能源产业基础（新能源装机占全区电力总装机规模的36%，规模和占比均居全国前列），加快打造以新能源为主体的新型电力系统。推进煤电油气产供储销体系建设，推动形成多种能源协同互补、综合利用、集约高效的供能方式。以新能源发展为主要抓手，积极发展风能、光伏、氢能、储能等产业集群，实施好新能源倍增、源网荷储、绿电输送、数字能源等重点工程，大力发展新能源装备制造业，做大做强做优新能源全产业链。

在沙漠、戈壁、荒漠地区加快规划建设大型风电光伏基地项目。在资源条件较好的沿边戈壁、荒漠地区推进连片开发建设风电项目。在沙漠、采煤沉陷区、露天矿排土场等地重点布局光伏项目，持续扩大生态光伏装机规模。坚持风光火储打捆外送，加快电力系统由以火电为主体向以新能源为主体的转变，持续推动建设面向中东部地区的绿色电力外送通道。推进实施控煤减碳工程，有序释放煤炭先进产能。完善促进清洁能源发展保障机制，重点控制化石能源消费，推动传统燃煤电厂与新能源、储能、氢能等耦合式发展，实现电力电量绿色低碳供应，加快新能源消纳利用。发挥风光资源优势，大力发展风光氢储、绿氢生产应用等示范，加快构建氢能源产业链供应链。

积极推进全国最大最强的现代煤化工基地建设。习近平总书记在陕西榆林考察时强调，煤化工产业潜力巨大、大有前途，要提高煤炭作为化工原料的综合利用效能，促进煤化工产业高端化、多元化、低碳化发展，把加强科技创新作为最紧迫任务，加快关键核心技术攻关，积极发展煤基特种燃料、煤基生物可降解材料等。“十一五”以来，内蒙古煤制油气、烯烃、乙二醇等现代煤化工产业加快发展，已建成全国最大、门类最全的现代煤化工生产基地。要加快实施能源综合利用升级改造，多元发展煤基产业，打造煤基全产业链。要进一步提高煤炭就地转化和集中利用水平，稳步推进现代煤化工清洁高效转化。

争取在内蒙古开展全国碳交易试点。碳交易市场最重要的功能就是为全国碳减排提供低成本、高效率的价格工具，同时为我国未来140万亿的投资提供价格信号、引导功能、激励机制、风险应对与稳定预期。要抓住中国碳交易市场方兴未艾的历史机遇，建议国家继北京、天津、上海、重庆、广东、湖北、深圳、福建8个碳交易试点后，在内蒙古开展全国碳交易试点，以推动能源革命和绿色低碳循环发展。

改造优化供能模式。以“云大物智移”等先进技术为支撑，推进重点行业、重点用能企业节能降碳改造。提升燃煤电厂高可靠性供电保障能力、低碳智能运行水平和深度调峰能力，构建以电力安全供应为前提，以清洁发电为主体，以智能综合服务为目标的新型绿色智慧电厂。实施再电气化工程，不断提高全社会各领域各行业电气化水平。

二、全面推进制造业由价值链低端向中高端迈进

“十三五”期间，内蒙古有序退出过剩产能、落后产能，实施了一批资源就地加工转化项目，煤炭、甲醇、电石、电解铝、稀土、农畜产品等资源就地加工转化水平稳步提高。制造业增加值年均增长8%左右，高于工业增加值年均增速3.5个百分点。但是，内蒙古经济发展过度依赖高耗能产业的总体情况尚未改变。制造业发展还很不充分，制造业占地区生产总值的比重为14%，不到全国平均水平的一半。2020年，全区高耗能行业投资仍占到制造业投资的64.1%（不含电力、热力生产和供应业），资源型产业高能耗、低附加值导致能耗总量和强度持续结构性上升。

“十四五”和更长时期，内蒙古要深入实施制造强国战略，积极锻造长板，加快补齐短板，推动内蒙古制造业向价值链中高端迈进。认真落实能耗“双控”政策要求，无论是新上项目还是技改项目，在准入上都要对标国家能耗和排放先进值、领跑值。建立制造业领域高耗能项目立项审批与能耗“双控”联动机制。大力推进节能改造，强化重点用能单位节能管理，促进合法合规用能。严格传统高耗能行业准入标准，坚决遏制高耗能项目低水平重复建设，严控新增能耗，削减存量能耗。发挥电价调控作用，从需求端控制高耗能企业用电。建立健全节能监察体系，对能源、原材料等领域进行节能监察，加强能耗在线监测系统建设，对重点高耗能项目用能情况进行动态调度。

全面改造提升传统产业。坚持结构性去产能、系统性优产能，

充分发挥数字技术在传统产业发展中的赋能赋智引领作用，加快推进高端化、智能化、绿色化转型升级。加快提升钢铁、有色金属、化工等行业技术装备水平，加快设备更新和新产品规模化应用。现代煤化工不再扩大单纯甲醇、烯烃产能，鼓励向醇醚类、聚酯类、纤维类等下游产品延伸加工。精细化工重点发展医药农药系列、染料系列、有机硅系列、化工材料、氟化工等煤基精细化工产业。钢铁要聚力发展高纯铁、不锈钢、稀土钢、硅钢等特种钢和重轨型材、钢结构建筑型材、高端板材等高附加值钢材。电解铝重点配套布局板、带、材、棒、管、箔等铝后加工项目。铜冶炼新上项目必须配套精炼装置，配套布局铜导线、铜杆、铜合金等延伸加工项目。加大农畜产品精深加工力度。肉类加工要提高产业集中度，新上项目屠宰能力必须达到自治区规模化要求；羊绒加工主要是支持品牌企业发展规模化个性定制，提高现有产能利用率；玉米深加工重点在玉米主产区布局氨基酸、黄原胶、淀粉、燃料乙醇、原料药等玉米发酵项目；马铃薯加工主要是扩大淀粉、全粉、薯条薯片等优势产品规模，提高鲜薯加工转化率。内蒙古传统产业节能技术改造潜力较大，要加大财政对节能技术改造的支持，同时加快推进绿色金融创新，为实施绿色化改造企业优先提供融资服务。

全力推进先进制造业发展壮大。开展先进制造业集群发展专项行动。实施智能制造工程，在有条件的地区先行建设智能制造示范工厂。建立绿色制造体系，在全区范围内推动实施绿色制造工程。在大规模储能、石墨烯、稀土、氢能、碳捕集封存、新能源汽车等领域开展前沿技术攻关，构建具有内蒙古优势特色的先进制造业核心产业体系。

目　　录

总报告

经济篇

社会篇

专题篇

调查篇

总报告

2022年内蒙古经济形势分析与预测

内蒙古自治区社会科学院经济形势分析课题组

摘要：回望2021年，内蒙古经济运行总体保持持续恢复、结构优化、稳中加固、稳中向好的态势，实现了“十四五”良好开局。展望2022年，预计内蒙古潜在经济增长率为6.2%左右，经济工作要坚持稳字当头，稳中求进，担负起稳定宏观经济的重大责任，要积极谋划推出有利于经济稳定的政策，以促进自治区经济运行在合理区间，确保生态优先、绿色发展迈出坚实步伐，以优异成绩迎接党的二十大胜利召开。

关键词：经济形势；分析预测；政策建议

2021年以来，面对复杂严峻的国际国内环境、突发多变的新冠肺炎疫情防控形势和艰巨繁重的经济社会发展任务，自治区党委、政府以习近平新时代中国特色社会主义思想为指导，坚决贯彻落实习近平总书记对内蒙古工作重要讲话重要指示批示精神和党中央、国务院重大决策部署，以供给侧结构性改革为主线，统筹新冠肺炎疫情防控和经济社会发展，经济总体呈持续恢复、结构优化、稳中加固、稳中向好的态势。但自治区经济运行外部环境更趋复杂严峻，且不确定性增加，调结构、转方式任务艰巨，经济下行压力加大。展望2022年，内蒙古潜在经济增长率为6.16%，要坚持以经济建设为中心，聚精会神抓发展，推动经济实现质的稳步提升和量的合理增长。经济工作要坚持稳字当头，稳中求进，担负起稳定宏观经济的重大责任，要积极谋划推出有利于经济稳定发展的政策，以促进自治区经济运行在合理区间，确保生态优先、绿色发展迈出坚实步伐，迎接党的二十大胜利召开。

一、2021年经济运行基本态势及突出亮点

（一）全区工业生产总体保持平稳增长，企业效益大幅提升

一是全区工业生产延续恢复增长态势。2021年1—10月，全区规模以上工业增加值同比增长6.8%，比2019年同期增长5.5%，两年平均增长2.7%。前三季度，全区37个工业大类行业中，有29个行业增加值同比增长，增长面达78.4%，较上半年扩大8.1个百分点，20个行业增加值实现两位数增长。

二是制造业引领增长，原材料制造业和消费品制造业持续恢复，快速增长，贡献显著。前三季度，全区制造业增加值同比增长14.1%，两年平均增长9.9%。2021年，制造业增加值占全区规模以上工业的比重始终高于35%，增速一直高于全区平均水平，拉动规模以上工业增加值增速5.4个百分点，贡献率达73.3%，是支撑全区工业经济平稳运行的重要力量。

三是创新动能增强，新产业新产品较快增长。前三季度，全区高新技术业增加值增长31.2%，快于规模以上工业增速23.8个百分点。其中，计算机、通信和其他电子设备制造业增长22.7%，医药制造业增长31.0%。新产品产量也保持较快增长，风力发电机组同比增长3.5倍，单晶硅增长93.5%，稀土磁性材料增长39.7%。

四是全区工业企业经营状况持续改善，行业利润快速增长。基于大宗商品价格上涨、增煤保供、助企纾困措施的有力推进，全区工业生产需求持续改善，企业经营状况持续向好，收入增长快于成本费用，企业盈利水平不断提升。1—10月，在37个工业大类行业中，有24个行业利润同比增长（或扭亏为盈）。其中，有21个行业利润实现两位数及以上增长，有11个行业增速超过100%。采矿业、原材料制造

业、煤炭行业利润同比分别增长1.9倍、5.0倍、2.0倍，均高于全区平均水平。此外，在经济向好、需求扩大、价格上涨、上年同期基数较低等因素共同作用下，化学、有色冶炼、黑色冶炼、非金属行业利润分别增长2.9倍、6.0倍、17.2倍、3.7倍。

五是中部地区工业增长较为明显。前三季度，全区12个盟市中，有11个盟市规模以上工业增加值实现同比增长。中部地区规模以上工业增加值同比增长10.4%，分别高于西部地区和东部地区7.4个和4.9个百分点，拉动全区规模以上工业增加值增速6.1个百分点。

（二）煤电保供成效显著，全国重要能源和战略资源基地作用有效发挥

2021年，内蒙古坚决扛起国家能源保供政治责任，全力抓好煤炭增产保供和电力稳定运行，落实了全国18个省区市煤炭保供任务，持续保障外送电力稳定增长，发挥了全国重要能源和战略资源基地作用。

一是原煤增产保供生产增速加快。1—10月，全区规模以上工业企业生产原煤8.32亿吨，同比增长1.9%。

二是电力生产保持增长。1—10月，全区规模以上工业企业发电量4888.2亿千瓦·时，同比增长4.2%。全区累计外送电量1851亿千瓦·时，同比增长21.9%，外送电量稳居全国第一。

（三）绿色转型持续推进，能源产业向清洁化、低碳化迈进

2021年，内蒙古统筹能源保供和绿色转型关系，以“双碳”目标和能耗“双控”要求引领能源结构调整，能源发展向清洁化、低碳化加快迈进。新能源装机方面，实施新能源倍增行动，截至9月，新增新能源装机220万千瓦，全区新能源总装机达到5273万千瓦，清洁能源占比提高至36%。新能源发电方面，开工建设国家第一批风电、光伏大型发电基地，启动实施火电灵活性改造、绿电进园区、分散式风电和分布式光伏发电行动，1—9月新能源发电量850.6亿千瓦·时，比重达到19.1%，风电、光伏、水电发电量分别增长38%、14.1%、11.4%。

加快新能源开发，火电灵活性改造配套新能源425万千瓦，工业园区可再生能源替代配套建设新能源700万千瓦，保障性并网新能源1065万千瓦，风光大基地新能源2580万千瓦，风光氢储一体化新能源220万千瓦，2年内新能源落地至少4990万千瓦，配套建设储能1500万千瓦·时，落地绿氢7万吨。全区用电方面，自2021年实施有序用电，严控高耗能、高排放行业用电以来，全区用电增速持续下降，从一季度末的8.7%逐渐降低至9月底的2.8%。1—9月，全区全社会用电量累计2938亿千瓦·时，同比增长2.8%，低于全国增速10.2个百分点，两年年均增长4.4%，较2019年增速降低7.9个百分点。

（四）固定资产投资结构趋于优化向好，制造、科技、环保等领域投资占比提高

2021年1—10月，随着全区经济社会发展成效显现，投资持续恢复性增长，结构不断优化，复苏态势不断巩固，全区固定资产投资（不含农户）同比增长7.8%。

一是制造业投资引领作用显著。1—10月，全区制造业投资同比增长36.9%，高于全部投资增速29.1个百分点，两年平均增速3.6%，占全部投资的比重为20.2%，较上年同期提高4.3个百分点，对全部投资增速的贡献率达到75.5%。

二是高技术产业投资较快增长。1—10月，全区高技术产业投资同比增长29.0%，占全部投资的比重为5.6%，较上年同期提高1.0个百分点。

三是民生领域投资增长较好。1—10月，全区社会领域投资同比增长15.7%，高于全部投资增速7.9个百分点，占全部投资的比重为4.0%，较上年同期提高0.3个百分点。

四是环境保护投资占比提高。1—10月，生态保护和环境治理业投资同比增长14.1%，两年平均增长11.8%，占全部投资的比重为2.3%，较上年同期提高0.1个百分点，继续保持稳步增长的态势。

（五）消费市场承压前行，绿色消费、线上消费活跃

从市场规模看，第三季度实现社会消费品零售总额258.0亿元，总量比第二季度增加134.2亿元。另外，限额以上单位零售额仍保持两位数的增长，同比增长14.8%。从消费需求来看，前三季度，社会消费品零售总额中，与居民日常生活相关的商品零售增势保持总体稳定，成为全区消费市场持续恢复的重要支撑。全区限额以上单位粮油食品类零售额同比增长10.6%，服装、鞋帽、针织品类增长6.3%，日用品类增长19.7%，石油及制品类增长15.6%，延续进入三季度以来的增长态势。同时，以新能源汽车为代表的绿色智能消费持续升温，限额以上新能源汽车零售额同比增长1.4倍，可穿戴智能设备同比增长13.2%。从消费业态看，线上消费持续活跃。前三季度，全区网上零售额375.8亿元，同比增长39.5%，高于社会消费品零售总额增速30.3个百分点。限额以上批零住餐业企业开展线上业务单位数不断增加。

二、当前经济运行面临的突出问题及主要矛盾

（一）经济发展主要指标增速低于全国平均水平

2021年前三季度，内蒙古地区生产总值增速在全国各省区市排第二十四位，在西部大开发12省区中排名第九位。从表1可以看出，2021年1—10月（或前三季度）全区经济发展主要指标增速除固定资产投资这一项，其余指标增速均低于全国平均水平。从两年平均增速来看，所有指标项均低于全国平均水平。这些数据反映出，一方面内蒙古经济发展的速度和质量都处于全国靠后位置，亟须提质增效；另一方面内蒙古自治区经济发展的形势不容乐观，经济增长的下行压力依旧较大，经济复苏的基础尚不牢固。

表1 内蒙古和全国主要经济指标增速对比（单位：%）[1]

指标	地区生产总值	规模以上工业增加值		社会消费品零售总额		固定资产投资（不含农户）		外贸进出口总额
时段	1—9月	1—10月	两年平均	1—10月	两年平均	1—10月	两年平均	1—9月
内蒙古	7.8	6.8	2.7	8.2	—0.3	7.8	0.4	14.6
全国	9.8	10.9	6.3	14.9	4	6.1	3.8	18.3

（二）经济增长的内生动力不足

从消费领域来看，2021年1—10月社会消费品零售总额同比增长8.2%，两年平均增速—0.3%。从数据可以看出，虽然2021年以来内蒙古消费有所恢复，但是总体下滑趋势依然没有改善。另外，消费存在结构性问题，服务型消费不足。受新冠肺炎疫情反复持续影响，住宿餐饮等接触型消费不足，对经济的拉动作用较小；消费市场很大程度上依靠石油类商品来拉动。从投资领域来看，1—10月固定资产投资基于2020年的负增长实现了同比较快的增长速度，但与2019年、2018年相比，增长势头依旧较慢。而且三次产业投资结构不够合理，第三产业投资增速低于全区平均水平，且远低于第一、二产业投资增速。第三产业中（见图1），交通运输业投资和信息传输、软件和信息技术服务业投资增速同比出现两位数的下降幅度。可见，投资增量配置影响全区供给市场的高端化，导致经济增长内生动力不足，有待进一步优化投资结构，以便更好地服务于高质量发展。

[1] 数据来源：国家统计局、内蒙古自治区统计局官方网站。

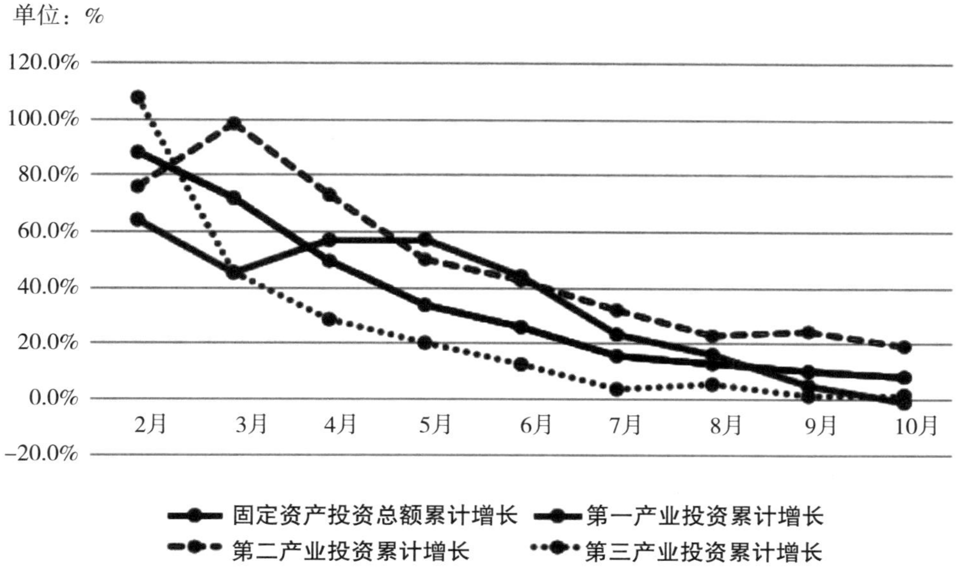

图1　2021年2—10月，内蒙古固定资产投资增速情况表[1]

（三）房地产开发市场景气度下降

由表2可见，1—10月全区房地产开发市场从新开工面积—销售额（面积）—资金到位这一链条上的各环节增速同比下降。房地产开发市场主要指标除新开工面积这一项，其他均低于全国平均水平。可见，不论是纵向比还是横向比，房地产市场均呈现低位运行态势。房地产景气度下降对下游制造业的需求拉动减弱。与此同时，工业品价格上涨又导致上游涨价挤压下游，对中小企业形成挑战。房地产风险的抬升及经济增速的下降，将降低内蒙古对资本的吸引力，进一步成为制约投资的一大因素，增加了经济运行的不确定性。

[1]　数据来源：内蒙古统计数据综合平台。

表2　2021年1—10月，内蒙古和全国房地产市场主要指标增速对比（单位：%）[1]

指标	房地产开发投资额	住宅投资额	房屋新开工面积	商品房销售面积	商品房销售额	房地产开发企业到位资金
内蒙古	3.3	5.1	—6.3	—1.6	—3.3	—0.9
全国	7.2	9.3	—7.7	7.3	11.8	8.8

（四）失业率有可能小幅上升，结构性失业问题仍将存在

新冠肺炎疫情对内蒙古整体就业率的冲击态势一直未减，尤其是2021年10月以来，新冠肺炎疫情在内蒙古多点暴发。持续不断的疫情，加剧全区企业的资金紧张度和融资难度，影响企业正常运营，接触性、聚集性消费和生产行业，如餐饮、旅游、娱乐等行业，经营受阻较为严重，影响就业形势，尤其对青年人、低技能劳动者和女性等群体带来的冲击最直接。因此，全区全年城镇调查失业率可能小幅上升，16—24岁青年人以及城市劳动力失业等结构性问题仍将存在。

三、2022年经济走势预测

（一）全国经济走势预判

2021年以来，中国经济总体上表现出较好的复苏态势，经济运行总体平稳，主要宏观指标运行在合理区间，发展韧劲持续显现，科技创新支撑引领作用增强，结构调整扎实推进，经济长期向好的基本面没有改变，实现了“十四五”良好开局。

展望2022年，国际组织在下调全球经济增速预测值的同时，对中国2022年的经济增长显示出信心。国际货币基金组织、世界银行对2022年中国地区生产总值增速的预测值分别为5.6%、5.4%，分别高出

［1］ 数据来源：国家统计局、内蒙古统计局官方网站。

全球增速预测值0.7个百分点、1个百分点。但是，我国经济面临需求收缩、供给冲击、预期转弱三重压力，保持经济稳定恢复仍需加力。中央经济工作会议指出，2022年中国经济继续坚持高质量发展，稳字当头，稳中求进，保持经济运行在合理区间，实现经济质的提升和量的合理增长。据2021年12月6日中国社科院《经济蓝皮书》发布会暨中国经济形势报告会最新预测，2022年中国经济全年增速预计达到5.3%左右。

（二）内蒙古经济潜在增长率分析

通过运用柯布–道格拉斯生产函数，在规模报酬不变的假设条件下，综合考虑产业结构因素，得到以C–D生产函数为基础的增长核算模型，根据模型估算和预测结果可得出如下结论。

第一，2022年内蒙古潜在增长率为6.16%，比2021年下降0.5个百分点。当前，内蒙古处于经济周期的下行阶段。

近年来，在国家政策环境下，内蒙古面临能耗“双控”、产业转型的压力，实际增长率持续徘徊在潜在增长率以下，需求不足、产能利用率不高状况会持续存在。未来一段时间，内蒙古经济实际增长率将保持在5%左右。

第二，模型参数估计过程中发现，近年来第二产业资本产出弹性下降，第三产业弹性却在上升，但内蒙古的资本产出弹性与全国平均水平相比依然较高，说明投资依然是内蒙古经济增长的有效驱动方式。

第三，随着人口老龄化的加剧、投资增长率的趋缓，未来经济增长可能更依赖全要素生产率的提高而不是传统要素的投入，从而实现投资驱动型升级为创新驱动型。

四、做好2022年经济工作的几点建议

做好内蒙古2022年经济工作，要以习近平新时代中国特色社会主

义思想为指导，全面贯彻落实党的十九大、十九届历次全会精神和中央经济工作会议精神，坚决贯彻落实习近平总书记对内蒙古工作重要讲话重要指示批示精神和党中央、国务院重大决策部署，深入贯彻落实内蒙古第十一次党代会精神，弘扬伟大建党精神，坚持稳中求进工作总基调，完整、准确、全面贯彻新发展理念，更好服务和融入新发展格局，全面深化改革开放，坚持创新驱动发展，坚持以供给侧结构性改革为主线，统筹新冠肺炎疫情防控和经济社会发展，统筹发展和安全，继续做好“六稳”“六保”工作，持续改善民生，坚持稳字当头、稳中求进，扛起稳定宏观经济大盘的责任，保持经济运行在合理区间，推动生态优先、绿色发展迈出坚实步伐，以优异成绩迎接党的二十大胜利召开。

（一）完善新冠肺炎疫情防控常态化管理，科学精准做好新冠肺炎疫情防控工作

新冠肺炎疫情在全球范围大流行尚未结束，毒株变异风险、国内零星散发病例和局部暴发疫情的风险仍然存在。要继续做好外防输入、内防反弹工作，完善疫情防控常态化管理，为消费恢复、企业回血提供有效保障。有效推进疫苗接种工作，扩大科学防控范围。加快完善公共卫生体系体制机制，提高应对公共卫生突发事件的能力和水平。

（二）以优化投资结构培优增效，打造新的经济增长极

内蒙古处于推进高质量发展新阶段的起步期，投资边际效率呈逐年递减态势，但投资依然是内蒙古经济增长的有效驱动方式。内蒙古供给侧结构性改革投资重点应继续向传统产业转型升级，智能制造、数字经济、新材料等战略性新兴产业，生态保护、环境治理和公共设施建设等基础设施投资领域、教育，医疗、养老等民生服务领域转移，扩大优质高效供给，提供广阔投资空间，提升投资效率，为经济增长培育新优势、注入新动力，形成新增长点。

（三）推动技术创新和产业转型，加快建设能源强区

建设能源强区，推动能源产业绿色转型、低碳发展既是实现内蒙古高质量发展的现实需要和必然选择，也是顺应时代潮流的机遇和优势所在。要立足以煤为主的基本国情，抓好煤炭清洁高效利用，增加新能源消纳能力，推动煤炭和新能源优化组合。要充分发挥全国重要能源基地作用，确保全国能源供应，大企业特别是国有企业要带头保供稳价。

加强低碳发展核心技术攻关，高度重视煤炭的清洁高效利用，提高煤炭生产的生态化、绿色化水平，充分发挥好煤炭的兜底保障作用，为行业实现碳达峰碳中和目标提供重要支撑。加快可再生能源开发利用关键环节、关键技术的创新研发，有序有效开发能源资源，提高新能源占比，将丰富的可再生能源转化为“绿能红利”，推动内蒙古由化石能源大区向清洁能源大区转变。

（四）做好“六稳”“六保”工作，重点是保就业保民生保市场主体

把稳就业、保就业、促就业作为一件重要的民生大事，重点解决好高校毕业生等青年就业问题，健全灵活就业劳动用工和社会保障政策。支持中小微企业减负纾困、恢复发展，支持新产业、新就业形态发展，增强劳动力市场弹性，稳定就业岗位，扩大城镇就业规模。完善就业服务体系建设，加强职业技能培训，多措并举搭建就业平台，鼓励创业带动就业，完善社会保障，不断提升重点群体就业质量，增加重点群体收入。扩大教育、文化、医疗、养老等服务供给。深入推进新型城镇化，全面推进乡村振兴，增加城乡居民收入，让更多的人过上高品质生活。

（五）坚持房子是用来住的，促进房地产业良性循环和健康发展

房地产拥有较大行业规模，尽管告别过快增速，仍将在推动经济发展方面发挥重要作用。要坚持房子是用来住的，不是用来炒的，要在防风险、保刚需、重保障、调分配等方面持续发力。加强预期引导，探索新的发展模式，坚持租购并举，加快发展长租房市场，推进保障性住房建设，支持商品房市场更好地满足购房者的合理住房需求，因城施策促进房地产业良性循环和健康发展。

（六）注重财政金融政策的前瞻性、时效性、可持续性，保障经济运行稳中有进

维持积极财政政策的可持续性，强化对中小微企业、个体工商户、制造业风险化解的支持力度，引导金融机构对小微企业、科技创新、绿色发展的支持。适度超前开展基础设施投资。党政机关要坚持过紧日子，严肃财经纪律，坚决遏制新增地方政府隐性债务。此外，还应加强政策协调配合，促进财政金融政策同就业、产业、区域等政策形成集成效应，力求同向发展，防止政策对私人部门经济活动产生挤出效应。

（七）深入推进改革开放，更好融入国内国际双循环

要进一步提高改革的积极性和主动性，深入推进电力等关键领域改革，更大激发市场活力和发展内生动力，运用市场化机制激励企业创新投入。

扩大高水平对外开放，推动制度型开放，落实好外资企业国民待遇，吸引更多跨国公司落户内蒙古，推动重大外资项目加快落地。深度参与共建“一带一路”高质量发展，在中蒙俄经济走廊建设中发挥排头兵作用，推动我国向北开放重要桥头堡建设取得重大进展。要提振市场主体信心，持续激发市场主体活力。深入推进公平竞争政策实施，以公正监管保障公平竞争，营造各类所有制企业竞相发展的良好环境。

课题组负责人：包思勤

课题组成员：天　莹　马晓军　李赛男　乔　瑞　齐　舆

2021年内蒙古经济形势分析及2022年走势

张　晶

摘要：2021年，在以习近平同志为核心的党中央坚强领导下，全区认真贯彻落实党中央、国务院决策部署，坚持稳中求进工作总基调，立足新发展阶段，完整、准确、全面贯彻新发展理念，主动服务和融入新发展格局，统筹新冠肺炎疫情防控和经济社会发展，扎实做好“六稳”工作，全面落实“六保”任务，推动高质量发展，经济总体稳步恢复，转型升级持续推进，质量效益明显提升，主要宏观指标运行在合理区间，实现“十四五”良好开局。同时，也要看到国际环境更加复杂严峻，受多重因素叠加影响，经济增长依然稳中存忧，经济回升的基础仍需进一步巩固。2022年，全年经济将继续保持平稳增长态势。

关键词：经济形势；分析研判；政策建议

2021年，在以习近平同志为核心的党中央坚强领导下，全区认真贯彻落实党中央、国务院决策部署，坚持稳中求进工作总基调，立足新发展阶段，完整、准确、全面贯彻新发展理念，主动服务和融入新发展格局，科学统筹新冠肺炎疫情防控和经济社会发展，扎实做好“六稳”工作，全面落实“六保”任务，推动高质量发展，经济总体稳步恢复，转型升级持续推进，质量效益明显提升，主要宏观指标运行在合理区间，实现“十四五”良好开局。同时，也要看到国际环境更加复杂严峻，受多重因素叠加影响，经济增长依然稳中存忧，经济回升的基础仍需进一步巩固。2022年，全区坚持以习近平新时代中国特色社会主义思想为指导，深入贯彻习近平总书记对内蒙古重要讲话重要指示批示精神，全面贯彻落实中央经济工作会议和内蒙古第十一次党代会精神，立足新发展阶段，完整、准确、全面贯彻新发展理念，服务融入新发展格局，全面深化改革开放，坚持创新驱动发展，推动高质量发展，坚定不移走以生态优先、绿色发展为导向的高质量发展新路子，聚焦“两个屏障”“两个基地”和“一个桥头堡”的战略定位，统筹新冠肺炎疫情防控和经济社会发展，积极应对各类风险挑战，扎实做好能源保供各项重点工作，充分挖掘释放需求潜力，保持经济运行在合理区间，保持社会大局稳定，迎接党的二十大的胜利召开。

一、2021年全区经济运行的基本情况及特点

根据地区生产总值统一核算结果，2021年前三季度全区地区生产总值14491.6亿元，按可比价格计算，同比增长7.8%，两年平均增长2.8%。其中，第一产业增加值784.9亿元，同比增长4.1%，两年平均增长2.1%；第二产业增加值6679.7亿元，同比增长7.5%，两年平均增长3.2%；第三产业增加值7027.0亿元，同比增长8.4%，两年平均增长2.6%。三次产业结构比为5.4：46.1：48.5。

（一）生产供给稳步向好，质量效益明显提升

1.粮食生产再获丰收，畜牧业生产保持增长

通过深入推进农业供给侧结构性改革，积极推动落实藏粮于地、藏粮于计，助推全区粮食综合产能提升。2021年，全区完成粮食播种面积688.4万公顷，同比增加5.13万公顷，增长0.8%；粮食总产量创历史新高，达到3840.3万吨（768.1亿斤），产量超过河北省、江苏省，在全国各省区市的位次由2020年的第八位上升至第六位，比2020年增加176.2万吨（35.2亿斤），增长4.8%；粮食单位面积产量5578.3公斤/公顷（743.8斤/亩），增加216.3公斤/公顷（28.8斤/亩），增长

4.0%，连续4年保持在700亿斤以上。新建高标准农田286万亩，实施黑土地保护性耕作1116万亩，良种繁育基地面积稳定在100万亩以上，马铃薯脱毒种薯技术、生产能力居全国首位，农作物良种覆盖率稳定在98%以上。

2021年前三季度，全区猪牛羊禽四肉产量172.8万吨，同比增长3.5%。生猪产能持续恢复，猪肉产量50.3万吨，同比增长10.9%；生猪存栏570.3万头，同比增长17.8%。牛肉产量38.3万吨，同比增长0.4%；牛存栏770.5万头，其中肉牛619.5万头，同比分别增长10.7%和9.2%。羊肉产量71.4万吨，同比增长0.5%；羊存栏6400.1万只，同比增长1.4%。禽肉产量12.8万吨，同比增长3.2%；禽蛋产量37.3万吨，同比增长6.0%。

自治区大力实行奶业振兴战略，进一步加快奶源基地建设，培育壮大奶农合作社，推动全区奶业规模不断扩大，奶牛存栏和牛奶产量呈现恢复性增长。全区奶牛存栏147.6万头，同比增长17.8%；牛奶产量388.1万吨，同比增长19.0%。奶业较快发展，奶业供应能力增强，为保障内蒙古建成绿色食品生产输出基地奠定了良好基础。

2.工业生产保持增长，质量效益明显提升

2021年1—11月，全区规模以上工业增加值同比增长6.3%，比2019年1—11月增长6.1%，两年平均增长3.0%。三大门类中，制造业发挥主要支撑作用。全区规模以上采矿业增加值同比增长3.1%，电力、热力、燃气及水生产和供应业增长1.3%；制造业增长12.4%，拉动规模以上工业增加值增长4.7个百分点，贡献率达75.3%，对全区工业生产形成有力支撑。全区37个行业大类中，有30个行业实现增长，行业增长面81.1%，其中，15个行业实现两位数增长。

创新动能增势良好，新兴产业引领增长。全区规模以上工业战略性新兴产业增加值同比增长11.8%，高新技术业同比增长24.1%，高技术制造业增长21.5%，增速分别高于规模以上工业5.5个、17.8个和15.2个百分点。其中，医药制造业增加值增长22.2%，计算机、通信和其他电子设备制造业增长21.1%，稀土产业增长29.3%。工业新产品中，单晶硅产量30.3万吨，同比增长85.1%；稀土磁性材料1.3万吨，增长36.8%；风力发电机组175.8万千瓦，增长1.4倍；智能电视166.3万台，增长9.7%；电子元件7048.2万只，增长91.5%。

消费品制造业持续恢复，有力保障民生领域生活资料供应。全区规模以上消费品制造业增加值同比增长6.5%，高于全部规模以上工业0.2个百分点。其中，农副食品加工业增加值增长6.0%，食品制造业增长5.8%，纺织业增长26.2%。基本生活消费产品中，乳制品产量334.7万吨，同比增长9.3%；液体乳317.4万吨，同比增长9.4%；鲜肉、冷藏肉21.8万吨，同比增长20.4%；食用盐7.3万吨，同比增长15.5%。

产销衔接良好，质量效益明显提升。2021年1—11月，全区规模以上工业企业产品销售率99.3%，高于全国平均水平1.6个百分点。全区规模以上工业企业营业收入21396.0亿元，同比增长39.6%，两年平均增长18.2%；利润总额3066.4亿元，同比增长1.5倍，两年平均增长45.8%；资产负债率57.0%，同比降低2.1个百分点；每百元营业收入中成本75.9元，同比减少4.3元；营业收入利润率14.3%，同比提高6.5个百分点。规模以上工业企业研发费用同比增长81.3%，占营业收入比重较2020年同期提高0.1个百分点。

3.服务业持续恢复，部分行业增势较好

2021年前三季度，全区服务业增加值占地区生产总值的48.5%，高于第二产业比重 2.4个百分点。服务业对经济增长的贡献率为56.9%。分行业看，交通运输、仓储和邮政业增加值同比增长 12.3%，两年平均增长3.2%。2021年1—11月，全区规模以上服务业营业收入同比增长2.7%，两年平均增长1.2%。

多数行业实现增长。全区规模以上服务业29个行业大类中，25个行业营业收入保持增长。其中，全区规模以上高技术服务业营业收入同比增长5.8%，信息服务业营业收入同比增长7.3%。服务业企业经营效益持续恢复。全区规模以上服务业企业年内首次实现盈利，利润总额较2020年同期增加66亿元；每百元营业收入中的成本较2020年同期下降2.9元，企业成本负担有所减轻。

交通运输和邮电业增势较好。全区邮政业务总量57.9亿元，同比增长23.9%；邮政业务收入71.8亿元，增长14.9%。全区快递业务量突破2亿件，达到2.3亿件，同比增长35.0%；快递业务收入突破40亿元，达到46.8亿元，增长24.7%。货运量19.3亿吨，同比增长23.5%。其中铁路货运量增长29.1%；货物周转量4429.2亿吨公里，同比增长9.9%，其中铁路货物周转量增长5.6%；客运量6840.4万人，同比增长0.5%；旅客周转量156.2亿人公里，同比增长3.0%。随着进京高铁的开通运营，铁路客运量大幅增加，铁路客运量达到3397.3万人，同比增长13.3%；铁路旅客周转量123.8亿人公里，同比增长17.2%，占全部旅客周转量 的79.3%，同比提高9.6个百分点。全区全社会用电量3599.3亿千瓦·时，同比增长1.7%。分产业看，第一、二、三产业用电量同比分别增长22.9%、1.4%和2.1%，其中城乡居民生活用电量147.4亿千瓦·时，同比增长4.3%。

（二）市场消费持续恢复，有效投资不断扩大

1.消费市场持续恢复，升级类商品销售增势良好

随着各地各部门多措并举促消费，居民消费潜力得到进一步释放，市场销售持续好转。2021年1—11月，全区社会消费品零售总额4563.1亿元，同比增长7.2%，两年平均增速由负转为0，年内首次恢复到2019年同期水平。按经营单位所在地分，城镇消费品零售额增长7.2%，两年平均下降0.1%；乡村消费品零售额增长6.8%，两年平均增长0.8%，乡村市场消费两年平均增速高于城镇市场0.9个百分点。升级类商品消费提速。全区限额以上单位金银珠宝类零售额增长24.4%，文化办公用品类增长10.7%，通信器材类增长12.2%，书报杂志类增长58.9%。与居民日常生活相关的商品零售增势保持稳定，成为全区消费市场持续恢复的重要支撑。全区限额以上单位粮油食品类、饮料类、日用品类零售额同比分别增长10.2%、4.9%和15.1%，中西药品类

增长5.3%，体育、娱乐用品类增长11.7%，电子出版物及音像器材类增长2.2倍，石油及制品类增长20.2%。以新能源汽车为代表的绿色智能消费持续升温，全区限额以上新能源汽车零售额同比增长1.7倍，占限额以上汽车零售额的1.6%，同比提高1.0个百分点。从消费业态看，线上消费持续活跃。前三季度，全区网上零售额375.8亿元，同比增长39.5%，高于社会消费品零售总额增速30.3个百分点。限额以上批零住餐业企业开展线上业务单位数不断增加。2021年1—11月，全区限额以上通过公共网络实现的商品零售额同比增长37.8%，拉动限额以上单位消费品零售额增长0.6个百分点，限额以上通过公共网络实现的客房收入和餐费收入同比增长51.1%，增速较1—10月提高35.5个百分点。

2.固定资产投资稳定增长，重点领域投资增长较快

2021年1—11月，全区固定资产投资（不含农户）同比增长8.2%，较1—10月提高0.4个百分点，两年平均增长2.2%。其中，民间投资增长12.9%。分三次产业看，第一产业投资同比下降0.5%；第二产业投资增长19.8%，较1—10月提高0.9个百分点，其中工业投资增长19.7%，较1—10月提高1.1个百分点，拉动全部投资增长7.5个百分点，工业技改项目投资占工业投资比重的12.3%；第三产业投资增长1.3%。投资结构不断优化，主要表现在以下3个方面。

一是制造业投资比重提高。全区制造业投资同比增长33.1%，拉动全区投资增速5.4个百分点，占全部投资的20.2%，占比同比提高3.8个百分点。其中，装备制造业投资增长44.5%。

二是高技术制造业投资较快增长。全区高技术产业投资增长32.1%，增速高于全区投资23.9个百分点，占全区投资的5.5%。其中，高技术制造业投资增长60.5%。高技术制造业投资中，电子及通信设备制造业投资同比增长1.2倍。全区新建5G基站10113个，累计建成20163个。全区高技术服务业投资同比增长16.2%，科学技术研究服务业投资增长80.3%。

三是民生领域补短板力度加大。全区社会领域投资同比增长

13.5%，其中卫生事业投资增长50.4%，水利环境和公共设施管理业投资增长10.3%，文化、体育和娱乐业投资增长10.3%，电力、热力生产和供应业投资增长7.3%。

全区坚持房住不炒的定位，加强预期引导，房地产开发投资保持增长。2021年1—11月，全区房地产开发投资1193.0亿元，同比增长3.3%，增速与1—10月持平，两年平均增长7.8%。改善型住房投资稳定增长，90平方米以上商品住宅投资增长6.6%。商品房销售面积1686.4万平方米，同比下降7.6%；商品房销售额1108.6亿元，下降9.5%。

（三）能源保供效果显现，能耗“双控”成效显著

能源保供政策效果显著。2021年1—11月，全区规模以上工业企业原煤产量9.3亿吨，同比增长2.0%，增速较1—10月增加0.1个百分点。其中11月，全区规模以上工业企业原煤产量9753.3万吨，同比增长2.9%；日均产量325万吨，比上月增加23万吨；核增产能的89处煤矿生产原煤3438.6万吨，同比增长15.9%，上拉全区当月原煤产量增速5.0个百分点。2021年1—11月，全区规模以上工业发电量5397.1亿千瓦·时，同比增长3.9%。

可再生能源占比不断提高。全区可再生能源发电量达到967.4亿千瓦·时，同比增长23.6%，高于规模以上工业企业发电量增速19.7个百分点，拉动全部发电量增长3.6个百分点，占全部发电量的17.9%，同比提高2.9个百分点。

能耗“双控”成效显著，高耗能行业能耗下降。全区在坚决遏制“两高”项目盲目发展和能耗“双控”的约束下，低碳发展倒逼转型，能耗“双控”持续保持“双绿”。2021年前三季度，全区单位地区生产总值能耗同比下降8.3%，低于年初目标5.3个百分点，12个盟市均完成能耗“双控”目标。2021年1—11月，全区规模以上工业能源消费量1.86亿吨标准煤，同比下降3.4%，规模以上工业单位增加值能耗同比下降9.2%。全区七大高耗能行业综合能源消费量1.70亿吨标准煤，占规模以上工业综合能源消费量的91.4%，同比下降4.3%，降幅高于规模以上工业能耗降幅0.9个百分点，下拉规模以上工业综合能源消费量增速4.0个百分点。其中，黑色金属冶炼和压延加工业、化学原料和化学制品制造业拉动作用最大，同比分别下降10.4%和3.8%，分别下拉全区综合能源消费量增速2.1个和1.1个百分点。

（四）进出口贸易较快增长，贸易结构进一步优化

2021年1—11月，全区海关进出口总值达到1120.3亿元（人民币，下同），同比增长17.2%。其中，出口总值428.7亿元，增长36.0%；进口总值691.5亿元，增长8.0%。从贸易方式来看，全区保税物流、加工贸易进出口总值分别为143.4亿元和59.3亿元，分别增长78.8%和3.0倍，占全区外贸进出口总值的比重分别为12.8%和5.3%。一般贸易进出口总值713.8亿元，增长13.3%，占全区外贸进出口总值的63.7%。民营企业进出口总值731.6亿元，增长12.8%，占全区外贸进出口总值的65.3%。与“一带一路”沿线国家进出口总值652.0亿元，同比增长12.4%，占全区外贸进出口总值的58.2%。内蒙古对蒙古国进出口总值298.5亿元，同比增长17.7%，占全区进出口总值的26.6%；对澳大利亚、韩国、越南、新西兰和日本进出口总值分别增长47.7%、69.6%、127.0%、26.8%和38.0%。全区出口机电、高新技术产品分别为118.8亿元和38.0亿元，同比分别增长80.6%和62.2%，分别高于全部出口增速44.6个和26.2个百分点，合计占全区出口总值的30.7%。2021年1—10月，全区实际使用外资金额2.63亿美元，同比下降2.5%，降幅较1—9月收窄23.7个百分点。截至2021年10月底，全区新设外商投资企业35家，同比增加6家。

（五）财政保障不断改善，金融形势保持稳定

2021年1—11月，全区一般公共预算收入2154.1亿元，同比增长21.0%。其中，税收收入1573.0亿元，增长17.8%，占一般公共预算收入的73.0%。一般公共预算支出4491.9亿元，同比增长1.8%。其中，用于一般公共服务支出、科学技术支出、灾害防治及应急管理支出同比分别增长5.7%、16.8%和24.4%，分别高于一般公共预算支出增速3.2

个、15.0个和22.6个百分点。

截至2021年11月末，全区金融机构人民币存款余额27249.5亿元，同比增长6.7%，增速较10月末提高0.6个百分点；金融机构人民币贷款余额24939.9亿元，同比增长7.9%，增速与10月末基本持平。内蒙古企业上市取得重大突破。2021年11月15日，在北京证券交易所正式开业第一天，内蒙古大唐药业股份有限公司在北京证券交易所成功上市。这是2021年以来，继内蒙古大中矿业在深交所上市，优然牧业在港交所上市之后第三家上市企业。2021年12月24日，内蒙新华（内蒙古新华发行集团）在上交所成功上市，成为自治区国有文化产业上市第一股。内蒙古实现在沪、深、北、港交易所全覆盖的资本市场新格局。

（六）市场主体稳步恢复，民生保障有力有效

市场主体持续增长。截至2021年11月末，全区实有市场主体237.8户，同比增长5.3%；注册资本（金）达到62750.1亿元，同比增长9.25%。2021年，新登记各类市场主体35.1万户。2021年1—11月，全区规模以上工业中小微工业企业增加值同比增长2.2%。民营工业企业增加值同比增长8.6%，占规模以上工业企业增加值的45.7%，高于规模以上工业企业增加值增速2.3个百分点；民营企业社会消费零售额同比增长6.0%，占比达到90.6%；民间投资占全区投资的55.0%，同比提高2.3个百分点，拉动全区固定资产投资增速6.8个百分点。民营经济效益得到改善。全区规模以上民营工业企业利润总额1662.4亿元，同比增长1.8倍；营业收入利润率15.9%，同比提高7.6个百分点；每百元营业收入中成本75.1元，同比减少6.3元。2021年1—10月，规模以上民营服务业营业收入和利润总额同比分别增长9.6%和92.5%，民营服务业营业收入利润率14.3%，高于全部规模以上服务业12.7个百分点。

一是就业规模持续扩大。随着就业优先战略的有效实施，全区就业规模明显扩大。截至2021年11月末，全区城镇新增就业22.65万人，完成年度计划的113%；城镇登记失业率3.86%。

二是居民收入增长较快，领跑经济增长。2021年前三季度，内蒙古全体居民人均可支配收入25132元，同比增长9.5%，扣除价格因素实际增长8.8%，高于地区生产总值增速1.0个百分点。分城乡看，城镇常住居民人均可支配收入33767元，同比增长8.7%；农村牧区常住居民人均可支配收入12031元，同比增长11.4%；城乡居民人均可支配收入之比为2.81，较2020年同期缩小0.07。随着收入的稳定增加，城乡居民的文化娱乐生活日益丰富多彩，旅游、健身、文化等休闲娱乐活动逐渐渗透到居民消费理念中，特别是在新冠肺炎疫情防控的背景下，人们对健康的重视程度显著提升，对医疗保健品的消费热情高涨，推动了城乡居民消费全面回升。2021年前三季度，内蒙古全体居民人均消费支出16243元，同比增长19.1%，高于全国平均水平3.3个百分点，两年平均增长3.5%。其中，城镇居民人均消费支出20025元，同比增长19.9%，比全国平均水平高5.7个百分点，两年平均增长3.3%。城镇居民消费倾向（居民人均消费支出占可支配收入的比重）达59.3%，比2020年同期提高5.5个百分点。城镇居民恩格尔系数27.4%，较2020年同期下降2.1个百分点。城镇居民人均教育文化娱乐消费2307元，同比增长72.1%；城镇居民人均医疗保健消费2014元，同比增长39.3%。农村牧区居民人均生活消费支出10505元，同比增长16.1%；八大类消费中，除居住和交通通信，其余增速均超过两位数，呈现全面回升态势。农村牧区居民恩格尔系数28.3%，比2020年同期下降1.2个百分点；农村牧区居民人均教育文化娱乐支出1238元，增长43.9%；农村牧区居民人均医疗保健消费支出1331元，同比增长21.0%。

三是居民消费价格总体水平保持稳定。2021年1—11月，全区居民消费价格同比上涨0.8%，涨幅低于全国平均水平0.1个百分点。八大类消费价格呈现“五升三降”格局。食品烟酒类价格同比上涨0.5%，其中鲜菜类价格上涨7.7%，蛋类价格上涨14.6%；居住类上涨0.4%；交通和通信类上涨3.8%；教育文化娱乐类上涨0.9%；医疗保健类上涨0.3%；衣着类下降0.9%；生活用品及服务类下降0.2%；其他用品和服务类下降0.7%。

四是保民生、保基层运转相关支出得到有力保障。2021年1—11月，全区一般公共预算支出中用于教育、交通运输、公共安全的支出同比分别增长2.7%、12.9%和2.4%，分别高于全区一般公共预算支出增速0.9个、11.1个和0.6个百分点。全区社会保障体系继续完善，参保人数持续增加，基本养老保险参保率达到83.1%；保障标准进一步提高，城乡居民基础养老金每人每月提高至140元。

二、全区经济运行中存在的主要问题

总的来看，2021年全区经济总体呈现加快恢复态势，高质量发展稳步推进，但也应看到，经济运行中存在一些问题，经济回升的基础仍需进一步巩固。

（一）供给约束持续显现，工业品出厂价格与购进价格涨幅明显

受大宗商品价格持续高位运行影响，工业品出厂价格居高不下。2021年1—11月，全区工业品出厂价格同比上涨27.9%，涨幅较前三季度提高5.5个百分点。“三黑一色”相关行业价格同比上涨42.1%，涨幅较前三季度提高8.7个百分点。其中，煤炭相关行业价格上涨63.3%，涨幅较前三季度提高15.8个百分点；石油相关行业价格上涨22.3%，涨幅较前三季度提高6.1个百分点；钢铁相关行业价格上涨27.3%，涨幅较前三季度提高3.3个百分点；有色金属价格上涨24.7%，涨幅较前三季度提高2.7个百分点。全区工业生产者购进价格同比上涨26.8%，涨幅较前三季度提高5.7个百分点；燃料、动力类购进价格同比上涨37.9%，涨幅较前三季度提高11.0个百分点；有色金属材料及电线类购进价格上涨21.0%，涨幅较前三季度提高2.4个百分点；化工原料类购进价格上涨23.1%，涨幅较前三季度提高3.5个百分点。特别是2021年11月，全区工业生产者购进价格涨幅（51.9%）首次高于工业品出厂价格涨幅（46.8%），两者相差5.1个百分点，形成“剪刀差”。上游能源、原材料产品价格持续上涨，影响中下游企业以及中小微企

业生产经营，进而影响产业链平稳运行。2021年1—10月，全区规模以上工业中，电力、热力、燃气及水生产和供应企业亏损总额同比增长1.2倍，占全部规模以上工业企业亏损总额的51.5%，营业收入利润率仅有4.2%，低于全部规模以上工业10.1个百分点，较2020年同期下降4.4个百分点，每百元营业收入中成本高于全部规模以上工业13.0元；制造业每百元营业收入中成本高于全部规模以上工业7.0元，营业收入利润率低于全部规模以上工业5.2个百分点，特别是装备制造业每百元营业收入中成本高于全部规模以上工业12.2元，营业收入利润率低于全部规模以上工业10.7个百分点。

（二）工业增长基础不牢固，制造业发展不充分

2021年1—11月，内蒙古规模以上工业增加值同比增长6.3%，低于全国平均水平3.8个百分点，居全国各省区市第二十八位，增速仅高于辽宁省（5.5%）、河北省（4.6%）和吉林省（4.3%）。制造业发展不充分、产业结构不合理制约全区工业经济高质量发展。全区装备制造业增加值同比增长3.8%，低于规模以上工业增速2.5个百分点，仅占规模以上工业增加值的1.5%。全区装备制造业中，高技术制造业增加值占比仅为1.7%。全区规模以上原材料制造业增加值同比增长15.3%，占制造业增加值的7成，制造业仍以初加工且耗能较高的原材料行业为主。有色金属冶炼和压延加工业增加值同比增长16.6%，其中铝铜锌等常用有色金属冶炼增加值占大类行业的7成左右，而高性能、高科技领域和高附加值的产品基本空白。小微企业经营比较困难。2021年1—11月，全区规模以上工业大中型企业增加值同比增长8.4%，高于全区平均水平2.1个百分点，而小微企业增加值仅增长0.5%，分别低于规模以上工业和大中型企业增加值增速5.8个和7.9个百分点；小微企业每百元营业收入中费用高于全部规模以上工业企业0.9元，营业收入利润率低于全部规模以上工业0.3个百分点。

（三）投资增长乏力，有效投资不足

2021年1—11月，全区固定资产投资（不含农户）同比增长8.2%，两年平均增长2.2%，两年平均增速低于全国平均水平1.7个百分点。从三大领域看，内蒙古除制造业投资高于全国平均水平，基础设施投资、房地产开发投资增速分别低于全国平均水平2.1个和2.7个百分点。从投资结构看，内蒙古工业技改投资、高技术制造业投资占工业投资的比重分别为12.3%和5.7%，工业技改投资占比低于宁夏16.6个百分点。影响投资的主要原因有以下几点。

一是新开工项目个数增速回落。2021年1—11月，全区本年新开工项目增长18.4%，亿元以上项目增长10.6%，分别较前三季度回落1.5个和3.3个百分点。

二是到位资金增速回落。全区固定资产投资到位资金同比增长6.0%，房地产开发投资到位资金下降1.3%，基础设施投资到位资金下降2.5%。

三是基础设施投资增长乏力。全区基础设施投资同比下降1.6%，低于全部固定资产投资增速9.8个百分点，下拉全部固定资产投资增速0.6个百分点。其中，交通运输业投资下降21.9%，下拉全部投资增长2.4个百分点。

四是房地产开发投资增速明显回落。内蒙古房地产开发投资、销售面积、销售额均呈回落态势，增速较前三季度分别回落1.0个、14.1个和14.0个百分点。

（四）消费市场整体恢复尚不稳定，新型消费发展不足

2021年1—11月，全区社会消费品零售总额同比增速、两年平均增速分别低于全国平均水平6.5个和4.0个百分点。在统计的21类商品中仍有8类商品增速为负增长，占比超过1/3。特别是受新冠肺炎疫情反复影响，全区疫情防控形势升级，多地暂停举办大型聚集性活动，居民出行和外出就餐明显减少，对住宿餐饮业企业产生较大影响。11月，全区限额以上住宿业、餐饮业营业额同比分别下降25.1%和23.7%，有68.1%的住宿业、餐饮业企业营业额同比下降。传统零售企业在数字化转型过程中面临线上获客渠道有限、高互动营销手段缺乏、供应链数字化改造成本高等问题，转型道路步履维艰。2021年1—11月，全区限额以上零售业中超市零售额同比下降3.8%，食杂店零售同比下降10.0%，百货零售额同比增长1.6%，增速分别低于全区限额以上单位消费品零售额16.0个、22.2个和10.6个百分点。影响全区消费提升的主要原因如下。

一是新消费模式、新业态发展滞后，区内消费者网上购物多来自区外，而区外消费者网购区内商品较少，造成购买力外溢现象。2021年前三季度，全区实物网络零售额仅占社会消费品零售额的6.1%，低于全国17.5个百分点。全区按卖家所在地实现的网上零售额为375.8亿元，按买家所在地实现的网上零售额为1117.8亿元，买入与卖出相差3倍。

二是居民收入增长趋缓，影响消费能力提升。2021年前三季度，内蒙古全体居民人均可支配收入25132元，低于全国平均水平1133元，其中城镇居民人均可支配收入低于全国平均水平2179元。

三是住房压力较大，挤压部分居民消费需求。虽然全区居民家庭日常消费整体稳定，但住房压力对居民消费的影响不容忽视，受住房压力影响，居民享受型消费需求无法得到充分满足，不利于推动消费结构升级。“十三五”以来，内蒙古居民居住消费支出占人均消费支出的比重逐步提高，2016年占比为17.6%，2017年为17.4%，2018年为18.8%，2019年为19.1%，2020年达到21.6%，2021年前三季度为18.3%。据国家统计局内蒙古调查总队2021年6月组织开展的消费难点调研数据显示，改善居住条件和外出旅游消费是居民最会增加的消费，占比分别为14.6%和10.4%；愿意购买中高端食品、化妆品、医疗美容服务占比仅为1.4%；有52.5%的居民表示没有购置智能电器的意愿。

三、2022年经济发展走势判断

展望2022年，国内外经济形势依然复杂。从国际市场看，世界经济稳定恢复的不确定性因素仍然较多，市场需求回暖叠加主要经济体货币宽松政策，大宗商品价格短期内回落可能性较低，美国通货膨胀压力急剧上升，可能造成全球金融市场的进一步动荡。《区域全面经济伙伴关系协定》将于2022年1月1日开始生效，将会全面提升区域内知识产权整体保护水平，有助于促进区域内创新合作和可持续发展。从国内看，要稳字当头、稳中求进，积极推出有利于经济稳定的7个方面的政策，完整、准确、全面贯彻新发展理念，加快构建新发展格局，全面深化改革开放，统筹新冠肺炎疫情防控和经济社会发展，统筹发展和安全，强化宏观政策跨周期调节，促进消费持续恢复，积极扩大有效投资，有利于稳定宏观经济发展，保持经济运行在合理区间。同时，经济发展面临需求收缩、供给冲击、预期转弱三重压力。从区内看，“十四五”时期一批重大交通基础设施项目、绿色低碳转型升级项目等高质量项目将陆续开工，城镇老旧小区改造、农村人居环境整治、生态环保项目等补短板工程持续推进；地方政府专项债发行，对2021年底2022年初形成实物量，能够对2022年投资形成有力支撑。随着群众消费信心的提振和居民收入增加，有利于旅游、住宿餐饮等接触性服务消费恢复增长。国家能源保供任务的落实以及电力供给、电力调价等积极因素累积，将会带动自治区工业以及相关批发、物流、交通运输等生产性服务业的增长。同时，全区经济发展也面临着经济下行压力增大、新旧动能转换不充分、区域发展不平衡等问题。综合各方面因素，对2022年全区经济运行情况研判：全年经济将继续保持平稳增长态势，预计经济增长5%左右。

四、对策建议

2022年，全区坚持以习近平新时代中国特色社会主义思想为指导，全面贯彻落实党的十九大和十九届历次全会精神，认真贯彻习近平总书记对内蒙古重要讲话重要指示批示精神，贯彻落实中央经济工作会议和内蒙古第十一次党代会议精神，坚持稳中求进工作总基调，立足新发展阶段，完整、准确、全面贯彻新发展理念，服务融入新发展格局，推动高质量发展，坚持以供给侧结构性改革为主线，以改革创新为根本动力，以满足人民日益增长的美好生活需要为根本目的，统筹新冠肺炎疫情防控和经济社会发展，统筹发展和安全，继续做好“六稳”“六保”工作，持续改善民生，保持经济运行在合理区间，实现经济平稳健康发展，以优异成绩迎接党的二十大胜利召开。

（一）强化创新驱动引领，推动产业迈向中高端

大力实施“科技兴蒙”行动。深化科技体制机制改革，营造良好的科技创新环境，加大政府创新投入，推动科技与金融的紧密结合，促进创新链、产业链、市场需求有机衔接。

一是让创新为产业转型升级赋能，强化创新驱动，增加产业的科技含量，以技术跨越带动产业优化升级。在大规模储能、石墨烯、稀土、氢能等领域，支持创新共同体联合组织前沿技术攻关，培育创新主体，继续落实好制造业企业研发经费加计扣除优惠政策，激发企业加大研发投入力度，不断提升企业创新创造力，实施高技术企业倍增行动，努力在发展高新技术产业、战略性新兴产业等方面取得新进展。

二是积极实施自主创新和技术改造，抓好关键核心技术攻关，增加传统产业的技术含量，对标世界或国内一流先进水平，找差距、定措施，使得传统产业不断涌现出新的好产品，做到降排放、降能耗、降成本、增效益。

三是落实助企纾困各项政策措施，特别是落实好已出台的对中小微企业的帮扶政策，切实缓解中小微企业面临的资金问题和经营中的难题。

四是深化“放管服”改革，探索实施更加灵活的鼓励发明创造的体制机制，引导激励科研人员潜心研究，大胆创新，努力提升全区的发明创新能力。发挥财政资金的“撬动效应”，引导科研事业机构加大研发投入力度，拥有更多的自主知识产权，加快科技成果向现实生产力转化，建设宏大的创新型科技人才队伍，形成长期竞争优势，为经济发展方式转变提供强有力的科技支撑。

（二）强化能源保供，积极构建有特色的现代产业体系

一是强化煤炭和电力保供，落实好进一步加强能源供应各项政策措施，加快前期批准煤矿核增产能，全力稳定煤炭生产，确保完成向18个省区市煤炭保供任务；落实自治区电煤、供热煤缺口签约履约。同时，抓好安全生产监管，确保煤矿安全稳定生产。抓好保障电力供应，加大电煤供应保障力度，实现供电用煤和采暖用煤中长期合同全覆盖，同时抓好外送电工程建设。

二是产业链提升关键要在推动传统优势产业由大变强上取得突破，推动产业基础高级化和产业链现代化。促进能源化工产业现代化、体系化、绿色化、高端化、终端化，全力推动新材料、稀土磁性材料、半导体新材料发展，抢占市场先机；推进农牧业综合生产能力、生产经营模式、产品品牌建设提质增效，推动奶业、马铃薯种业、玉米深加工等多个农牧业细分领域向全国先进领域进军。

三是加快推进工业互联网、大数据、人工智能与产业的深度融合，催生更多新产业、新业态、新模式，大力发展数字经济，培育新的增长极。加强信息基础设施建设，利用现代技术，吸引社会资本，不断壮大现代服务业。

（三）围绕改善民生领域，扩大有效投资

重点在抓好“十四五”基础设施、产业转型、科技创新、生态环境、民生保障、公共服务等领域，积极谋划储备、开工建设、建成运营一批重大项目，切实提高项目储备数量和质量。加强重点行业投向引导，优化投资结构，增加工业技改投资，协调解决各方面存在的问题，推进在建项目加快实施。积极协调用好政府专项债券新增资金和中央预算内投资资金，形成实物投资工作量。抓好存量资产变现，有效吸引民间资本，确保资金随项目建设进度及时拨付，有效降低企业融资成本，实施常态化政金企对接服务机制，加强项目融资精准对接。加快推进政府与社会资本合作，优化投资环境，降低投资成本，引导民间投资实现多元发展。继续抓好营商环境改善，持续施策解决制约全区发展的营商环境问题，吸引更多区外资金和产业入驻内蒙古。

（四）深挖有效需求，促进消费增长

积极实施扩大内需战略，促进消费提质扩容。适应消费结构升级趋势和不同收入群体实际需要，引导企业增加高质量产品和服务供给，积极培育消费新业态、新模式，推动传统消费与新型消费、城市消费与农村消费、商品消费与服务消费协调发展，促进线上线下消费融合发展，充分挖掘城乡消费潜力，促进消费稳步提升。

一是深化消费端供给侧结构性改革，提供消费者的消费环境和服务。加大“蒙”字号绿色农畜产品宣传推广力度，并持续改善营商环境，鼓励引导更多的电商企业在内蒙古注册落地，扩大网上销售份额。持续开展生活服务业品质提升行动，对夜间消费政策实施效果加强监测跟踪，不断根据消费变化、客流量变化调整完善街区和网点等。保障核心区域商业供应面积，引导传统百货“模式再生”，从原有单一购物需求转向多元化消费服务方面提升，为大牌新品首发进入自治区提供条件。发展绿色消费，进一步规范网上消费，对于线上平台流量垄断、不良竞争等行为坚决查处。

二是做好养老服务、医疗保障政策支持，解除消费者的后顾之忧。进一步扩大养老服务的市场准入，提高民间资本进入养老市场的积极性，并加强监管，让百姓放心消费。统筹推进城乡医疗并轨，提高农村牧区医疗保障水平，着力满足城乡居民对健康相关的产品和服务日益增加的需求。同时，进一步加强对网络消费环境监管，畅通各方投诉举报渠道，营造消费者权益受保护、商家利益有保障的良好市场生态。

三是坚持“稳地价、稳房价、稳预期”房地产调控政策，保持住宅市场总体平稳的运行态势，增加保障性住房市场供应，多措并举缓解居民住房刚需以及改善型住房需求。进一步完善自治区住宅市场监测管理，巩固房价稳定态势，减轻住房压力对居民消费支出的挤压。

（五）加强生态保护建设，推动人与自然和谐共处

全力筑牢我国北方重要的生态安全屏障。立足区情，促进经济社会发展全面绿色转型，助力实现碳达峰碳中和目标，加快构建绿色低碳循环发展经济体系新格局。

一是扎实有序推进碳达峰碳中和工作。严格落实能耗“双控”及碳排放强度控制要求，统筹经济社会发展和能耗“双控”，纠正运动式减碳行为。严格控制“两高”新增项目，推动不符合要求的“两高”项目处置整改到位。加强优势资源就地转化率，全面提升能源资源综合利用效率。

二是进一步加大污染防治力度。持续加大大气、水、土壤污染防治工作力度。提高大气污染防治水平，推进“散污乱”企业、工业炉窑等综合治理，加强重点流域水污染防治，推进“一湖两海”等重点生态环境综合治理，持续抓好水质改善和流域整体保护修复工作。切实加强塑料污染治理，分阶段、分步骤、分领域推动塑料污染治理，鼓励采取各种手段促进一次性塑料制品减量、替代。

三是强化生态系统保护和修复。持续推进土地沙化荒漠化综合治理，全面落实黄河流域生态保护和高质量发展，贯彻“四水四定”原则，一体推进环境整治，大力实施黄河内蒙古段生态环境保护和修复重大工程，加强重点地区、重点行业、重要支流污染治理，推进重点园区循环化改造，助推产业集中集聚集约绿色低碳发展。

（六）做好保就业、保民生工作，促进社会和谐稳定

全区坚持以人民为中心的思想，通过强化就业优先政策、发展现代产业、支持民营经济等措施，推动形成高质量发展与就业扩容提质良性互动。突出做好高校毕业生、退役军人、农民工、城镇困难人员等重点群体的就业工作，建立经济增长与扩大就业联动机制，了解失业人群就业意愿，统筹开展职工技能提升和转岗转业培训，利用网上就业平台开展招工，强化公共就业服务，促进重点群体就业，大力促进中小企业、民营经济、各类服务业加快发展，切实解决就业岗位供给不足的问题，缓解企业用工缺口，切实提高企业人员到岗率，确保企业正常生产，稳定就业市场。深入实施职业技能提升行动，开展订单式、定向式、定岗式培训，提高劳动者就业能力。通过不断稳定和扩大就业，为居民增收提供基础保障。

拓宽居民增收渠道，稳定居民收入。随着经济的稳定恢复，企业经济效益的改善，及时采取措施提高城乡居民人均可支配收入特别是城镇居民收入水平。探索建立最低工资标准动态调整机制，有序完善社会保障标准上调政策，持续关注主要食品价格走势，做好稳定物价工作。健全初次分配、再分配、三次分配协调机制，增加低收入群体收入，不断扩大中等收入群体比重，在高质量发展中促进共同富裕，持续提升城乡居民的获得感、幸福感和安全感。

作者单位：内蒙古自治区统计局

经济篇

内蒙古农牧业发展形势

摘要： 2021年，内蒙古农牧系统坚决贯彻习近平总书记重要讲话重要指示批示精神，严格落实自治区党委、政府工作部署，以实施乡村振兴战略为总抓手，科学谋划编制“十四五”农牧业农村牧区现代化发展规划，千方百计抓好粮食等重要农畜产品生产，大力推进国家重要农畜产品生产基地建设，各项工作扎实推进，成效明显。2022年，继续走好生态优先、绿色发展之路，深入实施乡村振兴战略，持续推进国家重要农畜产品生产基地建设，为推动农牧业农村牧区现代化打下坚实基础。

关键词： 乡村振兴；粮食安全；绿色发展；全产业链

2021年，内蒙古农牧系统坚决贯彻习近平总书记重要讲话重要指示批示精神，立足新阶段新征程新格局，坚持以生态优先、绿色发展为导向，全面推进乡村振兴，农牧业农村牧区发展形势持续向好，为实现“十四五”开好局、起好步提供有力支撑。

一、2021年重点工作完成情况

（一）乡村振兴战略稳步推进

一是强化组织推动。充分发挥党委农牧办统筹抓总作用，进一步理顺党委农牧办、农牧厅与乡村振兴局工作衔接机制，筹备召开自治区党委农村牧区工作会、乡村振兴现场会、巩固拓展脱贫攻坚同乡村振兴有效衔接推进会和3次自治区农村牧区工作领导小组会议。出台《关于全面推进乡村振兴加快农牧业农村牧区现代化的实施意见》《关于实现巩固拓展脱贫攻坚成果同乡村振兴有效衔接的实施意见》等政策文件，推动重点任务落实落细。

二是强化督导考核。修订乡村振兴战略考核办法并纳入自治区对盟市党政领导班子绩效考核体系，压紧压实地方主体责任。对各盟市贯彻落实中央一号文件和《中国共产党农村工作条例》开展专项督查，对乡村振兴战略规划实施情况进行中期评估，建立重点工作定期通报制度。

三是推进产业振兴衔接。印发《内蒙古自治区关于推进产业扶贫与产业振兴衔接的政策措施》《内蒙古自治区“十四五”农牧业优势特色产业集群建设规划（2021—2025）》，严格落实“四不摘”要求，将57个脱贫旗县全部纳入支持范围，继续向脱贫旗县下拨专项资金100亿元以上。承办全国工商联主席高端峰会绿色农畜产品生产基地建设专题活动，现场签约5.11亿元。

（二）粮食生产再获丰收

一是增产目标顺利实现。及时分解粮食生产任务，制定稳产增产方案，确保粮食播种面积只增不减。及时下达种粮农民一次性补贴等各项惠农资金168.6亿元，充分调动了农民务农种粮的积极性。2021年，全区粮食播种面积10326.4万亩，同比增加76.9万亩，超额完成国家下达的61.9万亩任务，增量居全国第四位。成立防灾减灾夺丰收包片督导组，下达救灾资金7200余万元，指导各地开展灾后补种等677万亩，防治病虫鼠害4586万亩次。全区粮食增产35亿斤，占全国增量近1/7，达到768亿斤，排名跃升2位，位居第六位，实现“十八连丰”。

二是农业结构布局进一步优化。以水资源和环境承载力为刚性约束，重点建设了玉米、小麦、马铃薯、大豆等8个优势特色农产品产业带，优质玉米、中强筋小麦、优质马铃薯和高油大豆种植比重继续提升，持续贴合市场供应需求。

（三）畜牧业发展稳中有进

一是奶业振兴步伐加快。扎实推进十大奶业集群建设，支持400个中小奶畜养殖场提升改造，新建奶牛标准化养殖加工厂71个，新进场奶牛近13万头；对100家牧区地方特色奶制品小作坊进行标准化提升，实施了锡林郭勒奶酪地标产品保护工程。前三季度，全区奶牛存栏147.6万头，同比增长17.8%；牛奶产量388.1万吨，同比增长19%，年产量有望继续保持在610万吨以上。

二是肉牛肉羊产业提质增效。坚持草畜一体化发展思路，实施粮改饲213万亩，建设优质牧草基地30万亩，全区饲草产量达到5300万吨，同比增长13.3%。持续实施百万肉牛、千万肉羊高产创建工程，在农牧交错旗县实施基础母牛扩群提质项目，加强良种冻精和种公羊推广使用，共补贴种公羊18.6万只次，补贴肉牛264.9万头次，支持386个人工授精站点建设。前三季度，全区肉牛存栏622万头，同比增长9%；羊存栏6400万只，同比增长1.4%；猪牛羊禽肉类产量160万吨，同比增长3.6%，可实现“十七连稳”。

三是生猪生产加快恢复。将生猪稳产保供任务纳入乡村振兴战略考核，新建生猪规模养殖场132家，累计1550家，规模化率达到57%，同比增长9个百分点。2021年前三季度，全区生猪存栏570.3万头，同比增长17.8%，恢复到2017年同期水平，超额完成了国家目标任务。

四是重大动物疫情防控稳定。扎实做好春秋集中免疫，强制免疫动物3.5亿头只羽次，做到应免尽免。及时规范处置一起输入性非洲猪瘟疫情和鄂尔多斯市、呼伦贝尔市、通辽市炭疽疫情，有效处置达拉特旗黄河内死猪丢弃事件，动物疫情保持总体稳定。

（四）耕地和种子工作持续推进

一是耕地保护与建设进一步强化。实施高标准农田建设459万亩，其中高效节水农田170万亩；进一步养好用好黑土地，实施保护性耕作1116万亩，超额完成国家下达的1000万亩目标任务，实施保护利用110万亩；开展耕地轮作900万亩，实施盐碱地改良提升12.2万亩，全区耕地地力稳步提升。

二是种业提升工程加快实施。出台“十四五”种业发展规划，成立14个创新专家团队，建设重点实验室7家，审定主要农作物品种185个，登记非主要农作物品种71个；开展种质资源普查，征集农作物种质资源3400余份，录入畜禽普查数据1.3万条，录入水产普查主体2554家；确定第一批自治区级种质资源保护单位14家。建成11个国家级核心育种场和5家种公牛站，7个国家级良种繁育基地面积达100万亩。在土左旗培育的耐盐碱水稻品种“金黄香三号”平均亩产806.7公斤，刷新了我国北方高寒地区单产纪录。

（五）农牧业绿色发展持续深入

一是化肥农药继续减量。分区域、分作物提出化肥农药减量措施，全区施用配方肥6830万亩、统防统治4720万亩、绿色防控4710万亩，开展了17个绿色高质高效示范县创建，化肥、农药使用量继续保持负增长。

二是秸秆地膜有效利用。深入开展农膜回收利用攻坚行动，在15个旗县实施了示范项目，带动全区回收率达到81%。持续推动秸秆饲料化、肥料化和燃料化利用，在27个旗县实施了示范项目，全区综合利用率达86%以上。

三是畜禽粪污资源化利用扎实推进。在19个旗县实施了畜禽粪污资源化利用项目，累计95个，实现重要生态保护区周边旗县全覆盖，全区畜禽粪污综合利用率达到87.4%，高于国家约束性目标12.4个百分点。

四是水产健康养殖持续推进。开展水产绿色健康养殖“五大行动”，创建国家级水产健康养殖示范点9个，对7000多亩集中连片池塘进行了标准化改造和尾水治理，增殖放流鱼种7700余万尾，持续推进渔业资源养护。

（六）农牧业发展质量有效提升

一是质量安全监管扎实推进。推动480个苏木乡镇开展网格化监管，7家检测机构通过“双认证”，累计47家，抽检农畜产品3.8万批次，完成国务院考核千人1.5批次目标任务。联合自治区市场监管局等六部门开展“治违禁 控药残 促提升”三年行动，行政立案36起，移交司法2起。全区农畜产品质量安全形势持续向好，总体合格率达99.5%。

二是科技支撑作用有效发挥。成立9支农牧业重大协同推广团队，建成长期稳定的试验示范基地186个，新遴选科技示范主体6.7万多个，推广玉米浅埋滴灌等绿色高效技术350多项，杭锦后旗、巴林右旗被确定为全国农业科技现代化先行县共建试点，全区农牧业科技进步贡献率达到60%。结合“我为群众办实事”实践活动，深入基层一线推广实用技术1100余项，培训高素质农牧民2.1万人，开辟“农技云课堂”，发布微视频3800余条，在线浏览量突破3000万次。

三是农牧机装备水平不断提升。落实农机购置补贴政策，推动农业机械向全程延伸，推广牧机设备使用，年补贴机具5.5万多台套，全区农机总动力4230万千瓦，同比增长4.5%，综合机械化率达到86.5%，高于全国平均水平15个百分点。

四是新型经营主体培育充分加强。加强家庭农牧场名录管理，纳入全国家庭农场名录系统规模经营户28万个，创建各级示范场5942个，对387家进行了补贴扶持。深入开展农牧民合作社规范提升行动，创建10个第二批国家级合作社质量提升整县推进试点，69个合作社入选国家级示范社，支持591个合作社开展规范化建设。积极发展农牧业社会化服务组织，在8个旗县开展示范县创建，全区生产托管服务组织达到8679个，托管服务总面积达到7539万亩次。

（七）产业化、品牌化发展步伐加快

一是龙头企业培育成效明显。实施培育农牧业产业化重点龙头企业五年行动，设立产业化项目资金支持发展，新认定13家国家级重点龙头企业，自治区级以上龙头企业达到716家。2021年前三季度，全区销售收入500万元以上农畜产品加工企业实现销售收入2714.5亿元，同

比增加8.4%。

二是产业集聚发展有效促进。成功申报科尔沁肉牛、大兴安岭大豆2个国家级优势特色产业集群，总数达到4个。新创建克什克腾旗国家现代农业产业园和7个自治区现代农牧业产业园，总数达到18个。创建托克托县古城镇等11个国家级农业产业强镇，总数达到38个。新认定“一村一品”示范村镇10个。

三是全产业链发展格局初步构建。确定了奶业、肉牛、肉羊、马铃薯和羊绒等5个自治区重点链，肉羊产业被确定为全国农业全产业链重点链，科右中旗、商都县被确定为肉牛、马铃薯全产业链全国典型县。着力夯实产业发展基础，支持62个旗县发展产地冷藏保鲜设施，可增加仓储能力10万吨以上。加快新业态融合发展，创建2个全国休闲农业重点县，全区规模休闲农牧业经营主体达到4078家，营业收入达到41.3亿元。

四是农牧业品牌化建设不断加强。实施农畜产品区域公用品牌建设三年行动，重点培育敕勒川味道、锡林郭勒奶酪等一批优势特色区域公用品牌，6家企业入选中国农业品牌目录农产品品牌。认证绿色、有机和地理标志农产品1982个，总产量916万吨；322个优质特色产品被列入《全国名特优新农产品名录》；对苏尼特羊等9个产品实施地标保护工程项目，总数达到24个。举办了内蒙古区域公用品牌推介会、广州—内蒙古产销对接会等多场活动，品牌影响力进一步提升。

（八）农村牧区人居环境整治扎实开展

一是农村牧区户厕改造不断推进。把问题摸排整改作为首要任务，截至2021年10月底，对全区2013年以来各级财政支持改造户厕91.83万个完成全部摸排，发现问题16.48万个，完成整改13万个，完成率78.8%。对2021年无法完成整改的1.94万个户厕，要求各地严格审核，逐步完成整改。稳慎推进户厕新建改造，坚持求好不求快、数量服从质量，全区新开工建设8.84万个，年内完工8.74万个。

二是村庄生活垃圾、污水得到有效治理。积极发挥牵头抓总作用，会同住建、生态等部门持续发力，完成黄河流域城乡生活垃圾乱倾乱倒问题排查整治。全区生活垃圾收运处置体系覆盖43%的行政村，在2171个行政村实施生活污水治理。

三是村容村貌整治提升持续深入。99.8%的行政村村内主要道路完成硬化，村庄绿化率达到30%以上。97.2%的行政村开展了常态化保洁，共清理村庄生活垃圾213.9万吨、农牧业生产废弃物717.6万吨、村内水塘4819口、村内沟渠3万多千米，农村牧区面貌明显提升。

（九）农村牧区综合改革稳步推进

一是各项改革试点任务有效落实。农村牧区集体产权制度改革基本完成，全区98.9%的嘎查村成立股份（经济）合作社，对497个重点嘎查村进行补贴支持。农村牧区第二轮土地承包到期后再延长30年试点工作持续推进，五原县10个试点村制定了延包方案。积极推进宅基地管理改革，在开鲁县等3个旗县开展全国试点工作，已完成信息调查摸底；在阿荣旗等7个旗县开展自治区试点，即将组织考评验收。

二是改革成果不断运用。与中国建设银行内蒙古自治区分行合作建立内蒙古农牧业大数据平台，一站式办理土地流转及金融信贷等业务，目前，土地经营权流转信息化管理试点已依托平台正式启动，31个试点旗县实现土地经营权流转线上办理，已办理业务8300多笔，流转面积43万多亩。

三是农区和牧区现代化试点扎实开展。召开牧区现代化联席会议，持续加大政策、项目扶持力度，落实资金8.3亿元，重点推动试点旗培育特色产业、加强草原生态保护等工作，委托中国农业科学院草原研究所开展绩效评价。启动农区现代化试点，指导3个试点旗县编制实施方案。

四是厅属事业单位改革顺利完成。新组建1个副厅级、7个正处级事业单位，办公场所调整、人员调配转隶、领导班子配备等工作已全部完成，进一步强化政策研究、发展服务和技术推广应用等职责，为全面实施乡村振兴战略提供高质量支撑服务。

（十）依法行政水平进一步加强

一是法治政府建设扎实推进。强化行政执法事中事后监管，落实“双随机一公开”规定，在重大行政决策、规范性文件制定等方面将合法性审查关口前移。积极争取自治区党委编办、依法治区办支持，设立农牧业综合行政执法局，执法机制进一步理顺，执法能力有效提升，创建全国农业综合行政执法示范单位7家。

二是营商环境持续优化。践行“人人都是营商环境，事事践行服务理念”的工作理念，制定优化营商环境工作考核办法并纳入年终考核体系。印发优化营商环境工作实施方案，明确20条具体措施，48项行政权力事项已全部入驻内蒙古政务服务平台，实现“网上办”“邮寄办”“马上办”。开展“农资打假”专项行动，治理净化农资市场环境，查办假劣农资案件478起，移送司法机关6起。

（十一）抓好各专项工作落实

一是全力做好“一湖两海”治理工作。中央环保督察及“回头看”涉及的整改任务已全部销号，继续按照“十四五”时期综合治理目标，根据职能职责，因地制宜、分类施策，统筹在农牧业面源污染防控、草原生态保护、种植结构调整、高标准农田建设等方面加大项目资金倾斜力度，推动流域内生态环境质量持续好转。

二是扎实做好察汗淖尔生态综合治理。统筹安排项目资金近5亿元，支持实施高标准农田建设30万亩、耕地轮作61万亩，推广旱作种植21万亩，压减高耗水作物14.7万亩，全量满足流域内治理需求。引导发展优质饲草、马铃薯、有机农业等产业，实现生态保护和农牧民增收双赢。

三是深入推动黄河流域生态保护和农牧业高质量发展。分区域制定农牧业面源污染综合治理措施，落实水肥一体化、增施有机肥、轮作倒茬等化肥减量增效措施282万亩，实施绿色防控、统防统治134.4万亩，实施控膜措施50万亩。严格按照流域水资源消耗总量和强度“双控”的目标要求，大力实施以高效节水灌溉为重点的高标准农田建设，积极发展节水灌溉和旱作农业，积极宣传引导滩区内禁种高秆作物，播种面积同比减少7万亩。

二、2022年重点工作安排

2022年，自治区农牧系统将继续走好生态优先、绿色发展之路，推动农牧业农村牧区高质量发展，重点抓好以下工作。

（一）坚决保障粮食和重要畜产品供给

坚决扛稳保障国家粮食安全政治责任，坚持良田种粮，确保粮食播种面积保持稳定，巩固提升玉米产能，稳定大豆种植面积，推广一批增产增效技术，确保粮食产量稳定在750亿斤左右。落实新一轮草原生态补奖政策，推动农牧交错带建设优质饲草料生产基地，打造肉牛、肉羊、生猪养殖大县，推动肉类产量稳定在260万吨左右。突出抓好种源、饲草料、奶源三大基地建设，推动奶牛大县扩群增量和十大产业集群建设项目落实落地，继续保持奶业持续增长势头。

（二）着力解决种子和耕地两个要害问题

实施“藏粮于地、藏粮于技”战略，力争完成400万亩高标准农田、1350万亩黑土地保护性耕作建设任务，继续实施耕地轮作、黑土地保护利用和盐碱地改良，不断提升耕地质量。实施种业振兴行动，完成国家级马铃薯、大豆制种基地建设任务，完成94个旗县农作物种质资源普查。继续推进畜禽遗传资源普查工作，列入国家畜禽遗传资源保护名录的地方品种实现应保尽保，建成10家以上国家级保种场、保护区。

（三）大力推进农牧业产业化品牌化发展

加大奶业、肉牛、肉羊、马铃薯和羊绒等5个自治区重点产业链及肉羊全国重点产业链建设，将生产向加工、流通、品牌、销售拓展，延伸产业链，提升价值链，加快全产业链发展。争取再创建2个国家级优势特色产业集群，1个国家现代农业产业园、10个农业产业强镇，逐步构建现代农牧业产业体系。加强绿色、有机和地理标志农产品培育认证，各盟市旗县结合资源禀赋、产业基础和文化传承等因素，打造具有鲜明地域特色的区域公用品牌，不断扩大自治区农牧业品牌影响力。

（四）持续推动农牧业绿色发展

实施农牧业产地环境净化工程，推动秸秆、地膜回收利用，保持化肥农药使用量负增长，整县推进禽粪污资源化利用，重点在“一湖两海”、察汗淖尔流域和沿黄流域实施农牧业面源污染治理，抓好农业深度节水控水，发展旱作节水农业。扩大农畜产品质量安全风险监测范围，聚焦重点品种严管严打禁用药物超标问题，加快推进农畜产品承诺达标合格证制度，提高试行覆盖率。

（五）提升现代农牧业科技和装备支撑能力

实施新一轮农机购置补贴政策，加大粮食生产薄弱环节、智能化农机产品等机具补贴力度。继续推进农产品产地冷藏保鲜设施建设，围绕鲜活产品，鼓励和引导新型经营主体建设适度规模的冷藏保鲜设施，提升产地冷藏保鲜能力，减少农产品产后损失，提高农产品附加值和溢价能力。

（六）持续深化农村牧区改革

开展农村牧区集体产权制度改革工作“回头看”，巩固产权制度改革成果，推动各地建立农村牧区产权交易市场，发展壮大农村牧区集体经济。抓好第二轮土地承包到期后再延长30年试点工作，因地制宜探索土地延包办法。稳慎推进农村牧区宅基地制度改革试点工作，确保按期完成改革任务。积极培育家庭农牧场、农牧民合作社等新型农牧业经营主体，增强示范带动小农牧户发展现代农牧业能力。

供　　稿：岳鸿钧　内蒙古自治区农牧厅办公室
责任编辑：刘小燕

内蒙古工业和信息化发展形势

摘要： 2021年，坚持稳中求进工作总基调，扎实做好“六稳”“六保”工作，严格落实“双控”目标，在统筹推进新冠肺炎疫情疫情防控和工业经济发展的同时，加大工业经济转型升级，坚定不移走以生态优先、绿色发展为导向的高质量发展新路子，各项工作稳步推进。2022年，坚持稳字当头、稳中有进，围绕先进制造业产业集群和重点产业链，加快高端化、智能化、绿色化转型，加强工业园区基础性建设，持续优化营商环境，加大对中小企业纾困帮扶力度，保持工业经济运行在合理区间。

关键词： 形势分析；工业经济；转型升级

一、2021年全区工业经济运行保持稳定

2021年，认真贯彻习近平总书记对内蒙古重要讲话重要指示批示精神，按照自治区党委、政府决策部署，严格落实“双控”目标，加大要素支撑保障，进一步优化营商环境，全力抓好工业经济稳增长工作。一年来，主要做了以下工作。

（一）工业经济平稳发展

2021年1—11月，全区规模以上工业增加值增长6.3%，两年平均增长3.0%。全区能源行业增长2.0%，冶金行业增长8.5%，化工行业增长10.9%，装备制造行业增长3.8%，建材行业增长58.3%，农畜产品加工业增长4.7%，高新技术产业增长24.1%。市场主体进一步壮大，截至11月，全区规模以上工业企业户数3075户，同比增长5.8%。自治区“专

精特新”示范中小企业56户，国家级“小巨人”企业22户。

（二）企业效益大幅提高

2021年1—11月，全区规模以上工业利润总额3066.4亿元，同比增长154.5%，高于全国平均工业利润总额116.5个百分点。全区规模以上采矿业实现利润总额1764.7亿元，增长2.0倍；制造业实现利润总额1171.4亿元，同比增长2.1倍；电力、热力、燃气及水生产和供应业实现利润总额130.3亿元，同比下降42.8%。全区37个工业大类行业中，25个行业利润总额同比增加，增长面达67.6%。全区规模以上工业企业实现营业收入21396亿元，同比增长39.6%。每百元营业收入中的成本75.9元，同比减少4.3元；每百元营业收入中的费用7.4元，同比减少1.8元。

（三）转型升级加快发展

一是高端化转型加快。制定5个先进制造业集群和8条重点产业链方案，完善相关支持政策，推动制造业向高端化发展。2021年1—11月，全区规模以上制造业增加值增长12.4%，拉动规模以上工业增加值增长4.7个百分点，贡献率达75.3%。其中，医药制造业增长22.2%，计算机、通信和其他电子设备制造业增长21.1%，稀土产业增长29.3%。工业新产品中，单晶硅同比增长85.1%，电子元件增长91.5%，风力发电机组增长135.2%。

二是绿色低碳转型加快。严控能耗总量，不再审批高耗能项目，加大限制类产能淘汰力度，全区规模以上工业能耗总量下降1.2%，强度下降8.3%。加大节能节水技术改造力度，支持伊利节能、呼伦贝尔金鑫化工节水等33个项目，完成510家工业企业节能节水诊断工作。开展绿色工厂和绿色园区创建工作，全年建设绿色工厂59家、绿色园区4个、绿色供应链2个，累计创建绿色工厂161家、绿色园区19个、绿色供应链6个。严格落实“双碳”行动方案，制定完成冶金、建材、化工3个行业碳达峰及降碳专项行动方案，并按方案要求严格实施。

三是数字化转型加快。全区“两化”融合综合指数51（全国平均指数57.8），在全国排名第十八位，其中核心指标关键工序数控化率56.4%、生产设备数字化率48.5%、工业互联网平台普及率32.3%、应用电子商务企业比例56.9%。加快新型基础设施建设，新建5G基站1万个，累计达到2万个；新建数据中心8个，累计建成34个；新增服务器装机30万台，承载能力达到150万台。推进5G推广应用，建成智能化采掘面50个，完成5G+无人驾驶矿卡114台。加快工业互联网建设，新建自治区级平台5个，累计建成自治区级平台15个、国家级平台1个，接入企业3万户。呼和浩特国家级互联网骨干直联点开通运行。内蒙古数信公司和包头一机集团2个工业互联网标识解析二级节点上线运行。

（四）工业投资稳定增长

2021年1—11月，全区工业固定资产投资增长19.7%，其中，制造业投资增长33.1%。2021年，新开工项目222个，新开工能源行业19个、化工行业21个、冶金行业16个、建材行业16个、装备制造行业15个、农畜产品加工业31个。全年竣工项目75个，其中，能源行业10个、化工行业3个、冶金行业8个、建材行业9个、农畜产品加工业14个、装备制造行业7个、高新技术产业24个。

（五）“两高”项目清理扎实推进

梳理全区“两高”项目1126个，对存量项目、已建成未投产项目、在建项目和拟建项目，分类提出清理意见建议。对存量项目，能效水平要求达到国内同行业先进值；未达到先进值的，按照先进值标准整改。对已建成未投产项目，按照国家先进值要求开展节能审查；未达到先进值的，不予节能批复。对在建项目，必须对标国家先进值建设；未达到先进值的，按要求整改。对拟建项目，要在开工建设前按照能效标准取得节能批复，且不能突破相关行业的产能要求。

（六）工业园区承载能力进一步提升

一是工业园区布局整合优化。制定开发区优化调整实施方案，公布开发区审核公告目录，明确了工业园区名称、园区级别、区块名称和主导产业。全区园区数量由112个调整至56个，亩均产值由52万元提高至55万元。

二是基础设施显著改善。2021年，全区支持工业园区基础设施建设项目总投资73亿元，其中自治区专项资金投入9.2亿元；支持工业园区基础设施项目120个，其中管网项目34个、标准厂房项目17个、污水处理项目18个、集中供热项目8个、智慧工业园区项目42个。

三是管理制度不断健全完善。出台工业园区管理办法和工业园区综合发展水平考核评价办法，完善园区规划建设、职能职责、服务保障等方面规章制度，建立考核评价指标体系，引导园区集聚集约绿色发展。

（七）营商环境持续优化

一是“放管服”改革深入推进。除无线电管理事项涉密，全厅22项行政许可事项全部进驻自治区政务服务大厅，实现“一窗受理”。化工、盐业、民爆行业简化审批材料4项，办理时限平均缩短7个工作日。

二是清欠工作大力推进。把清理拖欠民营企业中小企业账款作为党史学习教育“我为群众办实事”实践活动之一，无分歧账款全部制定还款计划，有分歧账款加快审计，加强督查督办，全力推进清欠方案措施落实。

三是区域评估扎实推进。明确了开发区边界，确定园区面积。从节能评价、水资源论证、环境影响评价等10个方面列出评估事项661项，已完成289项，完成率43.7%。

二、2022年总体形势判断

2022年，世界经济将呈现恢复性增长。我国经济韧性强、潜力大，宏观政策备用工具较多，新发展理念全面贯彻，构建新发展格局战略部署全面实施，改革开放深入推进等极大地拓展发展新空间、孕育发展新动力，全球最完整的产业体系、世界规模最大的网络信息基础设施以及强大的生产能力、完善的配套能力等基础扎实，为我国经济高质量发展提供了良好的环境和条件。自治区工业稳定发展存在许多利好因素。

一是发展方向路径进一步明确。全区第十一次党代会进一步明确了今后5年自治区高质量发展的战略安排，全区工业和信息化发展“十四五”规划等各类发展规划和方案已经出台，对今后发展的指导作用进一步增强。

二是要素保障相对宽松。电力保障供应逐步稳定，能耗总量实行弹性管理，各地可根据能耗强度目标和地区生产总值增速，合理确定能耗总量指标，国家重大项目能耗单列，新增可再生能源、原料能源不纳入能耗总量控制，能耗约束的情况得到有效缓解。

三是投资能力显著增强。1—11月，全区一般公共预算收入同比增长21%，规模以上工业利润总额同比增长154.5%。政府财政收入和企业利润出现明显好转，企业投融资能力显著增强。

2022年，我国经济发展也面临需求收缩、供给冲击、预期减弱三重压力，外部环境更趋严峻，工业经济下行压力凸显，产业链供应链安全稳定挑战加大，产业发展面临的国际竞争更趋激烈，中小企业生产经营困难加剧，工业和信息化发展面临的困难和挑战明显加大。自治区经济发展在面临有利因素的同时，也存在不利因素：一是全国宏观经济整体下降，自治区能源、原材料输出受到较大影响，对自治区整体工业经济发展不利；二是自治区倚能倚重的产业结构性特征在短期内难以彻底改变，尤其是在“双碳”背景下，煤炭电力增长相对缓慢，拉动作用受限；三是煤炭、焦炭、电解铝等大宗商品价格不同程度回落，但价格依然在高位运行，传导至下游中小企业的生产压力仍然较大。

三、2022年重点工作任务

2022年是全面落实“十四五”规划的关键之年，我们将深入贯彻落实中央经济工作会议和自治区经济工作会议精神，按照党中央、国务院各项决策部署和自治区党委、政府的工作要求，坚持稳字当头、稳中有进，围绕先进制造业产业集群和重点产业链，加快高端化、智能化、绿色化转型，保持工业经济增长稳定在合理区间，大力抓好以下重点工作。

（一）推动制造业向高端化转型

围绕5个先进制造业集群和8条重点产业链，优化产业布局，加强项目储备，提升制造业比重和核心竞争力，推动产业转型升级，培育新的增长点，筑牢经济“压舱石”。主要行业建成规模：新型化工，新增产能精细化工产品20万吨、焦油深加工30万吨等；有色金属加工，新增产能铝后加工60万吨等；风电装备，新增产能整机1000台套、叶片2500套、塔筒1100套、风电机组机舱罩1500套；新能源汽车装备及配套，新增新能源汽车5000台；新材料，新增单晶硅及硅片95吉瓦、颗粒硅10万吨、光伏背板玻璃1200万重量箱、锂电池负极材料62万吨、稀土合金及功能材料1万吨；生物医药，细菌活疫苗及诊断试剂疫苗15亿头份、原料药6万吨、中药55万吨等。

（二）推动产业绿色低碳转型

一是加快淘汰落后产能。统筹产业政策和能耗、环保、质量、安全等方面技术标准，按照淘汰产能清单，依法依规持续推动落后产能有序退出，2022年底前退出电石108万吨、铁合金400万吨、钢铁160万吨、焦炭803万吨。

二是大力实施节能节水技术改造。制定形成工业节能技术改造方案和企业节能技术改造清单，对标重点行业能耗准入值和先进值，推进企业技能节水技术改造，达不到准入值的重点用能企业全部改造完成。

三是加快低碳园区建设。在用电负荷较大、有调峰资源、高耗能产业相对集中的工业园区创建低碳园区，打造以新能源为主、就地消纳，火电为辅、重点调峰的局域绿色电网，全年创建低碳园区5个。

（三）推动产业数字化转型

一是加快信息基础设施建设。全年新建5G基站1万个，达到累计建成3万个的目标，在能源、钢铁、稀土行业培育建成1—2个工业互联网标识解析二级节点。加快推动内蒙古国家枢纽节点算力中心、华为三期、华为四期、快手、中国移动、中国银行等大型数据中心建设。实现数据中心整体装机能力200万台。

二是推动产业数字化。持续提升核心指标关键工序数控化率、生产设备数字化率、工业互联网平台普及率。5G+智慧矿山方面，推动大唐龙王沟、鄂尔多斯神通等煤矿智能化采掘项目，全年建成智能化采煤工作面、智能化掘进工作面105个；5G+无人驾驶方面，持续推动神华宝日希勒、准能黑岱沟煤矿无人驾驶矿卡项目，全年改造300台；5G+工业互联网方面，建成内蒙古北奔重汽、金宇保灵生物医药、内蒙古丰镇高科氟化学等工业互联网平台10个，接入企业4万户左右。

三是持续推进两化深度融合。对标全国两化融合先进地区，推动两化融合管理体系对标贯标，持续开展1000家规模以上工业企业两化融合管理体系对标工作任务，引导20家规模以上企业两化融合管理体系贯标任务。深入实施万户企业登云行动，推动3000家企业登云、用云，不断提升企业应用电子商务比例。

（四）加快重大项目建设

2022年，全区计划投资亿元以上工业项目870个，总投资近9000亿元。

在建规模：化工行业，在建产能煤制油200万吨、煤制天然气23.5亿立方米、煤制烯烃375万吨、焦炭1480万吨、聚氯乙烯30万吨、甲醇300万吨、乙二醇150万吨、精细化工产品90万吨等；冶金行业，在建产能钢铁470万吨、铁合金200万吨、电解铝48万吨、铝后加工210万吨、铜后加工28万吨等；建材行业，在建产能玻璃纤维制品6万吨、陶瓷制品50万吨等；装备制造行业，在建产能新能源汽车2.5万辆、风机整机7240台套、叶片6080套、塔筒6000套、齿轮箱6000台、控制系统1万套、动力电池3吉瓦时、太阳能电池组件500万千瓦、储能电池包10.5吉瓦·时等；农畜产品加工行业，在建产能鲜奶加工100万吨、玉米加工100万吨、饲料60万吨、肉类屠宰加工6万吨、酒类饮料40万千升等；高新技术行业，在建产能稀土合金及功能材料22万吨、单晶硅和多晶硅45万吨、超高功率石墨电极和电池负极材料50万吨、高磁感取向硅钢10万吨、稀土铝高性能树脂12万吨、高端功能性膜材料2万吨、可降解材料180万吨、胶原蛋白5亿米、原料药5万吨、中蒙药14.2万吨、细菌活疫苗及诊断试剂疫苗15亿头份。

新开工规模：化工行业，建设产能煤制油216万吨、液化天然气60万吨、煤制烯烃80万吨、聚乙烯醇10万吨、甲醇15万吨、精细化工产品90万吨等；冶金行业，建设产能型钢160万吨、电解铝40万吨、铝后加工90万吨、铜后加工7万吨等；建材行业，建设产能玻璃纤维制品6万吨、陶瓷制品30万吨；装备制造行业，建设产能新能源汽车3万辆、零部件总成3万台、换电设备10万组、新能源电池1万组等；农畜产品加工行业，建设产能鲜奶加工30万吨、玉米加工50万吨、饲料40万吨、肉类屠宰加工5万吨、酒类饮料30万千升等；高新技术行业，建设产能稀土合金及功能材料5万吨、单晶硅和多晶硅90万吨，超高功率石墨电极、电池负极材料46万吨，半导体硅片及新芯片3500万片、高端功能性膜材料2万吨、可降解材料180万吨、原料药5万吨、中药饮片10万吨、兽用疫苗5亿头份。

（五）加强创新驱动发展

一是积极推动创新平台建设。在化工、农畜产品加工业等传统行业和新材料、医药等战略性新兴产业开展企业创新平台建设，全年认定自治区级企业技术中心15家、自治区级技术创新示范企业10家。

二是加快重点行业“机器换人”。在冶金、装备、化工等关键岗位，加快推广工业机器人，民爆行业生产线和装车环节“机器换人”达到75%，电石行业3万吨以上矿热炉出炉环节“机器换人”达到50%。

三是加快智能化发展。把智能制造作为推动互联网、大数据、人工智能和制造业深度融合的主攻方向，推进数字化车间和智能工厂项目建设，全年建设智能车间和智能工厂10个左右。继续推进“三首一保”（首台套重大技术装备、首批次新材料、首版次软件研制应用奖补和保费补贴）政策激励作用，全年培育首台套高精尖装备30个，首批次新材料15个左右。

（六）加强工业园区建设

一是加快园区项目建设。加快工业园区基础设施建设进度，确保近年来支持的污水处理、集中供热、固废渣场、水热气管网、标准产房等项目建成完工，早日投入使用。推动园区进一步完善环保基础设施建设，年底全区工业园区全部实现污水集中处理。

二是加强园区考核评价。落实工业园区综合发展水平考核评价办法，对2021年度工业园区进行考核评价，运用综合评价结果，对综合评价排名前10位的工业园区进行奖励。

三是加快推进智慧园区建设。总结试点智慧园区建设经验，加快已经实施的42个智慧园区项目建设，启动剩余的14个智慧园区建设项目，年底前全区56个工业园区智慧化建设基本完成。

（七）加大对中小企业纾困帮扶力度

一是加大对中小企业政策支持。制定出台促进中小企业发展的若干措施，从财政政策、融资信贷、市场开拓、创新提升、服务保障等方面给予具体支持，激发中小企业创新活力和发展动能。继续落实支持防控疫情重点保障企业和受疫情影响生产经营困难中小企业健康发展政策措施。

二是加大“专精特新”和“小巨人”企业培育。进一步完善“专精特新”中小企业、“小巨人”企业、制造业单项冠军企业梯度培育体系，提升中小企业核心竞争力，全年认定“专精特新”示范中小企业40户左右、“小巨人”企业15户左右。

三是推进中小企业节能技改。支持工业中小企业开展节能工作，以盟市为单位推进能耗5000吨标准煤以下企业开展节能技改，按节能量给予资金支持。

四是推动大中型企业融通发展。按行业梳理优质中小企业，组织开展大型骨干企业与中小企业配套对接，推动大型骨干企业和中小企业间供应链优化合作。

（八）持续优化营商环境

一是推动行政许可网上办理。全面梳理权责清单，切实做到行政许可事项应放尽放。按要求在6月底前推动所有行政许可事项在自治区政务服务大厅综合窗口统一受理、发证，实现“一网通办”。

二是持续做好清欠工作。全面落实自治区政府确定的清欠工作具体措施，持续推动有分歧账款加快解决分歧，新受理的投诉举报及时制定还款计划并积极清偿，未完成审计的项目必须加快项目审计并及时清偿。

三是积极做好项目前期工作。落实重大项目谋划工作专题调度会部署，协调盟市和有关部门及相关企业，合力推进项目前期手续办理。2022年，计划实施工业和信息化重点项目1232个，需要办理开工前期手续4310项（目前已经办理完成2013项），充分利用春季项目停工时间，协调推进剩余2297项手续办理（包括林草手续319项、节能审查427项、环评报告374项、安全评价430项、土地手续360项、水资源论证387项），确保新建项目应开尽开。

四是全面完成区域评估工作。完成园区剩余372项区域评估事项，确保奖补资金及时足额到位，实现入园项目评估信息互认共享。

供　　稿：郭淑军　内蒙古自治区工业和信息化厅经济运行局
责任编辑：焦志强

内蒙古民营经济发展形势

摘要： 2021年，内蒙古民营经济数量持续增加，产业转型步伐加快，民间投资活力不断增强，成为地区经济发展的重要力量、税收的重要来源和吸纳就业主渠道。这是内蒙古优惠政策支持、优化营商环境、减轻税费负担等措施和办法综合发力推动的结果。但是，内蒙古民营经济发展仍然存在诸多问题，主要表现为企业规模小、核心竞争力不强、产业结构不合理，尤其是实体经济投资低速增长，消费需求趋于疲软，人力资源集聚能力还不强等。今后一个时期，内蒙古要从强化政策服务、引导金融机构创新中小微企业信贷方式、支持各地政府开展惠企政策落实情况第三方评估、鼓励支持民营企业创新等方面入手，持续推动民营经济高质量发展。

关键词： 内蒙古民营经济；民营企业；发展形势

2021年，内蒙古认真学习党的十九届六中全会和中央经济工作会议精神，全面贯彻落实习近平总书记对内蒙古重要讲话重要指示批示精神，全面贯彻落实自治区党委、政府部署要求，持续统筹推进新冠肺炎疫情防控和经济社会发展，积极推动民营经济高质量发展，全区民营经济呈现持续稳定恢复态势，继续为自治区经济社会高质量发展做出重要贡献。

一、发展情况

（一）民营经济市场主体数量持续增加

截至2021年11月，全区各类民营市场主体250.45万户，同比增长9.75%，占全区市场主体总数的98%。其中，私营企业48.24万户，个体工商户194.41万户，农民专业合作社7.8万户。

（二）产业转型升级步伐加快

2021年，民营企业百强中有4家企业属于第一产业，有86家企业属于第二产业，有10家企业属于第三产业。其中，制造业企业64家，较2020年增加4家。按照党中央和习近平总书记为内蒙古量身定制的“两个屏障”“两个基地”和“一个桥头堡”战略定位，民营企业百强中，68家企业集中于能源、战略资源及绿色农畜产品加工产业，其中，35家属于能源类，营业收入2925.26亿元，占民营企业百强总营业收入的45.54%；20家属于绿色农畜产品加工类，营业收入1647.73亿元，占民营企业百强总营业收入的25.65%；13家属于战略资源类，营业收入645.77亿元，占民营企业百强总营业收入的10.05%，发展方向符合自治区的战略定位。煤炭开采和洗选业虽仍居百强行业榜首，但其营业收入总额占比较2020年下降7.87%，呈逐年下降趋势。

（三）民营工业企业盈利能力继续增长

2021年1—11月，全区规模以上工业中民营企业户数2217户，占全区规模以上工业户数的72.4%。民营企业营业收入同比增长46.8%，高于国有控股企业11.8个百分点；营业收入利润率15.9%，高于国有控股企业2.8个百分点；实现利润占全区规模以上工业企业利润的54.2%，高于国有控股企业13.1个百分点。民营企业实现利润比重较高且盈利能力较强，成为全区规模以上工业企业利润快速增长的有力保障。

（四）民间投资活力不断增强

2021年1—11月，全区民间投资增长12.9%，高于全区投资增速4.7

个百分点，占全区投资比重的55.0%，同比提高2.3个百分点。制造业民间投资同比增长38.0%，占全部民间投资比重的31.0%，同比提高5.6个百分点。

（五）民营消费品零售额占比超九成

2021年1—11月，全区民营企业零售额同比增长8.4%，占全社会消费品零售总额的90.4%。虽然消费市场同比增速有所放缓，但复苏进程加快，年内首次恢复到2020年前水平。随着各项稳市场促消费工作扎实推进，自治区消费市场经受住局部地区新冠肺炎疫情及极端暴雪天气等因素冲击，延续恢复态势。

（六）城镇民营企业就业人数保持稳定

2021年前三季度，全区城镇民营企业从业人员489.9万人，占城镇从业人员的64%，同比下降1.7%。全区城镇民营企业新就业人数13.4万人，同比增长0.7%，占城镇新就业人数的58.4%。自治区工商联、自治区人社厅、自治区总工会等部门举办6次“线上+线下”企业用工招聘活动，提供就业岗位4万多个，1.8万失业待业人员在民营企业找到工作岗位。

（七）民营经济已成为税收的重要来源

2021年前三季度，全区民营经济纳税1455.6亿元，同比增长24.2%，占全区税收总收入的61.5%。开展新冠肺炎疫情期间民营企业融资需求调查，推动各银行完成对72家企业27.8亿元的授信。举办金融助力民营企业稳产达产对接会，为196家民营小微企业融资228亿元，现场签约金额65.38亿元。

（八）民营企业为社会共同富裕做出新贡献

自2016年“万企帮万村”行动启动以来，全区1255家民营企业参与帮扶建档立卡贫困户，与3139个嘎查村结对，建设3641个项目，累计投入47.36亿元，带动帮扶建档立卡贫困户7.71万户，近25万人。2020年初，自治区工商联连续5次向民营企业发出抗击新冠肺炎疫情倡议，5943家民营企业和商会捐款捐物，共计10.1亿元。2021年，阿拉善盟额济纳旗新冠肺炎疫情发生后，自治区工商联组织民营企业和商会捐款捐物1.2亿元。组织引导民营经济人士参与“光明行”活动，截至2020年底，筛查眼疾患者79.05万人次，实施白内障复明手术29972例。

二、主要做法

（一）激发和保护企业家精神，弘扬优秀企业家精神

自治区发改委、自治区科技厅、自治区工信厅等六部门转发《国家发展改革委、科学技术部等六部门关于营造更好发展环境支持民营节能环保企业健康发展的实施意见》。自治区工商联承办由全国工商联举办的庆祝建党100周年新时代民营经济人士理想信念报告会，全区1万名企业家通过线上线下方式参加报告会。自治区工商联在城川民族干部学院、乌兰浩特市五一会址、乌兰夫纪念馆等6个地区和单位设立全区非公有制经济人士理想信念教育基地，全区各级工商联、商会利用基地举办培训班30多期，近1500名民营企业家参加培训学习，接受革命理想信念教育。组织学习会、座谈会、研讨会16次，学习习近平总书记在民营企业座谈会和企业家座谈会上的重要讲话精神以及学习中央和自治区重要会议、重要文件精神。举办“巾帼心向党、百年铸辉煌”红色故事分享会。举办30多期线上线下培训班，近4万名民营企业家参加学习。自治区党委统战部、自治区工商联制定《内蒙古自治区年轻一代民营企业家健康成长规划》，实施“百企千人”人才工程，开展优秀中国特色社会主义事业建设者评选表彰，开展“万企帮万村”“抗击新冠肺炎疫情”先进民营企业和优秀民营企业家等一系列评选表彰活动，发挥典型示范引导作用。

（二）加强知识产权保护，依法保护企业家财产权、自主经营权和创新权益

截至2021年11月末，自治区市场监管部门查办各类侵权假冒案件2220件，案值1970万元，罚没金额1721万元。自治区版权局组织开展

“剑网”“电影院线整治”“打击侵权假冒”等专项行动。2021年，全区共查处侵权盗版案件12起，处没罚金3.7万元。自治区检察机关依法办理提请逮捕、移送起诉侵犯知识产权案件3件4人。2021年1—10月，全区民事检察部门对损害企业合法权益案件依法提出抗诉、提出再审检察建议、提出检察建议573件；认真贯彻“少捕慎诉慎押”司法理念，1—10月，对全区经济犯罪案件不批捕1007人，不起诉449人，监督立案134件，对不该立案的监督撤案108件，提出抗诉67件。自治区高院与自治区总工会建立劳动纠纷案件诉调对接机制，成立劳动争议诉调工作室，全区123家法院均对接人民法院调解平台开展工作，成功调解案件16.3万件。自治区工商联分别与自治区高院、自治区检察院、自治区司法厅建立常态化工作机制，共同开展法律服务工作。自治区工商联、自治区司法厅、自治区律师协会建立“万会联万所”机制，目前有254家工商联所属商会与349家律师事务所建立合作关系，帮助民营企业化解矛盾纠纷80余件。全区已建立各类商会调解组织74家，已成功调解各类矛盾纠纷300余起，涉及金额28.5亿元。

（三）建立企业家参与涉企政策制定机制，组织民营企业参与涉企政策制定

自治区发改委制定印发《企业家参与涉企政策制定机制实施办法》。自治区发改委、自治区高院、自治区检察院、自治区司法厅、自治区商务厅等通过座谈会和征求意见会等形式，组织民营企业家参与自治区制定有关行政法规、规章、行政规范性文件工作。《关于进一步优化法治化营商环境的若干措施》《内蒙古自治区高级人民法院优化法治化营商环境具体措施》等涉企政策，邀请民营企业家提出修改意见和建议，增强了文件的针对性、有效性、可操作性。2021年1月，自治区农牧厅通过线上调查问卷等形式，向自治区农牧业产业化重点龙头企业征集农牧系统优化营商环境的政策建议，共收到151家农牧企业关于涉企政策的意见建议，研究解决了民营企业生产经营中遇到的困难和问题，优化了农牧系统服务管理流程。

（四）规范政商交往行为，构建亲清政商关系

自治区党委统战部、自治区工商联落实自治区党委、人大、政府、政协领导同志联系民营企业和商会组织工作，落实自治区党委统战部、自治区工商联领导干部联系走访民营企业工作制度，走访调研全区140余家民营企业，形成调研报告4篇，整理上报企业困难诉求159个，解决56个。自治区工商联、自治区财政厅、自治区市场监管局、自治区政务服务局、自治区检察院、自治区法院等单位进行了专题座谈协商调研，并对民营企业反映的突出问题开展民主监督，完成《优化营商环境，促进民营经济高质量发展调研报告》。自治区发改委完成2020年自治区营商环境评估工作，在全区优化营商环境大会上进行通报，编写14期《优化营商环境专报》，分别报自治区党委、人大、政府、政协研究。自治区党委宣传部与自治区发改委召开2021年二季度全区营商环境专题新闻发布会。自治区工商联每个季度开展一次“万家企业评价营商环境”活动。自治区发改委推动建设“蒙企通”民营企业综合服务平台，在全区各盟市上线运行，平台更新迭代32次，登记注册民营市场主体7.4万多家，解决企业诉求1047多条。

（五）支持民营企业建立现代企业制度，激发各类市场主体活力

自治区工商联、自治区市场监督管理局、自治区发改委、自治区财政厅共同印发《内蒙古自治区民营经济领域标准化提升行动方案（2021—2023年）》，并举办全区民营经济领域标准化知识培训班，促进自治区民营企业迈向标准化发展。自治区市场监管局协同税务、公安、人社、住建、人民银行等部门，推出“一表填报”“一窗办理”“一网通办”“一次认证”“一照通行”等创新举措，提出“一日办结”的工作目标。目前，自治区各类市场主体通过企业开办“一网通”平台，已完成66.8万人次、43.5万事项的一次联办，惠及企业32.7万户。自治区科技厅对2020年新认定的414家高新技术企业给予8980万元研发经费补助。2021年，向科技部火炬中心报备申请备案企业481家，年底突破12家；对全区436户企业研发费用和年度增幅较高

的企业给予后补助支持，补助8503.5万元。自治区工商联连续开展上规模民营企业调研和民营企业百强排序活动，发布民营企业百强榜单和分析报告，展示民营企业发展成就，充分发挥百强企业的示范带动作用，引导广大民营企业建立现代企业制度。由自治区有关部门举办的2021全国工商联主席高端峰会暨全国优强民营企业助推内蒙古高质量发展大会，参会人数700多人，签约项目156个，金额3593.71亿元。自治区党委统战部、自治区工商联、自治区税务局联合召开“减税费、促发展、问需求、优服务”民营企业座谈会，全区新增减税降费88.91亿元，下达出口退税计划20.39亿元、免抵调库计划5.47亿元。自治区党委统战部、自治区工商联、自治区地方金融监管局、人民银行呼和浩特中心支行共同举办金融助力民营企业稳产达产对接会，搭建金融机构与196家民营企业进行对接融资，融资金额228亿元并全部落实到位。自治区工信厅推动盟市开展“助保贷”融资服务，目前，全区累计发放“助保贷”2456笔，贷款金额139.7亿元；继续开展小微企业融资担保降费奖补，为31户融资担保机构提供奖补资金7700万元。2021年，自治区发改委直接取消审批、审批改为备案541项。2021年1—6月，自治区发改委与人民银行呼和浩特中心支行共为小微企业减免开户费用约474万元，减免账户管理费用约608万元。

（六）围绕“两个屏障”“两个基地”和“一个桥头堡”的战略定位，引导民营企业家走以生态优先、绿色发展为导向的高质量发展新路子

2021全国工商联主席高端峰会暨全国优强民营企业助推内蒙古高质量发展大会召开期间，自治区工商联、自治区发改委、自治区农牧业厅、自治区工信厅、自治区生态环境厅围绕“协同大保护，共谋新发展”“推进能源科技创新，实现绿色低碳发展”“‘双碳’新起点，制造新高度”主题，共同举办国家能源和战略资源基地建设、绿色农畜产品生产加工基地建设、沿黄（各省区）生态保护和高质量发展、现代装备制造业发展4个平行论坛，邀请全国知名专家学者为自治区经济把脉问诊，提出意见和建议。

2021年，全区各级生态环境部门利用在线监控、视频监控、遥感、无人机、用电、用能监控等非现场检查方式对清单内企业检查3996家次；通过非现场方式发现问题45个；对清单内企业减免处罚12次；执法部门通过电话、网络、现场帮扶等形式为企业解决问题2557次。

自治区农牧厅利用自治区本级7200万元产业化项目资金，支持5家马铃薯、肉牛精深加工龙头企业，每家补助资金500万—1000万元，发展精细化综合加工，提升加工转化增值空间。

自治区发改委积极争取中央预算内资金16870万元，支持物流基础设施及城镇污水、垃圾、医疗废弃物处置能力建设项目12个，培育壮大节能环保产业。

自治区工信厅持续扩大入库企业规模，目前自治区“专精特新”中小企业培育库入库企业1208户。

全区商务部门开展各类消费促进活动4430场，实现销售额214.7亿元。举办网上年货节、双品网购节，实现网络零售额约34亿元。自治区商务厅与中国银联签订合作协议，依托银联平台通过发放消费券等方式促进消费，各电商平台及企业发放消费券约1400万元；筹备“内蒙古味道”展览交易系列活动，推动绿色农畜产品走出去。

自治区工商联与自治区生态环境厅共同印发《关于建立支持服务民营企业绿色发展合作机制的意见》，在开展建立合作机制、政策宣讲培训、加强宣传引导等方面开展合作，共同推动自治区民营企业绿色发展。自治区党委统战部、自治区发改委、自治区工商联、自治区生态环境厅、自治区市场监督管理局利用各自门户网站、微信公众号等媒体，先后发布中央和自治区关于生态优先绿色发展的政策文件。

阿拉善SEE生态协会内蒙古项目中心举办2届内蒙古绿色环保发展大会，邀请知名企业家围绕“绿色、创新、发展”主题进行深入研讨和交流，发布“内蒙古绿色发展百强企业”名录，发出《内蒙古民营企业绿色发展倡议书》，启动5亿元绿色投资发展基金，表彰19名致力于绿色环保事业的企业家代表，研判环保产业发展趋势，传播绿色发展理念。

三、存在的问题

随着经济下行压力持续加大和新冠肺炎疫情的影响，自治区民营经济发展困难依然较多，企业规模小、核心竞争力不强、产业结构不合理，尤其实体经济，规模以上工业企业亏损面仍然较大，投资低速增长，消费需求趋于疲弱，人力资源集聚能力不强，发展基础不稳固，转方式调结构依然任重道远。

（一）企业规模仍然较小

从已发布其他省区市的情况看，江苏省（193.17亿元）、浙江省（149.83亿元）、山东省（117.59亿元）民营企业百强门槛已超过100亿元，自治区（15.29亿元）百强入围门槛高于广西省（10亿元）、云南省（10.13亿元），低于北京市（36.71亿元）、福建省（35.41亿元）、河北省（29.85亿元）、山西省（18.22亿元）等地。中国民营企业五百强入围门槛更是高达235.01亿元，而自治区五百强入围门槛仅占中国民企五百强入围门槛的6.5%。

（二）核心竞争力不强

2020年，自治区民营企业百强拥有国内外专利5818项，中国民营企业五百强拥有国内外专利412722项，自治区五百强民营企业平均拥有专利数量58项，仅为中国民营企业五百强平均拥有专利数量的7%。自治区民营企业百强拥有国内有效商标数量15636个，而中国民营企业五百强拥有国内有效商标数量183698个。自治区五百强民营企业平均拥有国内外商标数量156个，仅为中国民营企业五百强平均拥有商标数量的42.5%，有32家企业未投入研发费用，有40家企业没有注册商标，这也是自治区民营企业核心竞争力不强的根本原因。

（三）产业结构仍需进一步优化

自治区60%以上的民营百强企业属于资源依赖型企业，煤炭开采和洗选业仍居百强行业榜首，服务业在百强中所占比重较低（10%），没有大数据、云计算、区块链、人工智能等新兴产业，数字经济仍在起步阶段。

四、成因分析

客观地看，造成内蒙古民营经济发展的差距和困境，是多种因素相互交织、多年积累形成的。

（一）高端生产要素供给不足制约发展

要素配置市场化程度不高，大量资源配置在非生产部门。改革开放以来，自治区的资金、技术、人才等高端生产要素以及部分重要基础工业产品处于“净流出”状态，民营企业“融资难、融资贵”和“招才难、留才难”问题较为普遍。部分装备制造骨干企业的高端产品和产业链高端环节迁至区外，挤压了民营企业配套发展空间。多数招商引资来的制造业企业只是将自治区作为原料、初加工基地，技术研发、品牌、资金结算等高端环节缺失，对本地民企发展的带动能力不强。

（二）社会化中介服务体系不健全影响发展

内蒙古民营企业中99%以上为中小微企业，在成长发展的各个阶段都需要中介机构的服务和指导。从自治区情况看，还存在着管理服务主体不明确、融资担保体系不健全、信息平台建设不到位、信用评价体系不完善、教育培训机制不规范、市场中介组织发育不充分等问题。民企需要的创业辅导、技术支持、信息共享、法律援助等服务尚处于发展阶段，金融、现代物流、工业设计、市场营销等对实体经济支撑力较弱。这些因素都增加了企业发展的“无形成本”。

（三）民营企业和企业家自身因素限制发展

现代企业家资源比较稀缺，企业治理模式和经营机制不完善，市场意识、竞争意识、合作意识、法治意识不强，对接国家重大战略、重大政策、重大工程的主动性不够，可持续发展缺乏必要的制度保障。企业偏好与政府部门合作，忽视企业之间、产学研用之间特别是与资本市场的合作，导致企业在发展到一定阶段后遇到“规模瓶颈”和“成长烦恼”，缺少在全国有影响的名家、名企、名品。

五、几点建议

（一）引导金融机构创新中小微企业信贷方式

根据企业上年度营业收入情况、动产情况和订单客户资质情况，划分等级，引导银行等金融机构加大对中小微企业提供额度低、期限短、还款方式灵活的信用贷款，精准施策，为中小微企业“输血”。

（二）支持各地政府开展惠企政策落实情况由第三方评估

在各类惠企政策出台前，由政策制定部门组织政策执行部门，尤其是基层部门进行集中培训，统一申报标准和时限，解决层层加码申报要件和层层压缩申报时间的问题。聘请第三方专业机构对惠企政策落实情况进行评估，促进政策制定和执行的双优化，增强民营企业政策获得感。

（三）进一步鼓励支持民营企业创新

鼓励支持市场主体做大做强，引导民营企业在持续推进老字号转型升级，加快迈向中高端中寻求发展机会；在持续推进原字号建设，延伸产业链，提升价值链中寻求发展机会；在持续推进新字号向新增长领域拓展，实现加速倍增中寻找发展机会；在深入推进军民融合深度发展中寻求发展机会；在构建区域协调、城乡协调发展，深入推进对口合作中寻求发展机会。积极推动民营企业转型升级，支持民营企业技术创新、产品创新、商业模式创新和品牌发展等，激发企业内生动力，促进民营企业高质量发展。

（四）加大民营经济监测分析力度

为及时了解掌握民营经济运行情况，相关部门应建立健全民营经济统计调查体系，加强对民营经济的统计调查和监测分析，定期发布有关信息，为掌握发展趋势、研究制定政策提供依据。各有关行业主管部门应建立健全统计监测体系，定期监测服务业、制造业、建筑业、交通运输业、农业、批发零售业、住宿餐饮业、文化旅游业等行业民营经济生产经营情况。

供　　稿：赵庆禄　内蒙古自治区工商业联合会
责任编辑：辛倬语

内蒙古对外开放总体形势

摘要：2021年，内蒙古围绕畅通国内国际双循环，全力稳住外贸外资基本盘，对外贸易继续保持较快增长，利用外资和对外投资稳中有增，口岸对外开放实现高质量发展，“十三五”各项工作圆满收官。

关键词：高质量；双循环；高水平；对外开放

2021年是中国共产党成立100周年，是“十四五”规划开局之年。自治区党委、政府深入贯彻落实习近平总书记对内蒙古的重要讲话重要指示批示精神和党中央决策部署，坚持新发展理念，坚持稳中求进工作总基调，按照高质量发展的要求，推动更高水平对外开放，融入国内国际双循环，强化口岸建设和改革创新，顺利完成“十四五”规划开局之年的任务。

一、对外贸易平稳发展，出口对经济拉动作用明显

2021年，内蒙古围绕畅通国内国际双循环，全力稳住外贸外资基本盘，积极落实各项政策，承接好加工贸易产业转移，促进外贸新业态加快发展。

（一）对外贸易继续保持较快增长

2021年，通过参加第四届中国国际进口博览会，举办2021中国·内蒙古线上进出口交易会、内蒙古稀土产品（西欧）线上展览会、内蒙古出口韩国商品云展览对接会等活动，借助各种线下线上

合作平台，推介内蒙古，宣传内蒙古的特色产品，吸引来自美国、日本、韩国、德国、巴西、意大利、新加坡、越南、泰国、印度、伊朗、孟加拉国等国家的近260家优质采购商，进行了1400余场云洽谈、云对接，内容涵盖纺织、农畜产品、食品、装备制造、新材料等行业，将自治区的品牌企业及优质产品推介到国内国际市场，大大提高了内蒙古的声誉和品牌影响力，也使得自治区对外贸易、对外投资以及招商引资环境有所改善。海关提供的统计数据显示，2021年1—11月，全区外贸进出口总值1120.2亿元，同比增长17.2%。其中，累计进口总值691.5亿元，同比增长8.0%；累计出口总值428.7亿元，同比增长36.0%。按照美元口径，全区外贸进出口总值173.2亿美元，同比增长26.2%。其中，进口总值106.9亿美元，同比增长16.2%；出口总值66.3亿美元，同比增长46.4%。出口增速连续11个月保持两位数增长，连续4个月保持30%以上增长，增幅高于全国14.2个百分点，位列全国各省区第六名。

2021年11月贸易总值是当年以来单月最高，同比增长31.1%，达114.4亿元。其中，出口总值44.8亿元，同比增长47.7%；进口总值69.6亿元，同比增长22.2%。出口对外贸增长的拉动作用显著，实现疫情下的逆势回升。

1.加工贸易快速增长，边境贸易下降

海关通报的数据显示，2021年1—11月，全区加工贸易进出口总值59.3亿元，同比增长296.9%；一般贸易进出口总值713.8亿元，同比增长13.3%，占全区贸易总值的63.7%。边境小额贸易进出口总值199.3亿元，同比下降12.2%。其他贸易进出口总值4.0亿元，同比增长53.7%。

2.民营企业成为进出口的主力军

2021年1—11月，全区民营企业外贸进出口总值731.6亿元，同比增长12.8%，占全区外贸进出口总值的65.3%，持续位居自治区第一大外贸经营主体地位。国有企业进出口总值310.9亿元，同比增长26.7%。外商投资企业进出口总值75.9亿元，同比增长28.5%。

3.大宗商品出口增长较快

2021年1—11月，前十大出口商品中，含氧基氨基化合物、钢材、货运机动车辆等七大商品出口量、出口总值齐升。受疫情影响，粮食出口减少，特别是葵花籽出口量、出口总值齐跌。前十大进口商品中，铜矿砂、乳及稀奶油、原木、矿物钾肥四大商品进口量、进口总值齐升。煤、木材两大商品进口量、进口总值齐跌。机电产品、高新技术产品出口增长较快，出口总值分别是72.1亿元、68.0亿元，同比分别增长80.6%、62.2%。

4.与主要贸易伙伴的贸易增长势头良好

从主要贸易伙伴来看，2021年1—11月，内蒙古与蒙古国进出口总值298.5亿元，同比增长17.7%，占全区外贸进出口总值的26.6%；与俄罗斯进出口总值167.1亿元，同比增长1.0%，占全区进出口总值的14.9%。内蒙古对蒙古国和俄罗斯两国进出口总值465.6亿元，占比41.6%。

2021年以来，内蒙古与前十大贸易伙伴进出口总值首月全部实现正增长，多数盟市实现正增长。1—11月，包头市、巴彦淖尔市、呼和浩特市、赤峰市、鄂尔多斯市、通辽市、乌海市、兴安盟8个盟市进出口总值呈现正增长。包头市进出口总值224.7亿元，位列全区第一；出口总值103.1亿元，位列全区第一。巴彦淖尔市进口总值183.5亿元，位列全区第一。

（二）利用外资和对外投资稳中有增

2021年，自治区高质量落实《内蒙古自治区贯彻落实积极有效利用外资推动经济高质量发展若干措施实施意见》，提升吸引外资质量和水平，助推自治区经济高质量发展。推动各类园区完善基础建设，加强招商引资。继续做好重大项目签约、落地、运行的跟踪服务。2021年，组织自治区130余家企业参加各级各类博览会、展销会、洽谈会，鼓励自治区企业走出去，提升自治区利用外资的水平。印发《优化商务领域营商环境的若干措施》，持续打造市场化、法治化、国际化营商环境，完善外商投资企业投诉体制建设，推进商务领域法治建设，整体提升商务领域营商环境的国际竞争力。

1.直接利用外资继续小幅增长

2021年1—11月，全区新增外商投资企业38家，同比增加2家。根据商务部统计数据，自治区实际使用外资金额2.86亿美元，同比增长3.21%（折合人民币19.87亿元，增长1.91%）。从主要投资来源地看，投资主要来自香港地区，占比81%；从投资行业看，主要集中在农、林、牧、渔、制造、电力、热力、燃气及水生产和供应业；从资金分布情况看，主要集中在呼和浩特市，占比55%。

2.对外投资合作项目小幅增加

2021年，自治区党委、政府深化“放管服”改革，推行政务服务一体化。对接境外优质就业服务项目，扩大自治区对外劳务输出。开展不同方式的培训，强化境外企业风险投资意识。调研了解自治区在开展对外投资中出现的问题，提出具体解决措施。做好境外投资行政许可事项办理工作，按规定时限办理完毕，为境外投资企业做好服务，帮助企业尽快开展境外业务。组织企业参加境外展会，切实推动区内企业走出去。举办民法典专题培训班，提高工作人员运用法治思维和法治方式解决问题的能力和水平。根据商务厅统计数据，2021年1—11月，全区新增对外投资项目44个，较2020年同期增加2个，中方协议投资5.12亿美元，同比下降20.12%。其中，蒙古国（26个）、俄罗斯（10个）仍是主要投资的国家。随着“一带一路”国际合作深入推进，内蒙古对“一带一路”沿线国家投资增加，包括阿联酋（2个）、土耳其（2个）、加纳（1个）、马来西亚（1个）、南非（1个）等，主要投资行业为运输、采矿、农业、木材加工、食品加工、国际贸易等。

（三）口岸对外开放实现高质量发展

受疫情影响，中俄、中蒙通过协商，对所有口岸的人流、物流采取严格管控措施，根据《关于中蒙俄边境口岸发展领域合作的框架协议》的规定，自治区开展中蒙俄三国海关合作和联合监管，加快信息互换、监管互认和执法互助，推动三国海关扩大商品品类监管结果互认，保障全区陆路口岸闭环管理和仅限于有特别需求的物流和人流“绿色通道”畅通高效通关。

2021年1—11月，全区口岸进出境货运量4968.0万吨，同比下降19.4%，其中，进境货运量4177.7万吨，同比下降22.9%；出境货运量790.3万吨，同比增长5.7%。对蒙古国进出境货运量3149.4万吨，同比下降27.5%，其中，进境货运量2752.1万吨，同比下降30.8%；出境货运量397.3万吨，同比增长7.8%。对俄罗斯进出境货运量1818.5万吨，同比增长0.04%，其中，进境货运量1425.5万吨，同比下降0.9%；出境货运量393.0万吨，同比增长3.7%。受口岸闭环管理影响，2021年1—11月，陆路口岸进出境交通工具46.8万辆架次，同比下降38.6%，其中，进境交通工具22.5万辆架次，同比下降37.4%；出境交通工具24.3万辆架次，同比下降39.7%。全区口岸进出境客运量55.2万人次，同比下降49.4%，其中，进境客运量27.8万人次，同比下降50.4%；出境客运量27.4万人次，同比下降48.4%。

2021年，内蒙古口岸管理有了新进展和新突破，年初制定了自治区“十四五”口岸发展规划，为“十四五”口岸开放提供理论指导。

首先，支持外贸新业态、新模式发展，创新口岸通关模式，在甘其毛都口岸试点推进AVG无人驾驶通关和满都拉口岸智能空轨集运输项目。提升甘其毛都—嘎顺苏海图口岸货运量，降低甘其毛都口岸境外短盘跨境运输费用，增加重点口岸运行车辆及接驳司机数量，加快珠恩嘎达布其口岸通关等事项。在二连浩特市和满洲里市开展互贸区落地加工先期试点，丰富互贸区进口商品种类和进口国范围。阿拉善高新技术产业开发区国家外贸转型升级基地（盐化工）、乌兰察布市国家外贸转型升级基地（马铃薯）、包头市青山区国家外贸转型升级基地（装备制造）获批国家外贸转型升级基地，奠定未来发展基础。

其次，以国家绩效评估为抓手，通过实地调研等方式解决制约呼和浩特、满洲里和鄂尔多斯综合保税区发展的瓶颈问题。促进口岸营商环境提质增效，完成收费项目清单动态调整工作，并在当地口岸场站、地方政府网站和内蒙古国际贸易单一窗口进行公示。满洲里市场采购贸易试点建设取得显著成效，市场采购贸易出口总值5035万元，成为推动自治区外贸新业态建设和稳定边贸发展的新亮点。推动呼和浩特、赤峰、满洲里国家跨境电子商务综试区建设，支持鄂尔多斯申建国家跨境电子商务综试区。

最后，配合国家有关部门做好中俄总理定期会晤工作组视频会议、中俄边境铁路口岸视频会议、中俄贸易畅通工作组第五次会议等筹备工作。积极与外交部边海司和国家口岸办组成工作组，赴中俄边境口岸开展调研。就中蒙常设协商工作组第四次会议召开形式、时间及重点议题开展落实工作。与蒙古国驻呼总领事馆、蒙古国驻二连浩特领事馆举行工作会晤，商讨二连浩特—扎门乌德铁路口岸宽轨返空车辆载货出境业务，推进自治区政府与中远海运集团合作，参加大图们倡议东北亚地方合作委员会第九次会议，推动口岸与腹地协同发展。

三、面临的挑战和下一阶段主要工作

“十四五”时期，内蒙古对外开放机遇与挑战并存，机遇大于挑战。

从国际看，当今世界正经历百年未有之大变局，经济全球化仍是历史潮流，错综复杂的国际环境带来新矛盾、新挑战，我国对外开放外部环境的不稳定性和不确定性明显增加。受新冠肺炎疫情影响，各类衍生风险不容忽视。世界经济陷入低迷期，国际市场需求疲软，跨境贸易投资增长乏力，贸易投资壁垒增多，全球产业链供应链面临深刻调整，多边贸易体制面临挑战，海外利益保护风险增大。

从国内看，我国已转向高质量发展阶段，经济稳中向好、长期向好的基本趋势没有改变，提供了强大支撑。超大规模市场优势日益显现，产业体系完备，人力资源丰富，新业态新模式快速发展，为消费提质扩容、贸易创新发展、双向投资优化提供了广阔空间和强劲动力。同时，国内社会主要矛盾变化带来新特征新要求，对外开放面临的不平衡、不充分问题仍然突出。要素成本持续上升，资源环境约束趋紧，我国传统竞争优势逐渐弱化，国际合作和竞争新优势需加快重塑。高质量商品和服务供给仍然不足，消费需求新增长点需深入挖掘，商贸流通现代化水平有待提高。与业态模式创新相适应的治理体系需加快健全。营商环境仍需进一步改善。

从全区看，经过“十三五”时期的艰苦努力，内蒙古发展取得的重大成就，为新发展阶段做好对外开放工作奠定了重要基础。但是，也应看到，全区生态环境要求趋严，外部成本约束加大，科技创新能力不强，新旧动能接续不畅，经济增长的下行压力加大。对外贸易规模较小，出口产品结构不合理。以旅游、运输等传统服务贸易为主，结构有待进一步优化。对外经贸合作投资主体单一，主要集中在俄罗斯、蒙古国，国际竞争力、抗风险能力弱，境外合作区建区企业融资难、招商难。利用外商直接投资的综合竞争力不强，产业结构不合理，区域分布不平衡，吸引外资的政策“洼地效应”不明显。口岸功能定位不清，存在同质化竞争，与俄蒙互联互通重大基础项目建设未能对等提升。市场化、法制化、国际化营商环境有待进一步提升。

2022年，内蒙古对外开放将继续发挥连接国内国际两个市场、利用国内国际两种资源的优势，适应自治区东中西部差异化协调发展战略，建立区域互动互助、优势互补和市场一体化发展机制，营造一批布局合理、城乡统筹、功能完善、管理规范、辐射国内外的内外贸易结合市场。强化与部门的横向协作、与地方的纵向联动，形成结构、规模、效益、安全相统一的对外开放高质量发展格局。

一是持续改善对外贸易营商环境，不断优化进出口结构，促进国际市场更加多元化，推进经营主体创新能力、国际竞争力提升。继续深耕俄蒙等传统市场，在保持对俄蒙进口份额的同时，增加出口份额，优化出口结构，同时主动拓展与区域全面经济伙伴关系协定成员国贸易领域，综合考虑市场规模、贸易潜力、消费结构、产业互补、国别风险等因素，引导企业扩大同“一带一路”沿线国家、新兴经济体市场以及欧洲市场的贸易规模。

二是持续扩大外资引进规模，逐步优化使用外资领域，不断提高利用外资质量和水平，保持好实际利用外资年均增长速度。

三是对外投资和经济合作政策不断完善，服务水平进一步提高，对外投资规模稳步增长。

四是进一步明确口岸功能定位，完善口岸发展规划，将现有口岸分为综合枢纽口岸、重点专业口岸、普通口岸3种类型，分别实施不同的政策措施。科学谋划口岸发展方向和主导产业，形成功能清晰、畅通高效、绿色智能的口岸发展格局。

供　　稿：张振鹏　内蒙古自治区口岸办

责任编辑：范丽君

内蒙古巩固拓展脱贫攻坚成果形势

摘要：打赢脱贫攻坚战后，“三农”工作的重心历史性转移到全面推进乡村振兴，内蒙古严格落实“四个不摘”要求，建立健全防返贫动态监测和帮扶机制，持续巩固脱贫攻坚成果，扎实推进有效衔接乡村振兴各项工作。

关键词：巩固拓展；脱贫成果；乡村振兴

一、2021年主要工作完成情况

（一）聚焦成果巩固，确保不发生规模性返贫

防返贫动态监测帮扶扎实推进。重点对脱贫不稳定户、边缘易致贫户和突发严重困难户“三类人员”，综合运用农牧户自主申报、基层干部排查、部门筛查预警、社会监督发现等4种监测手段，围绕收支情况和“两不愁三保障”及安全饮水，采取日常动态监控和集中全面排查相结合的方式进行监测，确保风险早发现、早介入、早帮扶。对有劳动能力的贫困户开展产业、就业等开发式帮扶，确保其有稳定的收入来源和增收渠道。对无劳动能力的贫困户采取综合保障政策兜住底线，多措并举消除风险隐患，坚决防止规模性返贫。截至2021年10月底，内蒙古5.48万易返贫致贫人口中已有90.2%消除返贫致贫风险。

农村牧区低收入人口常态化帮扶有效开展。基本完成全区低收入人口数据库建设，对低收入人口基本生活状况开展常态化监测和针对性帮扶。全区脱贫人口中，有39.8万名纳入农村牧区低保、1.6万人纳

入特困救助，85个旗县实施防贫保险，覆盖101.9万农村牧区人口，兜住防止返贫致贫底线。

易地搬迁后续帮扶不断强化。投入6.64亿元，强化集中安置区教育、就业、产业发展和后续配套设施建设服务提升，确保搬迁脱贫群众有稳定的产业项目和就业岗位，更好更快实现社区融入。

（二）聚焦成果拓展，推动脱贫地区脱贫人口发展能力得到有效提升

脱贫地区特色产业持续发展。中央和自治区财政衔接资金的50%以上用于支持脱贫地区产业发展，全区新建和续建了一批农牧业、乡村旅游、电商、农畜产品加工等经营性产业，资产达到251亿元，有劳动能力的脱贫户实现产业项目全覆盖，脱贫稳定性、可持续性不断提升。持续支持扶贫龙头企业、扶贫车间发展，吸纳7.85万农村牧区人口务工就业，带动脱贫地区和脱贫人口增收。

消费帮扶不断深化。全力拓展消费帮扶渠道，把没有京蒙协作任务的5个盟市全部纳入京蒙协作消费帮扶范围。全区认定帮扶产品3290款，实现销售77.85亿元，有力拉动脱贫地区产业发展，促进脱贫人口增收。

脱贫人口实现稳定就业。积极落实用人单位稳岗就业政策，建立常态化京蒙岗位信息共享和发布机制，推广以工代赈，大力开发公益性岗位，全区20.58万名脱贫人口实现就业，是2020年总规模的104%。

扶贫项目资产后续管理成效明显。对2012—2020年扶贫项目资金形成的603亿元资产分类登记，形成公益类、经营类、到户类“三本账”，并全部录入系统，实行信息化管理。自治区人民政府办公厅印发《内蒙古自治区扶贫项目资产后续管理办法（试行）》的通知，规范管理内容和要求，建立扶贫资产管理机构，落实管护责任，形成“双向追踪、三级定责、五权明置、五化运营”管理模式，持续发挥扶贫资金效益，成功经验在全国推广。

基础建设和公共服务水平不断提升。继续推进脱贫地区“四好农

村路”特别是产业路、旅游路和联网路建设。统筹推进脱贫地区县、乡、村三级物流体系建设，7875个建制村实现快递进村，覆盖率达到71.16%。投入8.3亿元新改扩建旗县医疗机构，提升乡镇卫生院、嘎查村卫生室服务能力。

（三）聚焦有效衔接，实现乡村振兴各项重点工作稳步推进

一是政策衔接有序推进。过渡期政策保持总体稳定。制定《“十四五”巩固拓展脱贫攻坚成果同乡村振兴有效衔接规划》，配合出台《关于实现巩固拓展脱贫攻坚成果同乡村振兴有效衔接的实施意见》等30多个政策文件，统筹推动落实重点工作。严格落实“四个不摘”要求，推动自治区脱贫人口兜底救助类政策保持稳定，“三保障”和安全饮水等普惠性政策持续完善，产业就业等发展类政策不断优化。资金投入力度保持不减。中央和自治区财政投入衔接资金84.7亿元，同比增长5.5%。继续实施涉农涉牧资金统筹整合，提高资金使用效益。土地人才支持政策进一步强化。过渡期内每年专项安排每个脱贫旗县600亩新增建设用地指标，为农村牧区发展提供用地保障。继续加大脱贫旗县教育、医疗等人才倾斜支持。鼓励返乡青年创业，留住乡土人才。

二是工作衔接扎实推进。倾斜支持乡村振兴重点帮扶旗县。在全区脱贫旗县中确定10个国家级和5个自治区级乡村振兴重点帮扶旗县，从财政、金融、土地等14个方面给予重点支持，投入25亿元衔接资金和京蒙协作资金，重点支持产业、就业、基础设施建设和公共服务水平提升。深化社会各界结对帮扶。推动京蒙协作帮扶领域拓宽、方式优化，帮扶协议任务全部如期完成。北京市各级投入自治区财政援助资金19.16亿元，支持发展各类帮扶项目。推动内蒙古农畜产品进京销售64亿元。新增78家北京企业落地内蒙古，双方共建产业园区49个。帮助7万名农村牧区劳动力、3.3万名脱贫人口实现区内外转移就业。统筹推进29家中央单位继续定点帮扶自治区31个脱贫旗县，直接投入帮扶资金2.58亿元，引进资金6.82亿元，实施帮扶项目85个，帮助结对地区销售5亿元农畜产品。广泛动员社会力量参与乡村振兴，在“万企帮万村”的基础上启动实施“万企兴万村”行动。健全常态化驻村帮扶机制。成立驻村工作队管理办公室，科学选派轮换驻村第一书记和工作队，向脱贫嘎查村、易地扶贫搬迁安置新村（社区）、乡村振兴重点帮扶村和示范村四类嘎查村选派1.4万名驻村第一书记和工作队开展驻村帮扶，圆满承办全国驻村帮扶推进现场会。分级分类开展全员培训，确保帮扶队伍懂政策、会帮扶。有序推进乡村人居环境整治。开展重点帮扶嘎查村、示范嘎查村规划编制工作，扎实开展农村牧区厕所革命“回头看”，全力配合抓好问题厕所摸排整改，全面摸清厕所底数和改厕需求，着手建立乡村振兴系统“厕所革命”大数据监测系统，实行动态管理。

三是机构队伍衔接稳步推进。坚持“五级书记”抓乡村振兴责任机制，健全自治区负总责、盟市旗县和苏木乡镇抓落实的工作体系。自治区领导“一对一”联系脱贫旗县，自治区202个厅局和国有企事业单位及高校包联乡村振兴重点帮扶旗县的嘎查村。自治区、盟市、旗县三级乡村振兴局全部完成挂牌重组，形成上下衔接的工作队伍。强化督导层层压实责任。协助修订乡村振兴考核办法，细化考核指标，明确考核责任部门。对全区12个盟市25个旗县开展督导调研，发现问题进行全区通报，督促盟市、旗县抓好问题整改，提升工作质量。

2021年，巩固拓展脱贫攻坚成果和有效衔接乡村振兴取得明显成效，但是仍然存在一些不容忽视的困难和问题，例如脱贫基础脆弱，巩固成果成效有待提升；农牧业产业基础总体薄弱；边远农村牧区基础设施建设和公共服务等方面保障水平还不高。

二、2022年工作安排

（一）持续压实“五级书记”抓乡村振兴责任体系

坚持中央统筹、自治区负总责、市县乡抓落实的农村工作领导体制。推动出台“五级书记”抓乡村振兴责任制实施细则，压实责任、明确任务，完善考核工作机制，加大督导调研，强化结果运用。充分发挥旗县委书记“一线总指挥”作用，选好用好驻村第一书记和工作队，推动巩固拓展脱贫攻坚成果同乡村振兴有效衔接各项工作责任、政策、工作落实落细。

（二）始终把防止规模性返贫作为头等大事

进一步健全完善“自主申报+基层排查+部门预警+社会监督”四位一体的监测预警模式，畅通手机客户端、12317平台等农牧户自主申报渠道，继续推广“互联网+网格化”防返贫动态监测经验做法，紧盯农牧户收支变化、“两不愁三保障”及饮水安全等重点内容，强化日常动态监测，开展集中监测和集中摸排行动，兜牢防止规模性返贫的底线。完善动态监测、随报随纳、及时帮扶的工作机制，做到在黄灯亮起即开展帮扶工作，将风险隐患消除在萌芽状态，确保不发生规模性返贫。

（三）坚持把支持产业就业帮扶作为脱贫地区发展的长久之策

把产业兴旺作为推动乡村振兴实现农村牧区共同富裕的基础，立足地区自身优势特色产业，拉长板、避短板，培育主导产业，形成产业链条，密切利益联结机制。加快建设现代化农产品产地加工、冷链仓储物流体系，打造产品销售公共服务平台，完善农村供销服务网络，健全农产品产销稳定机制。采取股份合作、协议分红、龙头带动、劳务用工等多种形式，完善利益联结，创造机会让更多群众吸附在产业链上分享增值收益，实现勤劳致富。把务工就业作为增加脱贫人口稳定增收的重要措施，稳步推进稳岗就业政策落实。进一步加大以工代赈力度，大力开发公益性岗位，多方面拓宽就业渠道。强化劳务技能培训，提升就业能力，保持脱贫人口就业总体水平稳定。

（四）持续加大对重点帮扶旗县的支持力度

把支持国家乡村振兴重点帮扶县作为一项重点工作，明确责任、尽锐出战、狠抓实效。协调相关部门研究出台支持政策措施，强化资金项目、产业就业、基础设施、生态工程建设和社会帮扶等政策倾斜，加大土地、人才、公共服务等保障力度。建立健全部门联动帮扶机制，落实帮扶责任，开展帮扶成效监测评估，配合有关部门做好监督巡查，确保政策落实落地，重点帮扶取得实效。

（五）深化社会各界结对帮扶

进一步深化京蒙协作帮扶，建立完善长效帮扶机制，围绕产业发展，强化共建产业园区；围绕乡村建设，注重打造典型示范；围绕社会事业，总结推广“组团式”“集团式”医疗、教育帮扶模式，持续加大专业技术人才进京跟岗培训力度，提升服务水平。

继续推进中央单位定点帮扶自治区对口厅局联络服务机制，发挥桥梁纽带作用，促进结对旗县与中央单位密切联系，强化帮扶工作。积极推动“万企兴万村”行动，凝聚社会各界参与乡村振兴的强大合力。

（六）切实抓好改善农村牧区人居环境整治工作

按照国家《农村人居环境整治提升五年行动方案（2021—2025年）》要求，对自治区“十四五”时期农村人居环境整治提升做出全面部署，对照目标要求出台自治区贯彻落实方案。坚持规划先行，聚焦农村牧区厕所革命、生活污水和垃圾治理、人畜分离等重点工作，摸清底数，科学规划，因地制宜，逐步推开。

坚持群众主体，充分尊重农牧民意愿，做好宣传教育工作，积极发动群众参与。坚持要素整合，加大资金筹措力度，探索建立各级政府补助、村集体资金及社会资金参与、村民合理付费相结合的费用分担机制，统筹推进各类项目工程建设。坚持政策驱动，完善政策体系，建立工作机制，强化监管，确保建得成、用得好、可持续。

（七）积极推进农村牧区乡村治理

逐步推开积分制、清单制等成功模式，不断完善村规民约，探索建立“红黑榜”等方式，促进文明村镇创建和社会综合治理。梳理嘎查村权力和服务清单，明确工作流程，建立监督评价体制，推动形成规范化、制度化乡村治理方式。配合有关部门推动健全自治、法治、德治相结合的乡村治理体系，不断提升乡村治理水平。

供　　稿：张　国　内蒙古自治区乡村振兴局

社会篇

内蒙古教育事业发展形势

摘要：2021年是中国共产党成立100周年，是全面建设社会主义现代化国家新征程开启之年，是“十四五”规划开局之年，在党和国家历史上意义重大。内蒙古教育系统始终旗帜鲜明讲政治，以习近平新时代中国特色社会主义思想为指导，坚持党对教育事业的全面领导，深入贯彻党的教育方针，持续加强党的建设和思想政治工作，坚持立德树人根本任务，坚定坚决落实党中央重大决策部署，推动全区教育高质量发展。

关键词：立德树人；高质量教育体系建设；铸牢中华民族共同体意识教育

一、2021年全区教育事业发展的总体情况

（一）全面加强全区教育系统党的建设和思想政治建设，深入开展铸牢中华民族共同体意识教育

全区教育系统党史学习教育成效显著。自治区党委教育工委、教育厅始终把党史学习教育作为政治任务，坚定坚决贯彻落实以习近平同志为核心的党中央决策部署，按照学史明理、学史增信、学史崇德、学史力行的要求，精心组织实施、有力有序推进，形成了教育系统“四高”“四学”“四融”“四统筹”工作特色，教育系统党的创造力、凝聚力、战斗力大大提升，达到了学党史、悟思想、办实事、开新局的目的。印发了党史学习教育的工作方案，按照细化党史学习教育基本任务清单，强化互检互学互促，推动教育系统党史学习教育

走深走实。自治区党委教育工委、教育厅面向社会公布“我为群众办实事”10个项目已全部完成。中央第八巡视组移交的6批45件信访事项100%化解。高校提出重点民生项目527个，解决问题330个。中央党史学习教育官网和《人民日报》等中央媒体累计刊发有关内蒙古教育系统党史学习报道100余篇。

全区教育系统党的建设和思想政治工作全面加强。2021年，全区教育以习近平新时代中国特色社会主义思想为指导，坚持党对教育事业的全面领导，深入贯彻党的教育方针，强化政治统领，以铸牢中华民族共同体意识为主线，牢牢把握意识形态主动权，坚持立德树人根本任务，完善“三全育人”体系，推进大中小学思政课一体化建设，促进党的建设和思想政治工作迈上新台阶。坚持“五化协同、大抓基层”，抓好高校党委领导下的校长负责制、中小学校党组织领导的校长负责制的贯彻落实，制定了加强全区民办学校党建工作若干措施，完成民办高校党组织书记派驻全覆盖，优化高校院系以下党组织设置，推动教育系统党的建设全覆盖、上水平。进一步加强人才队伍建设，年内，高校入选“长江学者”青年项目1人，刚性引进1名“长江学者”特聘教授，引进博士人才287人。着力推动大中小学思政课一体化体系建设，召开大中小学思政课一体化建设现场会，成立了3个专家团队，建立手拉手集体备课机制，出台“1+N”配套文件，召开观摩培训会，部署了3个思政课教师培训研修基地，从教材、教学、评价、教师等方面构建一体化机制。思想政治教育教师队伍建设进一步加强，目前，全区高校专职辅导员、思政课教师、专职心理健康教师师生比例都已达到国家标准。年内，36人荣获全国思政工作十大类奖项，其中3人首次荣获全国高校思政课教学展示一等奖，教育厅荣获优秀组织奖，实现历史性突破。

凝心聚力做好铸牢中华民族共同体意识教育。全区教育系统深入贯彻习近平总书记关于加强和改进民族工作的重要思想，牢牢把握铸牢中华民族共同体意识这条主线，制定实施方案，构建起“六化协同”教育机制，全面深入持久开展铸牢中华民族共同体意识教育，教育引导青少年不断增强“五个认同”。制定出台了《关于在全区大中小学校（幼儿园）全面深入持久开展铸牢中华民族共同体意识教育的实施方案（2021—2025年）》，推动铸牢中华民族共同体意识教育形成长效化、科学化工作机制。开展铸牢中华民族共同体意识全员专题培训，全区教育系统党员干部和教师共36万人次参加。全区高校开设铸牢中华民族共同体意识概论课，严格落实学分和课时要求。建立了一批高校铸牢中华民族共同体意识研究（培育）基地，设立铸牢中华民族共同体意识研究专项，加强理论阐释。春秋开学季，以铸牢中华民族共同体意识教育为主题，组织全区300多万大中小学生同上“开学第一课”。以承办第二十四届全国推广普通话宣传周开幕式为契机，教育引导广大师生牢固树立休戚与共、荣辱与共、生死与共、命运与共的共同体理念，加深交往交流交融，不断激发广大师生爱党爱国爱社会主义的巨大热情。

坚定不移贯彻落实党中央重大决策部署，坚定坚决推行使用国家统编教材。推行使用国家统编教材，是铸牢中华民族共同体意识的重要途径。一年来，全区教育系统讲大局、担使命，坚定不移贯彻落实党中央重大决策部署，坚定坚决全面推行使用国家统编教材，实现“应推尽推”，大力推广普及国家通用语言文字。全区民族语言授课学校义务教育阶段1—8年级13.6万名学生全部使用国家统编教材并使用国家通用语言文字授课。其中，呼和浩特市、包头市等5个盟市义务教育阶段学生全部使用国家统编教材并使用国家通用语言文字授课。自治区成立教材委员会，出台大中小学教材管理相关制度，建立教材“五级审核”机制，切实把好教材政治关。为提高教育教学质量，自治区通过多措并举配齐配强国家统编教材教师并分层分类分批培训，开通优课在线平台和 “国家统编教材”广电网络专区，确保优质教育教学资源直达农家牧户，不断加强师资和优质教学资源保障。积极推进“童语同音”计划，全区民族幼儿园5.09万名幼儿从2021年春季学期起全部使用国家通用语言文字进行保育教育。

（二）教育优先发展战略的地位和保障能力进一步提高

加强教师队伍建设，为提高教育教学质量提供坚实保障。强化制度保障，推进教师队伍管理改革，加强师德师风建设，着力提升教师队伍整体能力素质，促进全区教育教学水平整体提升。开展师德专题教育，组织师德政策培训约35万人次、警示教育约29万人次、优秀教师巡回宣讲155次。坚持典型引领，2个教师家庭获评全国首批教育世家，5名教师入选“全国乡村优秀青年教师奖励计划”，3所高校荣获国家级职业教育创新团队称号。开展师德专项整治，共查处师德失范问题140起。出台《关于进一步完善中小学教师公开招聘长效机制的指导意见》等10余项改革政策，分类推进教师队伍管理改革，激发教师队伍活力。全面推进中小学教师资格国考和定期注册改革。推动6个盟市的7个旗县启动义务教育教师“县管校聘”改革。启动“优师计划”“银龄讲学计划”，实施“公费师范生定向培养计划”“特岗计划”，积极拓展乡村教师队伍补充渠道。通过实施“国培”“区培”等培训计划，累计培训教师约6.3万人次，持续提升教师素质能力。

强化立柱架梁，纵深推进教育改革，提高教育现代化治理能力。积极适应新时代新要求，坚决克服“五唯”顽瘴痼疾，以教育评价改革为牵引，统筹推进育人方式、办学模式、管理体制、保障机制改革，全面做好“十四五”谋篇布局，着力推动新时代劳动教育和体育美育改革发展，全面推进依法治教，大力推进教育治理体系和治理能力现代化。出台《内蒙古自治区“十四五”教育事业发展规划》，制定了11项主要任务、16项重点举措，推动全区教育高质量发展。制定贯彻落实《深化新时代教育评价改革总体方案》任务分工与工作安排清单、具体举措清单和负面清单，形成“1+3”措施体系。完善教师职称评价机制，建立师范类专业评估认证体系，提升师范生培养质量。教育厅等六部门联合印发《内蒙古自治区关于进一步深化高考加分改革工作的实施方案》，实现高考考生“精准加分”。协助自治区人大制定《内蒙古自治区教育条例》，修订《内蒙古自治区实施〈中华人民共和国国家通用语言文字法〉办法》。加强习近平法治思想宣传教育，组织大中小学生宪法在线学习1.22亿人次，参与率62.31%，较2020年提高38个百分点。出台《关于全面加强和改进新时代学校劳动教育及体育、美育工作的若干措施》，全面构建起新时代全面加强体美劳工作发展的一体化格局。

教育保障能力进一步加强。强化教育投入保障，着力解决发展不平衡不充分问题和人民群众急难愁盼问题，坚持固根基、扬优势、补短板、强弱项，扩大优质教育资源供给。加大教育信息化建设力度，通过“互联网+教育”，促进城乡、区域教育发展差距不断缩小。充分发挥教育督导作用，破解教育改革发展的热点难点问题。据2021年前三季度统计，全区教育部门财政总投入达到476亿元，较2020年同期增长3.71%。2021年，中央和自治区财政累计安排各类教育专项资金120.7亿元，较2020年增加8.1亿元，增长7.2%。启动实施第二期义务教育薄弱环节改善与能力提升工作，促进义务教育优质均衡发展。进一步完善学生资助政策，全区共落实中央和自治区各类学生资助资金35.55亿元，惠及学生406.8万人次。加快教育信息化建设，全区中小学校实现宽带网络全覆盖，完成“三通两平台”建设任务。坚持“应用为本”，建成四级教研网络平台，常态化组织开展网络教研活动137场，总观看点数36304点。开展对盟市政府履行教育职责评价工作，通过督导评价，推动党的教育方针，教育相关法律法规和中央、自治区重大决策部署落实。启动常态化省级义务教育质量监测工作，深入推进县域义务教育优质均衡发展。建立自治区校园安全工作厅际联席会议机制和教育系统安全工作责任制。全区中小学幼儿园专职保安员配备率、封闭化管理率、一键式紧急报警和视频监控系统达标率、护学岗设置率等均达到100%。

（三）各级各类教育协调发展，推动全区教育高质量发展体系建设

聚焦教育教学质量提升，全面提高基本公共教育服务水平。以公益普惠和优质均衡为基本方向，不断推进普惠性学前教育资源进一步扩大，义务教育进入优质均衡发展新阶段，普通高中逐步走向特色化、多样化发展之路，基础教育发展整体水平迈上新台阶。全区学前三年毛入园率达到94.4%，高出全国平均水平9.2个百分点；公办园在园幼儿占比达55%，普惠性幼儿园覆盖率达到85.5%，均达到国家要求。全区103个旗县（市、区）通过国家义务教育发展基本均衡认定，实现全域通过。启动建设基础教育高质量发展体系一期项目。支持25所示范性高中开展创新实验室建设，推动高中育人方式改革。完成深化中考改革方案制定工作，推进高考综合改革准备工作，高考加分改革平稳落地，为培养创新人才打下坚实基础。持续推动学生手机、作业、睡眠、读物和体质管理，以小切口推动大改革，促进学生身心健康发展。

以"双一流"建设为引领，高等教育内涵式高质量发展取得新成效。紧紧围绕立德树人根本任务，全面推进课程思政建设，着力推进"双一流"建设，扎实推进开放办学和教育教学改革，不断夯实本科教育基础地位，全面提升人才培养能力。2019年以来，累计96个专业入选国家级一流本科专业建设，27门课程入选国家级一流本科课程。年内，内蒙古大学"生物科学"入选教育部基础学科拔尖学生培养计划2.0基地。年内，新增博士学位授予单位1个、硕士学位授予单位1个，博士学位授权一级学科9个、硕士学位授权一级学科16个，硕士专业学位授权类别23个。落实立德树人根本任务，举办首届本科高校课程思政教学大赛，高校有3个项目被认定为国家级课程思政示范项目。组建全区教育高质量发展咨询委员会等6个专家组织。内蒙古大学等7所高校的12个项目被教育部认定为首批国家级新文科研究与改革实践项目。在第七届中国国际"互联网+"大学生创新创业大赛总决赛中，自治区共获4项金奖、11项银奖、41项铜奖和1项专项奖，实现了大赛金奖零的突破。建立了“三省一区”（辽宁、吉林、黑龙江、内蒙古）高校开放办学、高质量发展的工作机制。

坚持类型教育定位，推动现代职业教育质量不断提升。持续深化职业教育综合改革，坚定不移走内涵特色质量发展道路，加快构建现代职业教育体系，营造职业教育发展的社会氛围，推进职业教育提质培优、增值赋能、以质图强，为服务区域经济社会发展和满足技能型人才需求做出了积极贡献。实施职业教育“提质培优”行动计划，启动自治区级“双高”“双优”项目建设，60所职业院校、36个专业群、161个专业立项建设。制定了“十四五”职业教育专业建设工作方案，优化职业院校专业布局，职业教育适应性进一步增强。规范推进“1+X证书制度”试点，组织82所职业院校开展了116个职业技能等级证书项目，参与学生约2.2万人。在全国职业院校技能大赛中，自治区学生共获奖22项，其中一等奖1项；教师教学能力比赛和班主任业务能力比赛获奖14项，其中一等奖1项。组织各职业院校送教下乡、送技术到田间地头，年内开展职业培训约17万人，助力巩固脱贫攻坚成果与乡村振兴有效衔接。

聚焦区域经济社会发展需求，教育服务地方社会经济发展的支撑能力不断提升。不断完善高校科技创新体系建设，引导高校主动适应新阶段新要求，扎实推进 “科技兴蒙”行动，国际国内教育交流合作广度和深度不断拓展， 教育服务经济社会发展能力明显提升。全区高校在自治区科学技术奖励大会上获奖91项，占总数的36%。推进驻呼7所高校与呼和浩特市共建“一区两基地”。在年度哲学社会科学研究中，开展了党的建设、党史学习教育、铸牢中华民族共同体意识教育等7个专项的研究，项目立项337项，团队立项11项。重点支持“草原生态安全协同创新中心”等3个省部共建协同创新中心建设。制定出台《内蒙古自治区高等学校教师科研评价工作的指导意见》，克服“五唯”顽瘴痼疾，建立健全高校科学的学术规范和评价导向。推动设立自治区直属高校基本科研业务费1.5亿元，强化对高校自主开展科学研究的稳定性支持。围绕生态优先、绿色发展高质量发展战略需求，支持高校设立了37个重大研究领域的高校科研平台和27个培育平台。自治区教育厅与上海市教委签订“沪蒙深化教育合作框架协议”，两地共23所高校建立结对共建关系，推动两地教育深度合作。自治区教育厅与陕西省教育厅等共同发起建立西北地区“一带一路”教育合作交流协同发展机制。支持内蒙古大学等5所高校开展中外导师联合培养研究生工作。自治区教育厅与北京市教委签订《京蒙教育对口协作框架协议》，争取到2000万元协作资金，指导各地各高校进一步巩固教育脱贫攻坚成果，积极推进乡村教育振兴和教育振兴乡村工作。

二、存在的问题及建议

随着自治区党委、政府深入推进教育优先发展战略，2021年全区教育事业发展取得了显著成就。但面对新形势新任务，与经济社会发展、人民群众日益增长的需求相比，教育发展还不平衡、不充分，面临着不少难题和挑战，突出表现在：教育保障水平需进一步加强，与全国整体教育投入水平相比，内蒙古一般公共预算教育经费占一般公共预算支出的比例和高等教育本科生生均一般公共预算教育经费都低于全国平均水平；教师队伍结构性短缺的问题从根本上没有得到解决，特别是适应新高考和“双减”背景下，高中阶段物理、历史等学科和义务教育阶段的音乐、美术、体育、劳动教育等学科教师缺口较大，高等教育阶段高层次领军人才仍然匮乏；教育服务地方经济社会发展的能力有待进一步增强，高校优势学科和特色学科与地区支柱产业发展在契合度、支撑力方面都显得不足，教育服务乡村振兴的广度和深度有待进一步拓展。

2022年是推进落实“十四五”规划的重要一年，党的二十大将胜利召开。全区教育工作要始终坚持以习近平新时代中国特色社会主义思想为指导，认真贯彻落实党的教育方针，以铸牢中华民族共同体意识为主线，以建设高质量教育体系为目标，办好人民满意的教育。

一是全面加强党的建设，确保教育系统成为坚持党的领导的坚强阵地。坚持把落实党中央重大决策部署摆在教育工作首位，作为践行“两个维护”、拥护“两个确立”的具体体现。坚持用习近平新时代中国特色社会主义思想铸魂育人，建立好以习近平新时代中国特色社会主义思想为核心内容的课程群及教学指导纲要、教学资源库和案例集等。持续开展以党史为重点的“四史”教育，巩固党史学习教育成果。在推进铸牢中华民族共同体意识教育中，还需在“深”“实”“活”上下功夫，以“强基固本、明德启智、同心共筑、以文化人”四大行动为主线，从学科融入、专题教育、主题实践、校园文化等多个方面，推进全区大中小学和幼儿园全面深入持久开展铸牢中华民族共同体意识教育，构建长效机制。

二是坚持教育优先发展战略的地位，构建高质量教育保障体系。针对教育发展短板，加大教育投入，扩大优质教育资源供给，缩小城乡、区域教育发展差距，促进教育公平深入发展。全面加强教师队伍建设，强化师德师风建设，通过有针对性的措施切实解决教师结构性短缺的问题，提升教师队伍整体能力素质。充分发挥教育督导“长牙齿”作用，加强教育督政，促进教育优先发展战略地位落地生根。

三是聚焦全面激发教育活力，深化教育领域综合改革。积极推进高考综合改革，做好提升三科统编教材教学质量和推广普及国家通用语言文字工作，巩固“双减”工作成果，推进深化新时代教育评价改革。按照2021年末自治区党委、政府印发的《关于全面加强和改进新时代学校劳动教育及体育、美育工作的若干措施》，系统推进学校劳动教育和体育、美育重点项目，促进德智体美劳“五育”并举任务落地见效。

四是聚焦全面提升教育质量，构建高质量人才培养体系。紧紧围绕教育“十四五”规划确定的各项任务，突出高质量、体系化要求，推动教育高质量体系取得新成效。通过推动学前教育普及普惠，推进义务教育优质均衡，推进普通高中教育多样化、特色化发展等，进一步夯实基础教育发展基础。坚持类型教育定位，推进现代职业教育质量不断提升。以“双一流”建设为牵引，推进高等教育内涵式高质量发展。坚持深化改革，提高特殊教育保障水平，规范民办教育发展，加快构建服务全民终身学习的教育体系。

五是聚焦区域经济社会发展需求，构建高质量教育服务支撑体系。自治区第十一次党代会报告提出，要坚持创新在现代化建设全局中的核心地位，大力实施“科技兴蒙”行动。教育要紧密围绕“科技兴蒙”战略，健全高校科技创新体系，加强科技成果转化，拓宽国际国内教育交流与合作，着力提升教育服务经济社会发展能力。充分利用教育信息化手段，提升农牧区教育发展水平，支持高校和职业院校面向乡村开展科研和技能培训，在振兴乡村教育和教育振兴乡村方面发挥更大作用。

供　稿：郝文婷　内蒙古自治区教育科学研究与监测评估院
　　　　张　磊　内蒙古化工职业学院

内蒙古人力资源和社会保障事业发展形势

摘要：2021年是中国共产党成立100周年，是“十四五”开局之年，也是开启全面建设社会主义现代化国家新征程的第一年，在自治区党委、政府的坚强领导下，全区人社系统以习近平新时代中国特色社会主义思想为指导，全面贯彻党的十九大和十九届历次全会精神，坚持以人民为中心的发展思想，走以生态优先、绿色发展为导向的高质量发展新路子，坚定信心、奋力进取，推动人社事业高质量发展，就业创业、社会保障、人事人才、劳动关系等各项工作取得了积极进展，实现了“十四五”良好开局。

关键词：就业创业；社会保障；人事人才；劳动关系

一、人力资源和社会保障事业发展基本情况

（一）顶住压力稳就业，就业局势总体稳定

坚持把稳就业、保居民就业作为工作的重中之重来抓，稳存量、扩增量，强化政策落实和服务落地。全年城镇新增就业22.44万人，分别完成国家、自治区年度计划的124.7%和112%；城镇登记失业率3.84%，低于国家、自治区年度控制目标1.16个百分点。

一是就业工作推动有力有序。印发《内蒙古自治区“十四五”就业促进规划》，明确“十四五”时期促进就业的指导思想、主要目标等。加快落地减负稳岗扩就业政策，放宽技能提升补贴申领条件，扩大以工代训政策实施范围，阶段性降低失业保险费率和工伤保险费率政策延长至2022年4月30日，拨付失业保险稳岗返还资金8.84亿元，惠

及131.9万人，为3.64万人次发放技能提升补贴5782.53万元。

二是重点群体就业工作扎实推进。始终紧盯高校毕业生、农牧民工等重点群体就业，取消就业困难人员认定户籍地限制，全年高校毕业生实现就业或落实就业去向13.98万人，完成计划的107.5%；农村牧区劳动力转移就业248.89万人，完成计划的103.7%；帮扶失业人员再就业11.41万人、就业困难人员就业7.58万人，分别完成计划的228.2%和189.6%；“零就业”家庭持续保持动态清零。

三是职业技能培训持续加强。全面启动“职业技能提升行动质量年”活动，大规模开展技能培训、以工代训，全区开展补贴性培训86.53万人次，其中以工代训惠及企业约3.2万家、职工46.7万人。完成国家下达计划的367%，拨付补贴资金14.58亿元。

四是公共就业创业服务不断优化。深化“创业内蒙古”行动，创业培训2.93万人，发放创业担保贷款17.45亿元。加强集供需调查、培训对接、就业对接、跟踪服务为一体的“四位一体”公共就业服务云平台的推广应用，组织全区春季招聘会、秋季招聘会等各类招聘活动。

（二）扩面提质保发放，社保制度运行平稳

积极构建覆盖全民、统筹城乡、公平统一、可持续的多层次社会保障体系，抓改革、促扩面、防风险、保发放，社保制度体系不断完善、待遇水平稳步提高。

一是制度进一步完善。持续完善企业职工养老保险自治区级统筹制度，制定失业保险基金自治区级统筹制度的实施意见，完善工伤保险自治区级统筹。

二是覆盖范围进一步扩大。深入实施全民参保计划，截至2021年底，全区参加基本养老保险、工伤保险、失业保险人数分别达到1614.8万人、338.2万人和290.86万人，均超额完成国家下达的计划目标。

三是待遇水平稳步提高。提高城镇退休人员养老金和城乡居民基础养老金标准，分别惠及全区310多万名退休人员和260多万名城乡居民养老保险待遇领取人员。

四是经办管理服务水平明显提升。会同税务部门全面拓宽网上缴费渠道，社保缴费实现了“零跑腿”。职业年金投资运营工作成效显著，全区121家职业年金经办机构全部实现投资运营，运营收益18.6亿元，2021年度投资收益率为6.9%。建立了社保费预核预缴机制，全面开展社保基金管理问题专项整治、养老保险关系转移接续疏解整治专项行动。

（三）育才引才激发活力，人才工作扎实推进

坚持党管人才原则，积极打通人才培养、引进、评价、使用链条，为高质量发展提供有力的人才支撑。

一是深化职称制度改革。突出品德、能力和业绩评价导向，加快修订职称评审条件，已印发会计、工程系列等10项评审条件。制定了高技能人才与专业技术人才职业发展贯通办法。

二是加强专业技术人才队伍和技能人才队伍建设。深入实施专业技术人才知识更新工程，荣获第六届全国杰出专业技术人才2人、先进集体2个，表彰自治区杰出人才奖10人、突出贡献专家99人。组织实施“百千万”高技能人才培养计划，新增高技能人才3.58万人。组织开展全区各级各类职业技能竞赛活动，增强技能竞赛对技能人才培养引领作用。

三是加大高层次人才培养引进力度。先后5次发布全区高层次人才需求目录，会同自治区党委组织部赴清华大学、北京大学举办面向在京高校招聘会，组织开展2020年度自治区本级事业单位引进优秀人才政策待遇落实。

四是完善事业单位人事管理。规范公开招聘工作，缩短公开招聘周期。修订出台了自治区事业单位岗位设置管理实施意见，开展了专业技术二级岗位人员申报聘用工作。各项人事考试安全平稳举行，报考人数达54.7万人次。

（四）完善机制防风险，劳动关系和谐稳定

强化源头治理，注重制度建设，加强防控风险，促进劳动关系和谐稳定。

一是和谐劳动关系创建活动深入推进。深入实施劳动关系“和谐同行”能力提升三年行动计划，起草了《内蒙古自治区维护新就业形态劳动者劳动保障权益实施意见》。加强和谐劳动关系单位、工业园区认定、管理工作，全区已认定和谐劳动关系单位2011户、工业园区23个。

二是企业工资宏观调控扎实开展。调整全区最低工资标准，其中一类地区最低工资标准由1760元调整到1980元，二类地区由1660元调整到1910元，三类地区由1560元调整到1850元，取消了四类地区。测算和公布了2021年度工资指导线，发布了2020年度劳动力市场工资价位。印发了《内蒙古贯彻落实技能人才薪酬分配指引工作方案》。持续推进国有企业工资决定机制改革和国有企业负责人薪酬制度改革。

三是劳动人事争议调解仲裁工作得到加强。全区各级调解仲裁机构处理争议2.94万件，调解成功率64.3%，涉及劳动者3.07万人。

四是劳动保障监察明显强化。开展人力资源市场专项治理、劳务派遣职工权益专项执法行动和根治欠薪“百日攻坚”专项行动，检查用人单位1.27万户，各级劳动监察机构立案查处欠薪案件201件，为8471名农牧民追发工资1.79亿元。

（五）提升效能强支撑，服务能力明显提升

认真做好线上“一网通”、线下“一窗办”、服务“一卡通”工作，提升人社公共服务水平。

一是全面推行线上“一网通”。优化升级人社公共服务信息系统，上线运行全区人社网上办事大厅，面向全区企业和群众提供服务193项，网厅全年受理服务176万件，月均14.6万件。开通“内蒙古人社”手机客户端，提供养老待遇资格认证等高频服务事项69项，并全部接入“蒙速办”手机客户端。

二是稳步推进线下“一窗办”。在全区人社系统全面推行“前台综合受理、后台分类审批、综合窗口出件”的“综合柜员制”服务模式。深入推进“人社服务快办行动”，推动“一件事”打包办理，实现了10个关联事项“打包办”。

三是推行以社保卡为载体的居民服务“一卡通”。在现场新发卡和补换卡已实现立等可取的基础上，实现批量制卡申领“一周到”，全区制发社会保障卡2173.65万张。推动以社会保障卡为载体的惠民惠农补贴资金“一卡通”发放，开展社会保障卡在交通出行、旅游观光、文化体验、智慧城市等居民服务方面“一卡通”。

二、存在的差距和主要问题

在2021年的工作中，还存在一些不容忽视的矛盾和挑战。

一是稳就业压力增大。当前，中小微企业和部分行业仍然面临诸多困难，吸纳就业较多的第三产业还没有恢复到2020年前水平，就业持续回稳的基础尚不牢固。同时，结构性就业矛盾依然突出，劳动者技能水平与用人单位需求不相适应，人力资源市场就业供需不匹配的矛盾短期内难以缓解。

二是社保扩面和保发放压力较大。一方面自治区未参保人员主要集中在灵活就业人员、新业态从业人员等群体，该群体收入低且不稳定、流动性强，参保缴费积极性不高；另一方面随着人口老龄化进程加快，企业职工养老保险基金运行仍存在较大风险隐患，基金收支矛盾依旧十分突出。

三是人才队伍建设亟待加强。自治区人才总量不足、结构不优、流失严重，高层次人才和重点产业、重点领域人才紧缺。

三、2022年工作安排

（一）全力保持就业局势稳定

强化就业优先政策，组织实施“创业内蒙古”“技能兴蒙”、提升就业服务质量、促进重点群体就业、就业项目助推五大专项行动计划，实现城镇新增就业20万人、城镇登记失业率控制在5%以内，城镇调查失业率控制在6%左右。加强就业政策与经济政策和社会政策协同，形成多方参与支持稳定就业、扩大就业、促进就业的工作合力。推动 “十四五”促进就业规划8项计划、22个具体项目落实落地。大力推广“政策找人”“政策找企”便捷高效的经验做法，建立政策清单、服务流程、投诉电话“三公布制度”，扩大政策知晓度和覆盖面。实施高校毕业生就业“1+6”拓展行动，开展市场就业促进、政策性统筹就业、基层社区岗位支持、就业能力提升、创业引导扶持、离校未就业帮扶6项计划，拓宽高校毕业生就业渠道。稳定和扩大农牧民转移就业，有效促进农牧民转移就业。采取日常援助和专项活动援助相结合的主动服务机制，为重点群体提供及时有效的就业帮扶。深化“创业内蒙古”行动，制定出台新一轮创业扶持政策，发挥创业带动就业倍增效应。实施灵活就业人员和新就业形态劳动者支持保障计划，鼓励支持多渠道灵活就业和自主创业。实施“技能兴蒙”行动，组织开展“技能强企”、重点群体专项培训、培训质效优化、技工院校提质培优4项计划，提升职业技能培训质效。组织开展全区职业技能大赛，营造技能人才成长良好舆论氛围。全面实施提升就业服务质量工程，优化升级“四位一体”就业服务云平台，持续开展各类公共服务招聘会，促进更加高效便捷的就业服务精准对接。

（二）积极推进社会保障工作

完善社会保障政策体系，落实企业职工基本养老全国统筹制度，加快落实失业保险自治区级统筹，夯实工伤保险自治区级统筹。提升全民参保计划实施效果，推动建立与公安、民政、卫健、医保等多部门的常态化数据共享比对机制，动态摸排未参保人员数量，为精准扩面奠定基础。开展尘肺病重点行业工伤保险扩面专项行动，积极推进工伤预防五年行动计划。按照国家统一部署，落实好各项社保待遇上调、补助提档等政策，稳步提高各项社保待遇水平。加强社保经办管理风险防控制度体系建设，提升数据稽核水平，建立常态化非现场监督检查机制。加大对重点领域、关键环节和重点地区的检查频次，建立健全社会保险违法失信联合惩戒机制，加强领取待遇资格认证、信息比对等日常监管，切实防范基金“跑冒滴漏”。

（三）加强人才队伍建设

围绕构建“一心多点”人才工作格局，梳理现有人才政策，形成具有集成突破效应的人才发展政策。深入推进职称制度改革，分类制定职称评价标准，畅通职称评审绿色通道，扩大基层职称评聘“定向评价、定向使用”范围，加快建立以创新能力、质量、时效、贡献为导向的人才评价体系。实施新一轮专业技术人才知识更新工程，组织开展高层次人才培养项目。完善高层次人才选拔表彰体系，持续加大青年人才培养选拔力度。健全技能人才职业发展贯通机制，在更多领域实现高技能人才与专业技术人才互评互通。实施技能等级认定提质扩面行动和企业职工人人持证工程，大力推进社会化职业技能等级认定和企业全面自主开展技能人才评价。加大对企业人才的支持力度，编制发布自治区重点产业急需紧缺人才需求目录，持续开展系列引才活动。启动实施全区人力资源服务业高质量发展行动计划、“互联网+人力资源服务”行动计划。全面落实事业单位特设岗位制度，支持鼓励事业单位科研人员创新创业，深化公立医院薪酬制度改革。

（四）积极构建和谐劳动关系

深入推进和谐劳动关系创建活动。深入实施劳动关系“和谐同行”能力提升三年行动。加强对企业劳动用工的指导服务，推动新就业形态劳动者权益保障政策落实落地。加强劳动保障监察执法，强化源头治理和案件处置，实施工资保证金制度，加大根治欠薪力度。充分发挥劳动人事争议多元处理机制作用，多元预防和化解争议。提升调解仲裁队伍建设水平，提高化解矛盾解决问题的质效。

（五）提升人社公共服务水平

全面提高人社公共服务标准化水平，持续推进“清事项、减材料、压时限”，清理证明材料，推行告知承诺制，逐一明确法定办结时限和承诺办结时限。完善“内蒙古人社”手机客户端和全区统一的网上服务大厅，推动人社全服务上网、个人服务事项掌上办，全面提升“网上办”工作质量。拓展人社服务 “就近办”，推动与银行、邮政、基层平台的合作，逐步形成以人社自主经办服务为主体、相关合作机构经办服务为补充的“一干多支”服务格局。推动社保卡在就医购药、交通出行、旅游观光、文化体验、惠民惠农惠牧补贴发放、智慧城市等居民服务方面“一卡通”。

供　稿：高国青　内蒙古自治区人力资源和社会保障厅

内蒙古卫生健康事业发展形势

摘要：2021年，全区卫生健康系统强化党对卫生健康工作的领导，狠抓党中央、国务院、自治区党委和政府重大决策部署的贯彻落实，抓重点、补短板、强弱项，毫不放松抓好常态化新冠肺炎疫情防控，统筹推进健康内蒙古建设，实施积极应对人口老龄化国家战略，不断提升治理体系整体效能，推动卫生健康事业高质量发展。

关键词：健康内蒙古行动；医药卫生领域改革；“一老一小”

一、重点工作进展情况

（一）新冠肺炎疫情防控扎实推进

始终把人民群众生命安全和身体健康放在第一位，时刻牢记疫情防控就是“国之大者”，坚持“外防输入、内防反弹”总策略和“动态清零”目标不动摇，时刻绷紧疫情防控这根弦，抓好各项工作落实。

一是落实常态化疫情防控措施。建立多渠道监测制度和多点触发机制，下发《全区医院感染风险排查与感染控制能力提升行动方案（2021—2022年）》，指导各级医疗机构做好重点科室、重点部门和重点环节院感防控工作，持续提升医疗机构院感防控能力水平。全力以赴做好疫情流调溯源工作，组建自治区聚集性疫情处置常备工作组和流行病学调查队伍，确保疫情发生第一时间科学高效、规范有序开展流调溯源、疫情分析等工作。紧盯重大活动期间重点场所和关键环节疫情防控工作，圆满完成“两会”、高考等重大活动疫情防控工作。认真完成好首都机场分流任务，与公安、海关等部门密切配合，抽调144名队员参加国际航班分流呼和浩特市排查处置工作，对所有入境人员实行“14+7”隔离医学观察，落实集中隔离、目的地送达、社区防控等措施，构建起“从国门到家门”多层次、全方位防控链条，做到无一例输入病例扩散、无一例感染者流出。组建冷链食品工作专班和非冷链物品工作专班，坚持“人、物、环境”同查、同检、同管的工作思路，强化进口冷链食品和非冷链物品全链条管控工作，做到入境物品应检尽检。

二是妥善快速处置本土疫情。海拉尔区、二连浩特市、额济纳旗、满洲里市疫情暴发后，按照“找到人、管住人、治好人”的工作思路，采取果断处置措施，快速精准开展流调溯源、核酸检测、健康监测、排查管控等工作，几起疫情均在一个潜伏期内得到控制。积极争取国务院联防联控机制支持，国家卫生健康委在第一时间派出医疗救治专家驰援内蒙古，在全区范围内紧急抽调3500余名医护人员，开展数百病患千百里转运工作，严格按照“四集中”原则，实行“一人一方案、一人一小组、一日一会诊”，全力做好患者救治和康复治疗工作。

三是平稳有序推进疫苗接种工作。建立全区新冠病毒疫苗接种工作周调度、台账管理和督导检查制度，成立新冠病毒疫苗接种异常反应医疗救治工作组，在全区12个盟市成立定点救治医院，设置绿色急救通道。截至2021年底，全区累计接种新冠病毒疫苗3836.9821万剂次，其中第一剂次接种1897.0098万人，第二剂次接种1863.5334万人，第三剂次接种130.7109万人；全区完成全程接种1869.1797万人，提前完成全区全程接种任务，任务完成率102.65%；全区完成加强免疫接种41.3597万人。

（二）健康内蒙古行动深入实施

制定印发健康内蒙古专项行动实施方案，科学制定监测评估和考核方案。成立17个专项行动工作组，分别负责健康普及、合理膳食、全民健身等行动的实施和监测。健全工作架构，强化部门联动，加大培训力度，推动完成 2021 年健康内蒙古行动监测工作。加入法定传染病报告率、布病发病率、中医药蒙医药健康管理覆盖率和科普知识知晓率4 个有内蒙古特色的评价指标，完善健康内蒙古实施方案124个评价指标。全面掌握健康内蒙古建设的推进实施进度和成效、各项目标指标完成情况和发展趋势，及时解决行动推进中发现的重点难点问题。

（三）医改重点工作有序推进

一是 “三医” 联动取得进展。12个盟市印发价格动态调整机制文件，实施了一批或多批次价格调整。公立医院薪酬制度改革深入推进，试点医院扩大至63家。呼和浩特市武川县等22个旗县被确定为紧密型县域医共体建设试点旗县。44家保险公司开展健康保险业务。药品耗材集中采购使用稳步实施，印发《关于加强医疗机构药事管理促进合理用药的意见》，二、三级医院的基本药物使用率分别达到51%、39%。

二是公立医院综合改革持续推进。制定出台公立医院党委会议议事规则和院长办公会议议事规则，公立医院综合改革连续5年受到国务院激励表彰。连续4年开展公立医院党委书记和院长“讲医改、见行动、出成效”活动，医疗保障高质量发展，医院经济管理和公立医院功能定位取得进展，现代医院管理制度建设重点任务落地见效。

三是加快推进分级诊疗。2个国家疑难病诊治能力提升项目开工建设，疫情常态化下的分级诊疗12项工作持续推进。印发公立医院定向转诊单，规范患者跨区域就诊行为，12个盟市初步建立健全双向转诊程序和转诊标准。192家医院完成发热门诊、发热诊室新建改建，187家医院建立完善发热门诊与传染病定点收治医院分工协作机制。利用信息化推进“互联网+医疗健康”服务，开展网上签约、在线服务，不断实化家庭医生签约服务。

四是改革完善公共卫生体系。50个中央预算内公共卫生体系建设重大疫情防控救治体系建设项目全面推进，45个项目开工建设，5个项目完工。启动国家中医疫病防治基地建设工作。新一轮疾控体系改革全面推动，疾控机构分级评审，公共卫生首席专家制度试点有序推进。

（四）医疗服务水平不断提高

一是医疗服务体系建设取得进展。重点支持全民健康保障工程、县级医院救治能力提升等项目。自治区本级3个项目均已开工；盟市5个项目已完工，43个项目已开工。完成省级区域医疗中心项目遴选及上报工作，明确包头医学院第一附属医院等4家医院为省级区域医疗中心项目建设单位。组织开展51个单病种质量控制工作，建立自治区级医疗质量控制中心工作规范。全区成立12个盟市呼吸内科医疗质量控制中心，在二级公立医院临床检验室开展质量评价。

二是国家级区域医疗中心建设有序推进。东部以赤峰市、中部以呼包鄂乌区域、西部以巴彦淖尔市为中心建设基地。积极同北京试点输出医院对接洽谈，北京大学肿瘤医院和内蒙古肿瘤医院、北京中医药大学东直门医院和鄂尔多斯市中医医院、首都医科大学附属北京中医医院和巴彦淖尔市中医医院达成合作意向并签订框架协议。赤峰市医院和北京宣武医院，呼和浩特市儿童医院和北京儿童医院完成对接。将呼和浩特市蒙医中医医院等6家盟市中医（蒙医）医院纳入国家中医特色重点医院建设项目。

三是医疗服务能力得到提升。印发《内蒙古自治区进一步规范医疗行为促进合理医疗检查工作方案》，强化医疗行为管理。开展医疗质量安全改进工作，医疗管理科学化和精细化水平不断提升。院前医疗急救服务能力建设取得成效，院前急救与院内急诊实现有效衔接，满足了内蒙古人民群众对院前医疗急救的需求。开展医疗机构废弃物综合治理工作，加强医疗机构废弃物综合治理，组织开展全区医院感染风险排查与感控能力提升行动，医疗机构感染控制能力和水平得到提升。

四是解决群众关切问题。强化药品重点监测和做好药品短缺风险监测预警，推进短缺药品监测和保供稳价工作有效落实。加强合理用药监督管理。为老年患者提供诊疗服务、医疗护理等上门医疗服务，解决老年人看病就医难点痛点问题。启动中医药（蒙医药）康复服务能力提升工程。

五是基层投入力度加大。投入资金1243万元，用于培训苏木乡镇卫生院和社区卫生服务中心骨干全科医生115名、乡村医生1425名和基层医疗卫生机构骨干人员387名，重点加强基层医务人员常见病、多发病的诊疗能力和操作能力。2021年，“优质服务基层行”活动取得成效，全区95.1%的基层机构已开展自评，95.1%的基层机构完成自评。

六是信息化建设加快推进。包头市试点实施5G+提升基层医疗服务能力项目，推动区域全民健康信息平台质控建设试点工作有序开展。开展“互联网+护理服务”试点，完善区域全民健康信息平台建设，把准“打好平台基础促进数据互通、推广健康码强化群众应用”工作方向，实现与12个盟市平台对接，接入二级以上医疗机构229家。完成全民健康信息平台与“蒙速办”对接，实现线上预约挂号缴费、线下就诊、检查检验结果查询等功能。推进云诊室项目开展，实现线上预约挂号、线上问诊、处方流转、药品配送的医疗服务流程。完成9个盟市向居民开放电子健康档案工作。

（五）促进中医药（蒙医药）传承创新发展

自治区党委、政府印发《关于促进中医药（蒙医药）传承创新发展的实施意见》。制定《振兴中医药（蒙医药）行动2021年推进方案》，实施振兴中医药（蒙医药）10项重点任务。制定中医药（蒙医药）传统知识和古籍文献保护项目方案，完成17项中药材（蒙药材）

地方标准研究。建成自治区中（蒙）医药传统知识数据库。3家自治区级中医（蒙医）医院互联网医院启动运行。实现二级以上中医（蒙医）医院设置治未病科和康复科全覆盖。将6家中医（蒙医）医院纳入国家中医特色重点医院建设项目，建立国家中医疫病防治基地和中医药（蒙医药）应急医疗队；85家中医（蒙医）医院设置发热门诊，90家建成核酸检测实验室，99家建成应急储备库。中医药（蒙医药）全程参与疫情防控，新冠肺炎确诊病例中医药治疗率达到97%。内蒙古国际蒙医医院二期扩建工程奠基，自治区中蒙医药研究院正式揭牌。下达资金2460万元，支持246个基层医疗卫生机构中医馆（蒙医馆）建设。投入1100万元启动国家中医疫病防治基地和中医药（蒙医药）应急队伍建设，投入1260万元支持42家旗县中医（蒙医）医院核酸检测能力建设。推进中医药（蒙医药）康复服务能力提升工程，促进中医（蒙医）治未病工程升级。实现县办中医（蒙医）医院、苏木乡镇卫生院和社区卫生服务中心建成中医馆（蒙医馆）、二级以上中医（蒙医）医院设置治未病科和康复科全覆盖。

（六）推动建立“一老一小”照顾制度建设

出台《优化生育政策　促进人口长期均衡发展的实施方案》《内蒙古自治区养老托育发展实施方案》。开展涉及计划生育的规范性、政策性文件清理工作，取消社会抚养费等制约措施，清理和废止相关处罚规定。全面实施生育登记制度，推行一站式服务和跨省通办。全区婚检率、产前筛查率分别提高到74.8%和88.9%，免费孕前优生健康检查目标人群覆盖率保持在80%以上。全区孕产妇死亡率为14.92/10万，婴儿死亡率为3.56‰，5岁以下儿童死亡率为4.29‰，持续低于全国平均水平。将婴幼儿照护服务发展纳入经济社会发展相关规划，争取中央预算内投资2835万元，增加普惠托位2835个。14所高职院校备案开设婴幼儿托育服务与管理、早期教育专业。在公共场所和用人单位建成母婴设施721个，配置率达到121%。全区注册的托育机构达到403家，每千人口拥有3岁以下婴幼儿托位数达到1.2个，较2020年增加

0.4个比例点。出台《关于建立完善老年健康服务体系的实施意见》，全区48.8%的二级以上综合医院设置老年医学科，建成康复医院和护理院22家，420家机构能够开展安宁疗护服务。建成医养结合机构127家，床位数达到2.68万张。全区老年人家庭医生签约服务率达到75%以上，健康管理率达到67.8%。巴彦淖尔市临河区金穗社区入选国家第一批运用智能技术服务老年人示范案例。全区老年友善医疗机构建设覆盖率达到50%以上，26个社区创建为国家级示范性老年友好型社区。

（七）卫生健康服务水平不断提高

深化“放管服”改革，开展“减证便民”工作，组织落实“证照分离”改革。完善科卫协同和“科技兴蒙”机制，支持7个学科实验室建设，向全区推广适宜技术39项。继续实施农村牧区订单定向医学生培养，年度招生197人。污染物及有害因素监测覆盖全区所有旗县区，食源性疾病监测哨点医院覆盖1848家医疗机构。巩固扩展脱贫攻坚成果同乡村振兴有效衔接，启动“行走的医院”医疗帮扶项目。深入开展爱国卫生运动，建设尘肺病康复站16个。住院医师规范化培训新招学员610人，农村牧区订单定向医学生年度招生197人。开设远程教育，举办国家级继续教育项目27项，自治区级项目2012项。自治区盟市两级全民健康信息平台及疫情防控信息化建设完成全民健康信息平台与“蒙速办”对接。全区申领健康码数量达到2478万个。

二、政策和工作建议

今后一个时期，自治区经济社会进入高质量发展阶段，随着“健康中国”战略的深入实施，卫生健康事业面临新的发展机遇。工业化、城镇化、人口老龄化、疾病谱变化及生活方式变化给卫生健康事业发展带来新的挑战。卫生健康服务供给总体不足与需求不断增长变化的矛盾依然突出。公共卫生安全形势复杂严峻，公共卫生体系亟待完善，重大疫情防控救治能力亟待提高；区域间、城乡间发展不平衡，医疗卫生资源布局不合理，优质医疗资源相对短缺，基层能力不强，服务供给模式单一，资源利用效率不高等问题长期存在且未得到有效解决；“一老一小”等重点人群医疗卫生服务供给不足，妇女儿童健康服务、康复护理、心理健康和精神卫生服务、职业病防治等短板明显；深化医改深层次矛盾问题有待进一步解决；中医药（蒙医药）传承创新动力不足，发展基础较为薄弱，特色优势发挥不充分，中（蒙）西医互补协作格局尚未形成。因此，要坚持问题导向、需求导向和结果导向，加强党对卫生健康事业发展的集中统一领导，认真贯彻新时代党的卫生与健康工作方针，坚持“大卫生、大健康”理念，在毫不放松抓好新冠肺炎疫情防控工作的同时，加快推进健康内蒙古行动，深化医药卫生体制改革，加强公共卫生体系建设，不断提升卫生健康治理体系整体效能，努力做好全方位、全周期、全人群健康服务。

（一）做好常态化疫情防控工作

科学精准做好常态化疫情防控工作。加强各类卫生应急队伍建设，堵漏洞、补短板、强弱项。健全卫生应急指挥决策机制，完善跨部门、跨区域、跨行业的多点触发监测网络和监测预警机制。加强完善口岸公共卫生体系，健全口岸病媒生物及各类重大传染病监测控制机制，提升主动防控和应对境外突发公共卫生事件能力。做好重大活动医疗卫生保障工作，完善重大疾病联防联控机制，提高重大疾病筛查和规范治疗率。

（二）推动健康内蒙古行动

强化政府、社会和个人的健康责任，健全预防为主的制度体系，完善健康促进政策，推动从以治病为中心向以人民健康为中心转变。倡导树立科学的健康观，建立全面覆盖、分工明确、功能完善、运转高效的健康促进与教育体系。开展城乡环境卫生综合治理，加强环境卫生基础设施建设。

（三）深入推进医药卫生体制改革

以药品集中采购、使用为突破口，加快建立规范有序的药品供应保障制度，推进分级诊疗体系建设，建立完善基层医疗卫生机构与公立医院、专业公共卫生机构、社会办医院之间的分工协作机制，提高区域内重点疾病诊治能力。建立职责明确、分工协作、运行规范、科学有效、公开透明、风险可控的综合监管长效机制。鼓励有条件的盟市、旗县开展紧密型医共体体制机制改革，推动区域医疗中心建设。

（四）提升基层医疗机构服务水平

以国家县医院综合服务能力“千县提升工程”为契机，强化政府主体责任，促进财政投入和资源配置向基层倾斜，优质服务和工作重心向基层下沉，推动基层服务能力和县域服务绩效提升。着力提升急诊、儿科等薄弱专科服务能力，努力提升旗县域就诊率。

（五）加强公共卫生服务体系建设

构建适应现代化要求的综合疾病预防控制体系，提高疾病预防控制机构的早期监测预警、实验室快速检测和先期处置能力。加强综合医院传染病区、传染病专科医院、检测实验室和鼠疫、布病专业防治研究中心建设。加强麻醉科、重症医学等重点学科的建设，推进胸痛中心、卒中中心、创伤中心建设。重点提升重大疫情防控救治水平。

（六）持续推进中医药（蒙医药）创新发展

充分发挥中医药（蒙医药）在治未病服务方面的主导作用、在重大疾病治疗方面的协同作用、在疾病康复中的核心作用，为广大群众提供全周期、全方位、多样化健康服务。推进自治区中医医院门诊楼改扩建、内蒙古国际蒙医医院二期工程和2个中医（蒙医）特色重点医院建设，开展县级中医（蒙医）医院综合能力提升和基层医疗卫生机构中医馆（蒙医馆）标准化建设。实施中医药（蒙医药）传承创新项目。

（七）实施积极应对人口老龄化战略，完善促进人口长期均衡发展政策措施

构建“预防、治疗、照护”三位一体的老年健康服务模式，强化政策协同，增加服务供给，注重发展社区居家医养结合。实施三孩生育政策及配套支持措施，持续提升家庭发展能力。大力发展普惠托育服务体系，推动建设一批方便可及、价格可接受、质量有保障的托育服务机构。

供　稿：杨若锋　内蒙古自治区卫生健康委员会

内蒙古文化事业发展形势

摘要：2021年，内蒙古文化事业紧紧围绕庆祝中国共产党成立100周年，紧紧围绕“十四五”开局起步工作，在总结历史经验当中守正创新，在紧扣时代脉搏当中担当作为，着力强化乌兰牧骑政治职能建设，着力深化文化供给侧机构性改革，着力推进重大主题文艺精品创作，着力加强公共文化服务体系建设，努力应变局、育先机、开新局，唱响了爱党爱国爱社会主义的高昂旋律，凝聚起开启新征程、奋斗新时代的强大精神文化力量。

关键词：建党百年；文化事业；文化产业

2021年，内蒙古文化事业以习近平新时代中国特色社会主义思想为指导，深入贯彻落实党的十九大和十九届历次全会精神，深入贯彻落实习近平总书记对内蒙古重要讲话重要指示批示精神，增强“四个意识”、坚定“四个自信”、做到“两个维护”，紧紧围绕庆祝中国共产党成立100周年这条主线，突出铸牢中华民族共同体意识，统筹推动文化事业高质量发展，大力弘扬乌兰牧骑精神，深入推进文化体制改革，精心组织重大主题文艺精品创作，大力推动文化和旅游产业融合发展，扎实推进公共文化服务体系建设，以高质量的文化产品和服务不断满足人民群众对美好精神文化生活的新期待，凝聚起开启新征程、奋斗新时代的强大精神文化力量。

一、突出抓好政治建设，推动乌兰牧骑事业持续健康发展

深入贯彻落实习近平总书记关于乌兰牧骑事业发展的重要指示精神，全面加强新时代乌兰牧骑政治建设，推动乌兰牧骑更好扎根生活沃土、服务基层群众，永远做“红色文艺轻骑兵”。

一是加强政治职能建设。出台《新时代乌兰牧骑政治建设方案》，聚焦乌兰牧骑队伍建设薄弱环节和关键领域，深化乌兰牧骑政治建设、思想建设、组织建设、作风建设、业务建设、纪律建设，着力把每支乌兰牧骑建成党的创新理论的宣讲队、铸牢中华民族共同体意识宣传教育的示范队、党和国家为民利民惠民政策的宣传队、“我帮你”新时代文明实践的服务队、满足人民文化需求和增强人民精神力量的文艺队、全区最强党支部建设的标兵队。制定政治建设考评办法，在自治区直属乌兰牧骑、呼和浩特市土默特左旗乌兰牧骑等14支队伍中开展试点工作。

二是充分发挥“红色文艺轻骑兵”作用。围绕党的光辉历程和伟大成就、全面建成小康社会、铸牢中华民族共同体意识等主题，推出300多部文艺作品。开展“党旗高高飘扬”——全区乌兰牧骑基层服务活动，组织75支乌兰牧骑、300支乌兰牧骑服务小分队、3500多名队员深入农村牧区演出6672场次。扎实开展党史学习教育，创作编排了一批党史情景剧、音乐剧，把党史知识、红色故事融入群众喜闻乐见的节目中，用“行走的党课”，把党的声音和关怀传递到农牧民群众中。七一期间，开展“永远跟党走——2021年全区乌兰牧骑月”活动，完成文艺演出1500多场次，开展党的创新理论主题宣讲750余次，中央电视台《新闻联播》对乌兰牧骑月活动启动仪式进行了报道。深入宣传党的十九届六中全会精神，创作推出呱嘴《继往开来》、快板《点赞六中全会》等文艺作品。

三是着力提升服务水平。组织开展“弘扬乌兰牧骑精神，到人民

中间去”基层综合服务活动、“送欢乐、送文明”基层服务活动，以“乌兰牧骑+”的方式，组建自治区、盟市、旗县三级250多支综合志愿服务轻骑兵小分队，整合理论宣讲、政法、农牧业、科技、卫生、扶贫、电子商务、民族团结、司法、综合治理等服务基层的各领域资源，面对面为群众开展文艺演出、文化辅导、政策宣传、乡风文明建设等服务2500多场次，直接服务群众50多万人次。加强社会辅导和艺术普及职能，开展对中小学生合唱、合奏、集体舞、课本剧、非遗展示传习场所体验学习等辅导3000余次。

四是大力推进网上乌兰牧骑建设。全区75支乌兰牧骑全部开通抖音、今日头条、微信公众号等新媒体账号，开展网络直播7700余场，乌兰牧骑节目走上“云端”。开发“数字乌兰牧骑综合服务平台”，上传优秀作品1000余部，开展学习培训2.8万小时。研发“乌兰牧骑综合服务一体机”，内置红色精神、数字展厅、时政要闻、云书库、政策U盘5大板块，为群众提供党史学习、优秀作品欣赏、农牧养殖技术培训及医药知识等多元化网上服务。

五是加强乌兰牧骑基础设施建设。深入实施《内蒙古自治区乌兰牧骑标准化建设工程三年行动计划（2019—2021年）》，累计投入1.42亿元，对18支设施面积不达标的乌兰牧骑进行扶持。举办全区乌兰牧骑加强政治职能建设研修班，实施“全区乌兰牧骑原创经典作品传承工程”，组织开展乌兰牧骑老队员“传帮带”活动。

二、大力繁荣发展社会主义文艺文化，着力促进满足人民文化需求同增强人民精神力量相统一

坚持以人民为中心的创作导向，勇于创新创造，坚守艺术底线，推动自治区文艺繁荣发展。

一是着力提高文艺产品创作质量。持续推进“红色百年内蒙古”重大主题文艺精品创作工程，提升作品的精神高度、文化内涵、艺

术价值，实现思想性、艺术性和观赏性有机统一，推出交响乐《旗帜》、民族管弦乐《奋斗》，举办“红色百年内蒙古”大型主题油画、雕塑创作展。印发《关于开展内蒙古自治区重大主题文艺精品创作项目征集工作的通知》，立项扶持舞台剧《我愿以身许国》、电影《钢之城》、电视剧《父辈的旗帜》等作品23部。

二是着力打造文艺精品。舞蹈《浪漫草原》荣获第十三届中国舞蹈“荷花奖”民族民间舞奖，舞剧《草原英雄小姐妹》荣获第六届全国少数民族文艺会演最佳剧目奖、最佳导演奖，舞剧《骑兵》获得艺术表演奖。杂技《骑手与绣娘》获第十一届中国杂技“金菊奖”。长篇报告文学《额济纳河畔》获“徐迟报告文学奖”，文学作品《迁徙记》获得第三届三毛散文奖散文集新锐奖，电影《守望相思树》获第十一届北京国际电影节民族电影“最佳创意”单项奖。

三是着力推动群众性文化活动常态化开展。坚持热在基层、热在群众，在全社会开展“永远跟党走”群众性主题宣传活动，深入推进致敬先烈、学习先进模范、慰问老党员老同志等宣传教育活动，广泛开展《唱支山歌给党听》《没有共产党就没有新中国》主题歌曲传唱以及“中华民族一家亲”广场舞比赛、第四届庆祝中国农民丰收节暨全区农牧民文艺会演、群众性书法摄影美术作品展等活动，极大地激发了各族干部群众爱党爱国爱社会主义的热情。

四是着力加强文艺评论。充分发挥文艺评论的价值引导、精神引领、审美启迪作用，召开文艺评论研讨会，在《内蒙古日报》和内蒙古文联《文艺论坛》推出舞剧《骑兵》、电视剧《国家孩子》等作品的文艺评论专版，在《光明日报》刊发《突出精品意识、凝聚奋进力量》《精品力作好戏连台　文艺之美温润心田》2个专版评论。

五是着力加强文艺人才队伍建设。完善文艺人才培养制度改革，制定《内蒙古文联“十四五”时期文艺人才培养规划纲要》，加强对文艺人才的服务联络，与上海音乐学院合作招录作曲、声乐、音乐戏剧等专业委培生。

三、推动公共文化服务标准化、均等化建设，更好保障人民基本文化权益，满足人民基本文化需求

加快构建覆盖城乡、便捷高效、保基本、促公平的现代公共文化服务体系，努力让人民享有更加充实、更为丰富、更高质量的精神文化生活。

一是实施“智慧广电”网络服务进村入户工程。与39个旗县区签订了《“智慧广电”网络服务进村入户实施协议》，建设光缆65474千米、无线基站240座，发放4K智能终端机顶盒192万台，传送高清电视直播频道63套、4K超高清频道1套。结合“我为群众办实事”实践活动，为33个牧区旗县的所有行政村铺设光缆3万千米，建设无线交互发射基站5500个，解决了12.4万户边远地区农牧民信号差、上网难问题。

二是推进“草原书屋”提质增效。全区现有“草原书屋”11556家，行政村覆盖率达100%。全年落实专项经费2981.8万元，补充更新图书82.5万册，依托“草原书屋”开展“新时代乡村阅读季”“我的书屋·我的梦”农村牧区少年儿童阅读等各类主题活动约2.1万场次，覆盖农牧民群众60余万人。研发上线“内蒙古数字草原书屋”平台，为农牧民群众提供5000册电子图书和2000集听书资源，更好地满足农牧民的阅读习惯和多样性阅读需求。

三是推进“看电视”向“用电视”转变。拓展有线电视平台服务内容，推出党报党刊、铸牢中华民族共同体意识、扫黑除恶专项斗争、家庭医生、科普内蒙古、广电悦享电商平台等18项服务内容，开发通辽安代舞、鄂尔多斯管委会等13个盟市、旗县政企综合应用，开通“国家统编教材”内蒙古广电网络电视专区，把“国家统编教材”同步课程传输到全区学生家中。新时代文明实践电视端应用在科右中旗、阿鲁科尔沁旗、乌拉特中旗等36个旗县上线，包头市北梁社区、

呼和浩特市玉泉区“社区电视”试点深入推进。

四是持续完善基层公共文化服务设施。对全区基层公共文化设施运行管理情况进行集中清查整改，对2020年建成的927座旅游厕所进行了验收和定级，对1007座旅游厕所进行了抽查和整改。2021年，自治区获评全国民间艺术之乡5个，命名全区民间艺术之乡24个，88个文化馆达到国家三级以上文化馆标准。

五是实施“公益电影7+”惠民放映工程。将公益电影与乌兰牧骑演出、普法宣传、文化固边、电视荧屏、机关党课、学生课堂、城市影院等7个领域融合发展、双促共赢，采取露天放映、影院放映、电视展播、网络推送等方式，延伸服务到社会各领域、各阶层和特殊群体。深入开展“中华民族一家亲　同心共筑中国梦”“红色百年　光辉历程”庆祝中国共产党成立100周年百部主题电影展播展映等活动，全区订购公益电影19.5万场，观影群众300多万人次，建成“戍边”放映点17处，实现90家边境沿线公益放映室全覆盖。

四、多措并举做好文物安全保护工作，推进文物资源科学合理利用

全面贯彻“保护为主、抢救第一、合理利用、加强管理”的工作方针，切实加强文物保护力度，使文物保护成果更多惠及人民群众。

一是重点文物保护工程稳步推进。武安州辽塔保护修缮工程完工并通过国家文物局专家组初步验收，37项重点文物工程项目已全部完成方案评审，阿尔寨壁画修复等工程顺利实施。探索开展区域性文物保护评估，优化项目审批流程，配合基本建设工程项目完成文物保护和考古调查许可190余项，完成区域文物保护评估8项。完成沿黄7个盟市文物资源摸底调查、全区石窟寺专项调查、革命文物旧址险情排查工作，公布了自治区第一批39处革命文物名录。

二是考古发掘研究成果丰硕。全力推进辽上京、和林格尔土城

子、萨拉乌苏遗址国家考古遗址公园建设。持续开展清水河县后城咀龙山时代石城址、苏尼特右旗吉呼郎图匈奴墓、武川坝顶北魏祭祀建筑遗址等考古发掘工作。辽上京遗址考古发掘等10项主动性考古发掘项目获得国家文物局批准。

三是文物展览陈列提质增效。制定印发《内蒙古自治区国有博物馆藏品征集规程实施细则》，进一步规范全区国有博物馆藏品征集工作。内蒙古革命历史博物馆基本建设完工，赤峰契丹辽博物馆、呼伦贝尔历史博物馆建设项目稳步推进。“黄河从草原上流过——内蒙古黄河流域古代文明展”被国家文物局列入2021年“弘扬优秀传统文化、培育社会主义核心价值观”推介100个主题展览。

四是文物安全督察不断加强。自治区文化和旅游厅与自治区人民检察院联合开展长城保护公益诉讼工作，积极探索文化遗产保护公益诉讼新机制。组织开展文物安全督察工作，实地检查文物单位3161家，对检查发现的1727个安全隐患问题全部整改完毕，关闭7家未通过消防验收的博物馆。深入推进打击文物犯罪专项行动，抓获犯罪嫌疑人107名，收缴文物163件。设立公告公示牌820块，各级文物博物馆单位全部落实文物安全责任人公示公告制度。

五、切实做好非遗传承保护，着力提升非遗保护的社会自觉

把非遗传承保护作为常抓不懈的基础性工作，切实肩负起文明传承发展的使命。

一是强化政策保障。编制《内蒙古自治区“十四五”非物质文化遗产保护和传承规划》，印发《内蒙古自治区级文化生态保护区管理办法》《内蒙古自治区级非物质文化遗产代表性传承人认定与管理办法》《内蒙古自治区级非物质文化遗产代表性传承人传承活动评估实施细则》，为非遗法治化建设提供政策支撑。

二是推进保护传承。公布第七批自治区级非物质文化遗产代表性

传承人120人、第一批自治区传统工艺振兴目录项目65项，有17个项目入选第五批国家级非物质文化遗产代表性项目。推荐格斯尔文化（巴林右旗）生态保护区申报国家级文化生态保护区。开展国家级非物质文化遗产代表性传承人传承活动评估工作、黄河非物质文化遗产专项调查，实施2021年度国家级代表性传承人记录工程，举办非物质文化遗产传承人研修研习培训20期。

三是强化宣传展示。组织举办“非遗过大年　文化进万家”全区非遗年货展暨非遗扶贫产品展示展销会、“绣美新时代”内蒙古刺绣礼物大赛、文化和自然遗产日自治区主会场活动，开展“传统文化月月传”“传统手工艺大课堂”、非遗公开课等活动，大力宣传推介“非遗进校园”和“非遗与旅游融合发展”2类10大优秀案例。

六、加快文化旅游融合发展步伐，推动文化产业高质量发展

深化文化供给侧结构性改革，推动文化和旅游深度融合发展，着力构建现代化文化产业体系。

一是加强项目带动。印发《内蒙古自治区重点培育文化产业园区建设指南》《内蒙古自治区重点培育文化产业园区评定标准》，启动第一批自治区重点培育文化产业园区评定工作。出台《关于内蒙古自治区培育文化新业态推动文化产业高质量发展的意见》，积极构建现代文化产业体系和市场体系，培育新型文化业态和文化消费模式，重点支持文旅产业项目95个、“内蒙古礼物”文化旅游商品标志性品牌认证商品192件。

二是培育壮大市场主体。积极推动文化旅游企业上市，内蒙古新华发行集团在上交所主板挂牌，成为自治区首家上市文化企业。与上海市合作举办文化旅游及绿色农畜产品合作推广活动，促成9个项目签约，达成意向投资15.18亿元。组织推荐文旅企业参加2021全国工商联主席高端峰会暨全国优强民营企业助推内蒙古高质量发展大会、第七

届中国西部旅游产业博览会、第九届北京国际旅游商品及旅游装备博览会等展会，推动文化和旅游产业跨区域、多渠道合作。

三是激发文化旅游消费潜力。呼和浩特市塞上老街、鄂尔多斯市康巴什乌兰木伦文化和旅游街区、呼伦贝尔满洲里市中俄边境旅游区套娃景区入选第一批国家级夜间文化和旅游消费集聚区，包头市入选第二批国家级文化旅游消费试点城市。积极推进建立以城市为中心、覆盖周边区域的自驾旅游租车服务体系，构建功能完善、服务便捷的旅游租车服务网络。

四是大力发展红色旅游。编制《内蒙古自治区“十四五”红色旅游发展规划》。鄂托克前旗红色旅游发展经典案例入选国家红色旅游发展典型案例。推出“亮丽北疆”主题精品红色旅游线路10条，其中3条线路入选国家“建党百年红色旅游百条精品线路”。组织开展全区“红色讲解员讲百年党史”宣讲活动113场，举办自治区首届红色故事讲解员大赛，3名讲解员入选“全国红色五好讲解员”，6名红色讲解员入选全国“百名红色讲解员讲百年党史巡回宣讲活动”讲解员名录。舞剧《草原英雄小姐妹》以及12款红色旅游文创产品入选《全国红色旅游创意产品和红色旅游演艺创新成果征集展示活动作品集》。

七、创新对外文化交流机制，不断提升中华文化影响力、感染力

坚持国家站位，开展对外文化交流合作，讲好中国故事、中国共产党故事。

一是积极开展习近平新时代中国特色社会主义思想的对外宣介。译制《平“语”近人——习近平喜欢的典故》，在蒙古国国家公众广播电视台播出；翻译出版《中国关键词·精准脱贫篇》《中国关键词·新时代外交篇》系列图书，向蒙古国图书馆、高校推广；组织中蒙智库开展《后疫情时代的中蒙命运共同体建设》等6个课题合作研究；承办国家人权行动计划实施成果主题采访活动，采写刊播各类稿

件节目80多篇（条）；围绕“携手构建人类命运共同体”主题，成功举办第十二届中蒙新闻论坛。

二是组织开展建党百年对外宣传工作。在《索伦嘎报》网刊、草原之声广播、内蒙古广播电视台蒙古语卫视频道开设《奋斗百年路 启航新征程》《聆听中国共产党的故事》等专栏专版，翻译《中国关键词：中国共产党成立100周年特辑》系列图书，刊发《中国脱贫历史经验值得蒙古国学习》等稿件130余篇（条）。与蒙古国国家公众电视台合作，推出《蒙古国政党政府高层看中国共产党》系列电视访谈、《你好！中国》《友谊七彩桥》等节目。

三是组织对外文化交流和暖心慰问活动。举办“感知中国·连线蒙古”“金牛贺岁 共度佳节”“百年芳华”等系列中蒙文化交流活动，举办线上中蒙翻译家研讨会，推出《中文西里尔蒙古文政治领域新词汇对照汇编》。邀请6批次83名外籍教师和留学生参观党史纪念场所和爱国主义教育示范基地，增进他们对中国共产党和百年党史历程的认识、了解。开展疫情暖心慰问活动，向蒙古国2批次捐赠12万只口罩等抗疫物资和21万元人道救助金。

四是稳步推进国际传播能力建设。内蒙古广播电视台设立国际部，内蒙古日报社索伦嘎新闻中心全面转型发展，深化拓展对蒙古国文化交流媒体渠道，讲好中国故事，传播好中国声音，阐释好中国特色。

展望2022年，全区文化事业将以习近平新时代中国特色社会主义思想为指导，全面贯彻落实党的十九大和十九届历次全会精神，紧紧围绕迎接宣传贯彻党的二十大这条主线，突出铸牢中华民族共同体意识，着力繁荣发展社会主义文艺，着力深化文化体制改革，着力提升公共文化服务水平，着力推动文化和旅游深度融合发展，促进满足人民文化需求和精神力量相统一，奋力谱写建设社会主义文化强国的内蒙古篇章。

一是实施中华优秀传统文化传承发展工程、文艺作品质量提升工程，推动《内蒙古重大主题文艺精品创作的指导意见》第二批项目落地实施，推出一批讴歌党、讴歌祖国、讴歌人民、讴歌英雄的精品力作，迎接二十大，礼赞新时代。

二是围绕贯彻落实习近平总书记给乌兰牧骑队员回信 5 周年，举办系列学习宣传贯彻活动，加强基础设施建设，举办乌兰牧骑交流演出，在全社会大力弘扬乌兰牧骑为民服务精神，持续推进乌兰牧骑事业发展。

三是继续实施“智慧广电”网络服务进村入户、“公益电影7+”惠民放映、“看电视”向“用电视”转变试点等惠民工程，持续推进“草原书屋”提质增效，推动基层社会治理共建共用共享。

四是加强文物保护利用和非遗传承保护，筹备召开全区文物工作会议，推进革命文物宣传传播工程，加快推进黄河国家文化公园内蒙古部分的建设。

五是深化文旅融合发展，加快发展新型文化企业、文化业态、文化消费模式，改造提升传统文化业态，做强做优做大国有文化企业。

六是推动中华文化“走出去”，坚持国家站位，深化与蒙古国、俄罗斯等周边国家文化交流合作，办好中蒙新闻论坛等品牌活动，打造“万里茶道”国际旅游品牌，支持二连浩特市创建跨境旅游合作区。深化同驻外中国文化中心、旅游办事处合作，开展线上“欢乐春节”活动，以内蒙古的生动实践展示全面、真实、立体的中国。

供　稿：刘　晶　内蒙古自治区党委宣传部政策法规研究室

内蒙古科技创新发展形势

摘要： 2021年，自治区科技创新工作以实施“科技兴蒙”行动为统领，聚焦自治区优势特色产业，扎实推进重大创新平台载体建设，狠抓科技攻关和成果转移转化，务实开展创新合作，着力提升科技创新治理能力，推动科技创新取得新进展。

关键词： “科技兴蒙”；创新生态；高质量发展

自治区党委、政府高度重视科技创新工作，以习近平总书记对内蒙古重要讲话重要指示批示精神为根本遵循，与科技部共同推动“科技兴蒙”行动，探索在欠发达地区依靠创新驱动发展的路径和模式，打造高质量发展样板。

一、坚持统筹谋划，推深做实“科技兴蒙”行动

全面贯彻落实党中央、国务院决策和自治区党委、政府部署，把破解科技创新能力不足这一制约自治区发展的瓶颈作为工作出发点，系统部署研发投入、创新平台建设、体制机制改革、科技人才引育，推动将“科技兴蒙”行动纳入国家发展战略体系，启动实施研发投入攻坚行动，高质量建设“三区两中心”，推进国家耐盐碱水稻技术创新中心试验基地、阴山北麓野外观测站等一批国家重大科技基础设施落地，积极促进氢基熔融还原冶炼等一批国际先进技术转化应用，大力培育创新主体，高新技术企业突破1200家，科技型中小企业同比增长47%。自治区科技创新进入新阶段，科技创新重点实现明显转变、

科技管理重心实现明显转变，全区上下对科技创新重视程度实现明显转变。“内蒙古实施‘科技兴蒙’行动 激发区域创新活力”被列入国务院第八次大督查典型经验做法通报表扬。

（一）创新生态明显改善

为全面优化创新环境，2020年，印发《关于加快推进“科技兴蒙”行动 支持科技创新若干政策措施》，提出8个方面30条96项改革政策和创新措施。围绕促进科技成果转化、改进科研管理、激发科研人员积极性等8个方面，制定出台了40多项政策及配套措施。出台《内蒙古自治区研发投入攻坚行动实施方案（2021—2025年）》等具体配套措施，提出全社会研发投入年均增长20%的总目标。加快科技领域“放管服”改革，围绕科技管理提效赋能既做“加法”，也做“减法”。实施以知识价值为导向的分配制度，推动全部区直高校对高层次人才年薪、科研奖励绩效支出实行单列。赋予科研单位更多自主权、科研人员更大技术路线决定权，开展赋予科技人员职务科技成果所有权或长期使用权试点。改进科研经费管理，实施科研经费“包干制”试点。改革科研项目组织机制，推行“揭榜挂帅”机制。这一系列政策措施极大促进了“科技兴蒙”行动落地见效，有效激发了创新主体的创新活力。

（二）科技开放合作成效突出

内蒙古落实“欠发达地区可以通过东西部联动和对口支援等机制来增加科技创新力量”的要求，与科技部、中科院、工程院以及北京市、广东省等建立“4+8+N”开放合作机制，构筑“开放合作搞创新”的大格局，与区外单位共建上海交通大学呼和浩特科学创新中心、内蒙古草业与草原研究院、鄂尔多斯碳中和研究院、内蒙古现代农牧研究院、中科院包头稀土研发中心等68家各类新型研发机构，成立内蒙古科创中心（北京）。签署合作协议311项，组织科技合作专项270余项，投入资金近8亿元，吸引区外114家高校、科研单位参与内蒙古创新发展，涌现出一批成效显著的成果。煤炭地下气化技术工业化示范项目正式点火投产，世界首创氢基熔融还原冶炼技术落地转化，首台100千瓦级氢燃料电池环卫重卡正式下线运行，稀土极薄取向电工钢制备技术达到国际先进水平，全球首套固废和二氧化碳矿化示范产业化项目开工建设。依托袁隆平院士专家团队和技术，培育水稻新品系13个，兴安盟粳稻亩产测产增收100公斤，打造优质农畜产品生产基地。自主培育研发的向日葵杂交品种和收割设备，打破了国外品种市场垄断。成功培育出3个国际领先水平的双肌黄牛新品系。

（三）科技型企业队伍持续壮大

一是突出政策引导，为企业下达研发经费奖补、研发投入后补助资金1.7亿元。一机集团将主营业务收入的4.5%用于研发。落实高企税费减免优惠政策，1105家企业享受加计扣除税收优惠，较2020年增长29.4%，减免税额较2020年增长18.9%。

二是加大支持力度，支持企业各类科技专项资金9.1亿元，占全部科技专项资金的61.9%，同比提高17%。企业牵头实施的科技重大专项比例达到83%。支持北重集团牵头成立特种液压泵阀攻关创新联合体。

三是实施精准服务，建立企业科技特派员工作制度。鄂尔多斯117家规模以上工业企业扭转研发投入为零的局面。举办第十届中国创新创业大赛（内蒙古赛区）。与中国银行内蒙古分行签署战略合作协议，与地方金融监管局建立科技金融协同工作机制。完成52笔科技成果质押融资贷款，支持37家企业撬动银行贷款近4.48亿元。全国首家中国银行稀土与科技金融特色支行在包头挂牌运营。对在自治区科创板优选层首次挂牌的43家科技型企业给予奖补。

（四）高水平创新平台基地建设取得新进展

自治区层面出台专项支持政策措施，近两年，投入资金超过20亿元，支持高水平创新平台建设，为内蒙古优势特色产业高质量发展提供有力支撑。以创建“三区两中心一室”为抓手，积极打造国家战略科技力量。呼包鄂自主创新示范区集聚全区50%的科研机构、57.4%的高新技术企业、62.3%的高校。鄂尔多斯可持续发展议程创新示范区以“荒漠化防治和绿色发展”为主题实施了一批重点示范工程。巴彦淖尔农业高新技术产业示范区以小麦和肉羊为主的产业集群初具规模。乳业技术创新中心多项工艺进入中试和应用阶段，伊利现代智慧健康谷开工建设。稀土新材料技术创新中心形成一批自主知识产权技术成果。乳品科学与技术重点实验室创建快速推进。

（五）创新成果应用加速发力

一是成果转化机制不断优化，围绕科技成果转化制定多项政策措施。在内蒙古工业大学、内蒙古农牧业科学院引导科技成果赋权改革先行先试。内蒙古人民医院将成果转化收益的90%归成果团队支配。包钢集团成立全区国有企业中首家科技型股权激励企业，拿出17.5%的股份用于股权激励。

二是成果服务体系持续完善，建成内蒙古科技大市场。新认定自治区技术转移服务机构10家，培育技术经纪人194人。42家单位1347台套价值10.77亿元仪器设备实现开放共享。吸引8家优质创新人才团队入驻内蒙古科创中心（北京）孵化。

三是成果转化应用成效明显，赤峰安快创业谷获批国家级孵化器。新增自治区科技企业孵化器6家、众创空间20家。在“百城百园行动”中投入2275万元，组织实施17个项目。全区认定登记技术合同1534项，技术合同成交总额46.1亿元，成果登记突破1000项，其中应用技术类成果占74.8%，产生经济效益712.7亿元。

（六）自主创新能力持续提升

一是基础研究实力稳步提升，获批国家自然科学基金294项，资助额度1.02亿元，组织实施自治区自然科学基金832项，在多个优势特色领域的基础前沿和应用基础研究方面取得了一批领先成果。

二是关键技术攻坚多点突破，组织实施重大专项47项、关键技术攻关计划445项。全球首个极寒地区无人驾驶卡车稳定运行，首台氢燃料重卡车下线。400万吨/年煤间接液化成套技术获得国家科技进步一等奖，多项成果亮相国家“十三五”科技创新成就展。

三是助力乡村振兴成果丰硕，19个科特派服务团带动4465名科技特派员服务700多家创新主体，引进新品种900多种，推广新技术1000余项。实施种业创新工程，河套地区植物种质资源分库建成使用，巴麦13号小麦品种通过国审。

四是科技创新支撑民生改善成效明显，编制碳达峰碳中和科技创新实施方案、技术路线图，成立鄂尔多斯碳中和研究院。成功召开第八届库布其国际沙漠论坛。建成“一湖两海”湖泊水生态和水环境管理决策支持系统。建设14个国家临床医学研究中心分中心。

二、正视存在的问题，抓好落实重点任务

创新资源不足仍然是当前制约自治区高质量发展的突出短板。创新平台数量不多、质量不高、多头管理，国家级平台数量较少，高端科研人才匮乏，集聚产业创新资源的能力不强。大部分高校、科研院所没有科技专项资金，研究工作无法得到稳定支持，研究成果与市场需求不相适应。企业创新动力不足，科技型企业数量不多、质量不高。创新投入不足，全社会研发投入强度为0.93%，低于2.40%的全国平均水平。全区财政科技支出比重为0.61%，财政科技投入主要依靠自治区本级，基层科技管理部门职能弱化、功能缺位，出现创新“政策好、落地难”的困境。面对创新中存在的问题，自治区坚持以实施“科技兴蒙”行动为主线，重点抓好落实以下4个方面的重点任务。

（一）围绕主导优势特色产业需求，打好关键技术攻坚战

一是加快提升对国家重要能源和战略资源基地建设的支撑能力。围绕大规模储能、氢能、稀土、石墨烯、二氧化碳捕集等五大领域以及新能源、新材料、生物技术、高端装备制造与智能制造技术、新一代信息技术、节能环保等战略性新兴产业，开展产业发展关键技术攻关，解决一批“卡脖子”技术难题，接续开发一批重大创新产品，推

动产业向中高端、智能化、绿色化加速转型。加快运用高新技术和先进适用技术，改造能源、化工、冶金等传统产业，推进产业基础高级化、产业链现代化。

二是加快提升对国家重要农畜产品生产基地建设的支撑能力。实施种业技术创新工程，围绕马铃薯、玉米、大豆、小麦、优良牧草等主要优势特色作物，开展现代生物技术育种、航天育种等研究，加强高产、优质、抗病等作物新品种选育；围绕奶牛、肉羊、肉牛、绒山羊等优势特色家畜，开展优良品种本土化选育与新品种（系）培育技术研究、杂交配套系选育关键技术研究。实施乡村振兴科技支撑行动，落实奶业振兴计划，加强绿色种养殖、农牧业装备、农畜产品加工、智慧农牧业等关键技术供给。

三是加快提升对我国北方重要生态安全屏障建设的支撑能力。聚焦黄河重点生态区、东北森林带和北方防沙带等战略区域，围绕山水林田湖草沙系统综合治理需求，开展技术创新和集成示范，着力破解制约生态文明建设的重大关键技术瓶颈。面向自治区碳达峰碳中和重大科技需求，提升零碳、低碳科技创新能力，构建人与自然和谐共生的绿色技术体系，为建设祖国北疆万里绿色长城提供科技支撑。围绕巩固提升环境质量、深化污染防治行动，发展污染防治和资源高效利用技术，开展呼包鄂乌及周边地区等重点区域大气污染防治技术模式研发，加强水资源可持续利用与节水技术研发、土壤污染防治技术等研发，助力打好蓝天碧水净土保卫战。

（二）围绕科技创新整体效能提升，构建协同高效区域创新体系

一是打造创新空间新格局。围绕自治区东中西差异化协调发展定位，落实新一轮西部大开发、东北全面振兴、黄河流域生态保护与高质量发展等国家区域发展战略，对接京津冀协同发展、长三角一体化、粤港澳大湾区区域创新发展，统筹整合自治区创新资源，进一步优化科技创新区域布局，打造呼包鄂创新发展集聚区，建设黄河流域生态保护与高质量发展科技创新策源地，培育赤通蒙东地区创新中心，加快形成核心引领、中心带动、多点支撑、多层联动、开放融合、协同高效的区域创新网络。

二是健全完善区域协调创新发展机制。持续推进加强厅市（盟）会商、厅际“1+1”部门协同工作机制，共同解决地区产业发展中的重大创新问题，支持盟市探索科技创新支撑引领高质量发展新模式。探索区域协同创新发展新机制，针对各盟市在产业、发展等方面共同遇到的挑战和问题，推动加强区域创新联动协同，打造区域协同创新共同体，促进创新成果区域间转化应用。推动军民协同创新机制，强化军地信息共享和供需对接，探索建立军民两用技术联合研发和投融资机制。

三是推进区域科技创新高地建设。加快整合、培育、创建一批集聚创新资源的高水平创新平台载体，发挥出区域重大科技创新平台载体的支撑集聚和辐射带动作用，形成创新平台载体梯次发展态势。争取“十四五”期间，“三区两中心”创建全部落地。深化国家级高新区“提质进位”、自治区级高新区“促优培育”行动，支持通辽高新区、赤峰高新区、阿拉善高新区创建国家级高新区，实现自治区级高新区盟市全覆盖。积极创建乳品工程和蒙医药国家重点实验室，加快提升自治区重点实验室建设水平，推进技术创新中心建设。围绕优势特色产业领域，建设一批产业技术研究院、创新联合体等新型研发机构。

（三）围绕科技创新支撑能力的全面提升，启动实施六大工程

一是实施企业创新主体培育工程。实施高新技术企业和科技型中小企业“双倍增”行动。推动产业链上中下游、大中小企业融通创新，形成“科技型中小企业—高新技术企业—高成长企业—科技型领军企业”梯次培育体系。在能源、乳业、草业、中医药（蒙医药）、稀土功能材料、羊绒制品等重点领域，培育科技型领军企业，引领产业技术创新。支持科技型领军企业联合上下游企业、政产学研力量，建设国家技术创新中心、国家重点实验室等关键共性技术重大创新

平台。

二是实施基础研究能力提升工程。实施基础研究十年行动，力争产出一批具有引领性、支撑性的重大原创性成果。加强学科体系建设，推进基础学科、应用学科建设及其交叉融合，支持新兴学科、冷门学科和薄弱学科发展，建立应用数学等自治区基础学科研究中心。设立高校、科研院所基本科研业务费，支持高校、科研院所自主布局基础研究和应用基础研究，开展前瞻性、原创性科技攻关，形成以优势特色学科为主体、相关学科互为支撑的研究体系，积蓄科研后发优势。

三是实施科技人才引育工程。加快建设多层次科技创新人才队伍梯次培育体系，对有潜力参选院士的高层次领军人才、行业领军人才给予专项资助。积极培养科技后备人才队伍。实施青年科技创新人才培养行动。建立重大项目首席专家制度。重点培养本土科技创新领军人才，加强关键领域高层次创新人才团队引进，扩大实用型创新人才队伍规模。优化科技人才创新发展环境，完善人才评价、激励、流动等机制。

四是实施科技成果转移转化工程。加快科技成果转移转化，健全科技中介服务体系，推动科技金融深度融合。加快科技成果转移转化。深入推进科技成果供需对接，为产业转型升级提供高质量创新服务，继续实施技术交易后补助政策。支持高校、科研院所建设专业化技术转移机构，鼓励国家技术转移机构在自治区设立分支机构。健全科技中介服务体系。建成内蒙古科技大市场，形成政府主导、市场运营、功能齐备的技术市场运营模式。建立供需对接机制，形成以数据为基础的科技成果精准推送机制，为企业提供常态化服务。推动科技金融深度融合。鼓励金融机构创新金融产品，加大对科技型企业的信贷投放，促进科技成果转化应用。统筹科技创新类基金管理，加大科技成果质押融资支持力度。继续对自治区科技创新板挂牌企业予以后补助支持。

五是实施科技开放合作拓展工程。构建国内科技合作新格局，深化国际科技合作与交流。构建国内科技合作新格局。落实东西部科技创新合作行动，统筹更多创新资源要素参与“科技兴蒙”行动，挖掘合作潜力，拓展科技合作新模式，推行更加开放、互惠共享的“科技兴蒙”“4+8+N”合作机制，推动京蒙、粤蒙等科技合作向“产学研+产供销”一体化合作转变，加强与区外高等学校、科研院所、企业的务实合作。深化国际科技合作与交流。加强与“一带一路”沿线国家的科技合作，面向俄罗斯、蒙古国等沿线国家实施杰出人才引进计划，开展重点科技领域联合攻关，共建联合实验室、联合研究中心、技术转移转化中心等国际创新平台载体。

六是实施创新生态优化工程。完善科技创新政策体系，强化“科技兴蒙30条”政策落实落地，出台配套政策措施，加快实施“研发投入攻坚行动20条”，形成政府总体推动、部门协同联动、各类创新主体实施的工作格局。加强作风学风建设和科技监督，推动科研诚信体系建设。弘扬科学家精神，形成“勇于探索、宽容失败、尊重知识、尊重人才、尊重创造”的创新氛围。

（四）围绕科技治理体系和治理能力现代化，全面深化科技体制机制改革

一是优化科技任务组织实施机制。重构科技计划体系，推进项目分类管理和流程再造，强化各类科技计划有效衔接、统筹实施，推动项目、基地、人才、资金一体化配置，建立“政府引导+企业主体+全社会参与”的科技计划组织体系。实行“揭榜挂帅”、赛马争先、首席专家、竞争立项、定向委托等项目实施方式。探索建立分专业领域“首席科学家+专家+科研院所+企业”的重大研发任务凝练和重大任务协同落实机制。完善科技管理第三方专业机构建设，建立重大科技任务应急反应机制。聚焦问题、需求导向，建立以市场为导向、产学研深度融合的技术创新机制，推动高校和科研院所研发成果走出校门、走出院所，创新资源向企业集聚、向制约产业发展重大问题聚焦。组织开展跨学科、跨行业的应用技术研发和产业共性技术集成创新。

二是深化科技领域“放管服”改革。改进项目资金拨付方式，探索建立自治区财政科研资金直接拨付机制，加快财政科研经费拨付进度。持续推进科技计划管理信息化建设，优化科研活动过程管理，持续精简流程、减表减负，扩大科研项目经费“包干制”改革试点范围，进一步推动工作重心从研发管理向创新服务转变。

三是完善科技创新评价制度。深化项目评审、人才评价、机构评估改革，加快建立以科技创新质量、贡献、绩效为导向的科技评价机制。探索重大创新项目容错机制，对因不可抗因素未实现预期目标或失败的重大研发项目，继续给予支持。

供　　稿：姜宝林　内蒙古自治区科技厅

内蒙古全面依法治区发展形势

摘要： 2021年是中国共产党成立100周年，是实施“十四五”规划、开启全面建设社会主义现代化国家新征程的开局之年，也是全面依法治国工作的“落实年”。自治区党委、政府坚持以习近平法治思想为根本遵循和行动指南，将法治建设摆在更加重要的地位，充分发挥法治固根本、稳预期、利长远的保障作用，强化措施，扎实有序推进法治内蒙古建设，取得明显成效。同时，全面依法治区也存在一些短板和问题，今后要对标对表党中央、自治区党委决策部署，持续推进全面依法治区重点工作落实落地落细。

关键词： 依法治区；法治政府；政法改革

2021年，自治区党委、政府坚持以习近平新时代中国特色社会主义思想为指导，全面贯彻党的十九大，十九届二中、三中、四中、五中、六中全会和中央全面依法治国工作会议精神，深入学习贯彻习近平法治思想和习近平总书记对内蒙古重要讲话重要指示批示精神，牢固树立“四个意识”、坚定“四个自信”、做到“两个维护”，聚焦全面依法治国决策部署，坚定改革方向，突出问题导向，统筹推动科学立法、严格执法、公正司法、全民守法，不断谱写法治内蒙古新篇章。

一、2021年全面依法治区面临的形势、工作推进情况及取得的成效

2020年11月，中央全面依法治国工作会议召开，确立习近平法治思想在全面依法治国中的指导地位。2021年是中国共产党成立100周年，是实施“十四五”规划、开启全面建设社会主义现代化国家新征程的开局之年，也是全面依法治国工作的“落实年”。按照习近平总书记和党中央为内蒙古确定的战略定位，牢牢扛起作为边疆民族地区在全面建设社会主义现代化国家进程中的重大责任和光荣使命，在新征程上书写好内蒙古发展新篇章，实现经济高质量发展、生态环境高水平保护、人民群众高品质生活、边疆民族地区高效能治理，全面依法治区既是重要内容也是重要保障，既是重大政治任务也是重大战略任务。自治区党委、政府坚持以习近平法治思想为根本遵循和行动指南，将法治建设摆在更加重要的地位，引领全区各级各部门把深入学习贯彻习近平法治思想和中央全面依法治国工作会议精神作为推进全面依法治区实践的主线，以中央依法治国办实地督察反馈意见整改落实为重要抓手，充分发挥法治固根本、稳预期、利长远的保障作用，加强组织领导、细化落实措施、强化统筹调度，扎实有序推进法治内蒙古建设，取得明显成效。

（一）持续深入学习贯彻习近平法治思想，确保法治建设始终沿着正确方向前进

一是强化科学理论武装。健全完善宪法宣誓、党委常委会学法、政府常务会学法等制度。召开自治区党委常委会会议、党委理论学习中心组学习会议，围绕“学习贯彻习近平法治思想，推进法治内蒙古建设”，深入研讨交流，检视问题不足，研究对策措施，推动自治区法治建设不断走深走实。各级各部门将学习贯彻习近平法治思想作为党委（党组）理论学习中心组学习重点，并将其纳入依法治区考核和

法治建设督察重点内容，推动领导干部自觉遵法学法守法用法。内蒙古党校（行政学院）、干部培训网络学院设置习近平法治思想等课程，推动学习教育向基层延伸。全区各级党委（党组）理论学习中心组共开展学习4500余次。加强习近平法治思想研究阐释，推动高等学校、科研院所及专家学者开展多级课题研究。

二是注重工作统筹部署。自治区党委召开常委会会议、全面依法治区工作会议，自治区政府召开党组会议、常务会议、全区法治政府建设会议暨依法行政领导小组全体会议，研究部署法治建设工作。印发贯彻落实习近平总书记在全面依法治国工作会议上重要讲话分工方案落实举措、《法治中国建设规划（2020—2025年）》实施方案、《法治社会建设实施纲要（2020—2025年）》落实举措，起草《法治政府建设实施纲要（2021—2025年）》实施方案，全面部署“十四五”期间法治内蒙古建设的各项任务。

三是推动党内法规落实。认真履行党委书记党内法规制度建设第一责任人职责，党的十八大以来，出台《内蒙古自治区党委坚决维护以习近平同志为核心的党中央权威和集中统一领导的规定》等党内法规151部。建立自治区党委党内法规工作联席会议机制，对260部重要党内法规逐一明确执规部门，提出执规要求，严肃查处违规行为，使党内法规真正成为硬约束。

（二）围绕中心谋划法治建设，努力为自治区经济社会发展提供良好法治保障

一是为自治区高质量发展提供法治保障。成立中央依法治国办督察反馈意见整改工作领导小组，自治区党委、政府多次召开会议研究部署整改工作，印发整改方案，将督察反馈的7个方面问题细化成42个具体问题，提出153项整改措施，明确完成时限、成果形式、责任单位、责任领导，组建工作专班，持续按月调度整改落实情况。统筹“十四五”期间经济社会发展和法治内蒙古建设，编制落实“一规划两纲要”方案举措、立法规划计划、“八五”普法规划，努力为坚定不移走以生态优先、绿色发展为导向的高质量发展新路子提供有力法治保障。

二是为重点任务提供法治保障。围绕法治保障堵点难点，及时推出加强新冠肺炎疫情防控法治保障“十项措施”，统筹推进疫情防控和经济社会发展；完善社会矛盾纠纷多元化解机制，打造覆盖全区的公共法律服务平台；出台巩固拓展脱贫攻坚成果同乡村振兴有效衔接的实施意见，制定加强法治乡村建设的落实举措，扎实推进政策衔接，以法治护航乡村振兴。

三是为优化营商环境提供法治保障。召开全区优化营商环境大会，加强政策引导，打造稳定公平透明、可预期的法治化营商环境。出台优化法治化营商环境12项措施，依法加强民营企业产权保护的意见，完善投诉举报研判回应机制。加强诚信政府建设，实行行政机关负责人出庭应诉月通报制度，做好法院执行攻坚、检察公益诉讼等工作，深入开展涉府执行积案清理，对执行工作落后地区党政主要领导进行约谈，全区364件涉党政机关执行案件，除法定中止事由案件，执结率达到100%。

四是为实施国家重大战略提供法治保障。建立长效机制，持续深化能源体制机制改革。扎实推动碳达峰碳中和工作，严格落实能耗“双控”要求；坚决遏制“两高”项目盲目发展，全面清理关于“两高”项目的不合理政策措施，从转变发展方式、调整产业结构、优化能源结构等方面综合施策。

（三）坚持以人民为中心，统筹推进自治区法治建设各项工作取得新成效

一是努力提升立法质效。加强党对立法工作的领导，牢牢把握正确政治方向，印发《关于进一步完善党领导立法工作机制的规定》，完善党委对立法工作重大问题决策程序、重大事项请示报告、重大立法事项审定制度，健全完善地方立法工作制度机制。修订完善《内蒙古自治区人大常委会重点立法项目督办办法》，人大常委会提前介入立法，杜绝部门利益和地方保护主义法律化。重点立法项目由自治区人大常委会分管副主任和自治区政府分管副主席“双组长”牵头督办，推进重点法规草案“双组长”工作制度化、规范化、常态化，增强立法的协同性。自治区政府提请自治区人大常委会制定地方性法规9件，修改11件，废止16件；制定政府规章2件，修改4件，废止24件。围绕以铸牢中华民族共同体意识为主线加强和改进民族工作，出台《内蒙古自治区促进民族团结进步条例》《内蒙古自治区教育条例》，修订《内蒙古自治区实施〈中华人民共和国国家通用语言文字法〉办法》，全面准确贯彻执行党的民族政策，依法妥善处理推行国家统编教材问题，扎实推进民族团结进步工作。在全区范围内通过公开遴选、择优聘请，组建了首批由74名专家、学者、实务部门领导组成的政府立法专家库，推动社会力量有序参与政府立法工作。制定《基层立法联系点管理办法》，畅通基层民众参与立法渠道，扎实开展立法协商。加强规章规范性文件备案审查监督和清理工作，坚决纠正和撤销一切违反宪法法律的法规规章和规范性文件。

二是扎实推进依法行政。健全领导干部学法用法机制，印发《关于进一步加强领导干部学法用法工作的实施意见》。修订《内蒙古自治区重大决策程序规定》，制定《内蒙古自治区重大决策社会稳定风险评估实施办法》，将法律顾问参与决策过程、提出法律意见作为依法决策中的重要程序，行政决策科学化、民主化、法治化水平进一步增强。推动自治区、盟市、旗县（市、区）、苏木乡镇（街道）政府法律顾问“四级覆盖”，实现全区1.3万多个嘎查村（居）法律顾问全覆盖。制定《内蒙古自治区党政机关法律专家库管理办法》，建立健全法律顾问考核等工作制度。加强行政决策执行监督，推动重大行政决策备案和目录管理工作，优化重大行政决策管理平台，利用现代化、智能化手段对重大行政决策执行情况进行日常监控。印发《政务服务标准化管理办法》，集约化建设一体化政务服务平台，打造自治区“一网通办”总门户，规范高效推进“一次办”“帮您办”工作，政务服务更加便民快捷。落实《内蒙古自治区基层综合行政执法条例》，修订《内蒙古自治区行政执法责任制规定》，进一步压实行政执法责任制落实，强化基层执法法治保障和能力建设。全面推行行政执法“三项制度”，聚焦行政执法的源头、过程和结果3个关键环节，规范行政执法行为。开展全区行政执法案卷评查工作，累计评查案卷3164卷。加大重点领域执法力度。开展食用农产品“治违禁、控药残、促提升”三年行动，完善重点品种监管名录清单，建立农兽药残留治理“两挂钩、两结合”机制。推进农村假冒伪劣食品整治行动，查处假冒伪劣食品案件651件。多部门联合实施“昆仑2021”“衣食住行”“春雷”“利剑”等专项整治行动。创新执法方式，呼和浩特市、包头市、呼伦贝尔市等地区结合实际制定出台了行政执法指导意见和异地执法协助制度的相关配套制度，对涉事企业轻微或一般违法行为实施柔性执法。出台《内蒙古自治区行政复议体制改革实施方案》，三级政府集中行使行政复议职责，全区增加80个行政复议内设机构和286名编制，改革取得阶段性成效。制定自治区复议申请审查标准和自治区行政复议案件办理繁简分流办法，发挥行政复议化解行政争议主渠道作用。依法预防处置重大突发事件，完善自治区总体应急预案、地震应急预案等5个专项预案和非煤矿山事故灾难应急预案等4个部门预案。加强应急救援力量建设，成立处置煤矿、非煤矿山、地震地质等5类25支应急救援队伍，提高突发事件依法处置能力。扎实开展法治政府示范创建活动。经严格初审评估和排名筛选，向中央依法治国办推荐3个综合示范创建候选地区和5个单项示范创建候选项目。鄂尔多斯市、兴安盟扎赉特旗、巴彦淖尔市五原县、乌兰察布市兴和县被授予平安中国建设示范市（县）称号，其中鄂尔多斯市、兴安盟扎赉特旗被授予“长安杯”。

三是深入推进司法公正。司法责任制综合配套改革逐步深化，以司法责任制为核心的基础性改革全部完成。完善员额遴选制度，出台法官检察官遴选委员会章程，将85%以上的人员集中到办案一线，入额领导干部办案实现常态化。实施员额动态调整，全区法检系统调剂分配法官员额、检察官员额，有效缓解基层人案矛盾，促进人案平衡。健全法院、检察院各类人员权责清单和履职责任指引制度。制定《全区法院“四类案件”监督管理办法》和三级检察院检察官权力清单（2021年版），办案机制进一步健全。组建审判团队2260个、检察办案团队1980个，专业把关作用得到有效发挥。执法司法监督制约制度建设逐步健全。成立法官检察官惩戒委员会，完善惩戒制度。出台《关于落实严格执行防止干预司法“三个规定”工作意见的若干措施》《贯彻落实〈关于加强政法领域执法司法制约监督制度机制建设的意见〉的若干措施》《贯彻落实〈关于加强新时代检察机关法律监督工作的意见〉重点措施》，开展司法工作人员职务犯罪侦查“百日攻坚行动”，持续推动执法司法监督、法律监督工作落实落地。坚决落实习近平总书记关于保护生态环境的重要指示，充分发挥公益诉讼作用，全面建立“河湖长+检察长”联动协作长效机制，探索建立“林长+检察长”协作机制，部署开展破坏草原林地违规违法行为专项整治行动和守护北疆草原林地公益诉讼专项监督活动。深入推进政法队伍教育整顿，进一步筑牢政治忠诚，全面正风肃纪、反腐强警，政法系统政治生态持续优化、纪律作风明显好转、素质能力得到增强，执法司法公信力进一步提高，群众满意度全面提升。推进落实命案防控工作两年行动计划，压实命案防控责任。严厉打击涉枪涉爆、黄赌毒、电信诈骗等违法犯罪，深入开展社会治安重点地区和突出治安问题排查整治。扫黑除恶专项斗争取得决定性胜利，扫黑除恶进入常态化新阶段。开展“对黄赌毒和黑恶势力听之任之、失职失责甚至包庇纵容、充当保护伞”专项整治行动，一批涉伞干部纷纷落马。自治区被评为全国扫黑除恶专项斗争先进省区。

四是强化多元预防化解。坚持和发展新时代“枫桥经验”，落实群众需求首办、信访首接责任，筑牢市域社会治理现代化的基础。全区各级各部门多次召开信访工作联席会议，推动案件实质化解。建立信访事项台账，落实领导包片包案责任制，定期通报督办督导。开展“化积案、促稳定”百日攻坚行动，妥善化解涉法涉诉信访事项。综合运用法律、政策多种方式和教育、疏导多种办法，引导群众依法理性表达诉求，推动信访问题在法治轨道上妥善解决。普遍建立“1、3、5分钟”出警制度，持续推进“雪亮工程”建设，实现盟市旗县视频联网全覆盖、公共区域和要害部位视频全覆盖。以“枫桥式派出所”、综治中心、司法所、矛盾排查调处中心建设为抓手，大力推进基层基础建设。实施“大数据+网格化”战略，制定党建引领基层网格化治理方案，推动党建网格和综治网格“双网融合”。加强诉源治理，制定《加强诉源治理推动矛盾纠纷源头化解重点任务分工方案》。全区设立人民调解组织1.6万个，基本建成多层次、宽领域、广覆盖的人民调解组织网络。各级人民调解组织调解矛盾纠纷9.56万件，调解成功率为96.8%。加强公安派出所与基层司法所之间的优势互补、信息资源共享和警力资源的高效合理使用。推行派驻制调解模式，在法院、检察院、公安机关、信访等部门建立人民调解工作室605个，推动和打造警调、律调、诉调、访调“四调对接”和人民调解、行政调解、司法调解的“三调联动”工作模式。出台《关于加强行政调解工作的意见》，细化行政调解流程，建立健全岗位责任制和重大争议纠纷讨论、争议纠纷排查、案件回访等工作制度，推动行政调解规范化建设。进一步完善刑释人员衔接管控长效机制，深入开展重点人员的管控工作，落实重大节日、重要节点领导干部包联重点社区服刑、刑满释放人员制度，在前期排查管控基础上，积极开展服刑人员信息核查以及刑释人员衔接管理、就业安置、困难救济等救助帮扶工作。印发《关于进一步做好疫情防控常态化条件下监狱刑满释放人员衔接安置工作的通知》，各地均成立刑满释放人员安置帮教工作协调小组，建立安置帮教工作站，实行网格化管理，执行刑满释放人员疫情信息零报告、日报告制度。未发生脱管、漏管及利用疫情期间煽动闹事和重新违法犯罪事件。

（四）坚持守正创新，党领导全面依法治区的制度机制日臻完善

一是强化组织领导。自治区党委全面依法治区委员会每年召开会议，安排部署法治建设工作任务，研究解决重大事项、重大问题。委员会下设立法、执法、司法、守法普法4个协调小组，负责督促落实委员会工作部署，依法治区办公室充分发挥职能作用，加强与各协调小组、各有关单位沟通协调与工作对接，统筹推进各项任务落实。

二是完善长效机制。出台“两规则一细则”等系列制度文件，建立由委员会、依法治区办、各协调小组齐抓共管的工作制度机制，各级党委全面依法治理机构体系全部建成，推进落实党委统一领导、人大监督、政府负责、各部门分工协作的法治政府建设“十二项机制”，全面扎紧法治建设制度的笼子。

三是加强考核督察。按年度制定全面依法治区考核指标，把法治建设成效作为衡量各级领导班子和领导干部工作实绩的重要内容，印发党政主要负责人述法工作方案，压紧压实推进法治建设第一责任人职责。开展党政主要负责人履行推进法治建设第一责任人职责及法治建设整改落实情况专项督察，对各盟市及20个区直部门开展实地督察，点对点反馈问题清单，及时跟踪督办。

二、存在的问题和2022年推进全面依法治区工作思路

一年来，法治内蒙古建设取得积极成效，但对标对表党中央、国务院要求和人民群众期盼，仍然存在一些差距和不足。例如，部分领导干部法治意识不强，法治自觉不够；立法质量有待进一步提升；法治政府建设部分任务落实仍不到位；执法司法不严、不公、不廉问题仍然存在；统筹协调法治建设工作的制度机制有待进一步健全；法治工作基层基础薄弱，法治工作人员力量不足、结构不合理、素质不高问题比较突出；基层法治人才“招不来、留不住”问题比较普遍。

2022年，全面依法治区工作必须坚持以习近平新时代中国特色

社会主义思想为指导，深入学习贯彻习近平法治思想，对标对表党中央、自治区党委决策部署，持续推进全面依法治区重点工作落实、落地、落细。

一是进一步加强党的领导，完善党领导全面依法治区制度机制。推进高素质法治工作队伍建设，贯彻落实新时代法治人才培养规划，加快发展律师、公证、仲裁、调解、司法鉴定等法律服务队伍。

二是扎实推进地方立法。加强重点领域、新兴领域立法，确保改革与立法同步推进、相互促进。持续开展法规规章规范性文件备案审查和集中清理工作，维护国家法治统一。

三是全面加强法治政府建设。严格执行重大行政决策法定程序，推进严格规范公正文明执法，健全政府守信践诺机制，着力营造法治化营商环境。

四是大力推进公正司法。持续深化执法司法责任体系改革，全力提升执法司法质效和公信力，促进司法公正高效权威。

五是深入推动法治社会建设。扎实实施“八五”普法宣传教育，全面落实“谁执法谁普法”责任制，推动全社会遵法、学法、守法、用法，提升全民法治素养。

供　　稿：白雪峰　姜新文　内蒙古自治区司法厅

内蒙古全面深化改革发展形势

摘要： 自治区党委全面贯彻落实习近平总书记关于全面深化改革重要论述和党中央改革决策部署。2021年，自治区党委深改委先后召开6次会议研究审议重要改革问题，全区全面深化改革取得新的成效，经济体制改革实现重点突破，政治体制改革稳步推进，文化体制改革纵深推进，社会体制改革成效显著，生态文明体制改革加快推进，党的建设制度和纪检监察体制改革不断深化。2022年，将进一步聚焦重点攻坚破阻、接续推进已部署的重大改革任务，跟进落实新发展阶段各项改革任务，着力推动产业和要素市场化配置、科技体制、营商环境、对外开放等各领域改革任务，着力强化改革任务统筹，推动改革和发展深度融合、高效联动，以扎实的工作作风和良好的精神状态保障各项任务举措落地落实。

关键词： 全面深化改革；体制改革；优化营商环境；对外开放

一、2021年工作总结

自治区党委全面贯彻落实习近平总书记关于全面深化改革重要论述和党中央改革决策部署，先后召开党委深改委会议6次，审议通过重要改革方案26个，听取农村牧区、优化营商环境、科技体制、能源领域汇报和有关负责同志抓改革落实述职30人次，开展了生态文明体制改革进展情况督察和重要改革方案落实情况阶段性评估，征集评选了年度改革优秀案例，纳入年度改革台账改革任务基本完成，全区全面深化改革取得重要成果。

（一）全力推进经济体制改革

出台进一步优化法治化营商环境的若干措施、营商环境评估实施办法（试行）。深化“证照分离”改革，对中央层面的523项及自治区范围内设定的18项涉企经营许可事项实施全覆盖清单式管理。修订行政事业性收费目录清单。建成市场监管综合政务服务平台，出台市场监管轻微违法责令改正事项清单。颁布实施《内蒙古自治区公共信用信息管理条例》。全力推动“一网办、掌上办、一次办、帮您办”，“综合一窗受理”系统在全区推开，新版“蒙速办”手机客户端上线运行，正在由“可查”向“可办”转变。出台建立健全政务数据共享协调机制，加快推进数据有序共享实施方案，推进政府服务便民热线归并优化，归并后统一为12345热线。深入实施“科技兴蒙”行动，“4+8+N”合作机制不断完善，“科技创新30条”政策措施接续落地，“三区两中心”建设稳步推进。出台科技计划“揭榜挂帅”实施办法（试行）。出台研发投入攻坚行动实施方案（2021—2025年）。强化企业创新主体地位，支持企业牵头实施重大科技项目20项，组建创新联合体100多个。开展职务科技成果赋权试点，制定尽职免责制度等配套政策。全力推动国家高新区“提质进位”。深化财税金融体制改革，稳步推进分领域自治区与盟市财政事权和支出责任划分改革，制定自治区本级国有金融资本出资人职责实施规定（暂行），深化税收征管制度改革。出台关于优化金融营商环境更好服务实体经济的若干措施，开展金融支持企业上市行动，积极发展绿色金融。出台国企改革三年行动方案，形成落实“1+N”政策体系和顶层设计的具体施工图。制定自治区直属国有企业在完善公司治理中加强党的领导的工作措施，推动制度优势更好转化为治理效能。积极稳妥推进混合所有制改革。深化农村牧区综合改革，衔接落实好第二轮土地承包到期后再延长30年政策，基本完成农村牧区集体产权制度改革全区试点任务。稳妥开展农村牧区宅基地制度改革试点和农村牧区闲置宅基地、闲置住宅盘活利用试点。构建全方位对外开放新格局，制定建设国家向北开放重要桥头堡行动方案，满洲里市满购中心市场采购贸易方式试点启动实施，制定进一步推进服务业改革开放发展的实施方案，落实国家分类放宽服务业准入限制政策。

（二）稳妥推进政治体制改革

健全完善人大及其常委会议事制度，起草形成自治区人大议事规则和常委会工作条例。民生实事项目人大代表票决制工作在县乡两级全面推行。出台在全区各级人大代表中开展铸牢中华民族共同体意识教育的意见。探索政协参与基层协商民主建设，依托400多家“政协委员之家”参与基层社会治理，推动政协工作向基层延伸。设置民主党派人士和无党派人士履职量化考评指标，支持和激励各民主党派和无党派认真参与各项协商工作。完成事业单位改革试点，自治区乡村振兴局正式挂牌运行。深化政法领域全面深化改革，出台关于落实严格执行防止干预司法“三个规定”工作意见的若干措施，开展专项整治行动。完善法官、检察官惩戒制度，制定实施惩戒委员会议事协调、委员管理、审查工作规范和惩戒工作程序规定。深化以审判为中心的刑事诉讼制度改革。推进公安机关执法办案中心建设。出台行政复议体制改革实施方案。制定常态化开展扫黑除恶斗争重点任务分工方案。制定加强诉源治理推动矛盾纠纷源头化解重点任务分工方案，加强矛盾纠纷源头预防、前端化解、关口把控。深入开展政法队伍整顿。建立常态化员额增补机制和退出机制。

（三）纵深推进文化体制改革

建立意识形态工作联席会议和舆情会商“九位一体”工作机制，制定意识形态重点领域负面清单，落实党委（党组）意识形态工作责任制追究办法。建立推动社会主义核心价值观入法入规入策联席会议工作机制。推进新时代文明实践中心建设，所有旗县区均已设置实体化机构。推进媒体深度融合发展，加快建立以内容建设为根本、先进技术为支撑、创新管理为保障的全媒体传播体系。深化国有文艺院团改革，强化国有文艺院团宣传思想战线主阵地作用，激发国有文艺院团创新创造活力。出台新时代乌兰牧骑政治建设方案，在自治区直属乌兰牧骑、土默特左旗乌兰牧骑等14支乌兰牧骑开展试点工作。实施城乡公共服务一体化建设，创新实施文化惠民工程，印发扶持发展农村牧区文化户实施方案。建立自治区对外宣传工作联席会议机制。

（四）全面推进社会体制改革

落实就业优先战略和积极就业政策，完善高校毕业生、农牧民工、退役军人等重点群体就业支持体系。深化职称制度改革，完成7个系列职称评审条件修订工作。开展职业技能提升行动，实施职业技能等级评价制度。深化教育领域综合改革，出台《全区民族语言授课学校推行使用三科统编教材全面加强国家通用语言文字教育教学工作实施方案》。扩大普惠性学前教育资源，全区普惠性学前教育覆盖率提高到68%。健全义务教育保障长效机制，启动县域义务教育优质均衡发展督导评估。深化“1+X”证书制度、现代学徒制试点。推进减轻义务教育阶段学生作业负担和校外培训负担。推进医药卫生体制改革，加强公共卫生体系建设，编制公共卫生应急体系规划，出台疾病预防控制标准化建设方案。加快构建分级诊疗体系，持续推进城市医疗集团和旗县域医共体试点。深化公立医院综合改革，出台公立医院高质量发展五年行动计划。健全覆盖社会保障体系，企业职工养老保险自治区级统筹工作通过国家验收，基金管理实现自治区统收统支。制定推进医疗保障基金监管制度体系改革若干措施，出台医疗保障基金使用监督管理办法。出台改革完善社会救助制度实施意见，构建分层分类、城乡统筹的社会救助体系。制定建立健全养老服务综合监管制度促进养老服务高质量发展的若干措施，推动监管模式向事中事后监管转变。完善共建共享的社会治理体系，开展安全生产专项整治三年行动。推进市域社会治理现代化试点，制定成员单位工作指引暨目标任务清单。

（五）加快推进生态文明体制改革

健全国土空间开发保护制度，编制形成自治区国土空间规划。落实全国重要生态系统保护和修复重大工程总体规划，谋划推动自治区3个重点生态区、5项重大工程、10项重点工程加快实施。自治区生态保护红线监管平台实现与国家平台互联互通测试。完成“三线一单”数据应用平台建设。深化自然资源资产产权制度改革，开展全民所有自然资源资产清查统计、资产核算和土地收储负债表编制试点工作。完成“房地一体”宅基地和集体建设用地使用权确权登记发证任务。制定自治区能耗预算管理方案（2021年版），对重点用能单位落实节能目标责任及措施精细管理。积极融入全国碳排放权交易市场，完成发电行业重点排放单位碳排放权交易配额预分配。出台进一步推进垃圾分类工作的实施意见。推进以国家公园为主体的自然保护地体系建设，完成全区自然保护地现地评估、调查、勘界，整合优化预案上报国家林草局。出台关于全面推行林长制的实施意见。推进国家草原自然公园试点。完成退化草原生态修复试点任务。深化农业水价综合改革，开展井灌区“以电折水”系数率定工作。

（六）深入推进党的建设制度改革

推进党的组织制度改革，贯彻落实《中国共产党组织工作条例》，推动把党的领导贯彻到组织工作各方面、全过程。结合市县乡换届严格贯彻落实《中国共产党地方组织选举工作条例》，严格履行换届程序，严肃换届纪律，苏木乡镇党委换届圆满完成，旗县（市、区）换届工作基本完成，盟市换届工作稳步推进。学习贯彻《中国共产党组织处理规定》，切实落实从严管理监督要求。深化干部人事制度改革，修订《内蒙古自治区加强领导干部政治素质考察办法》，结合换届人事调整全面加强政治体检。推进参公事业单位改革，制定参照公务员法管理单位审批实施办法。健全党的基层组织建设制度，健全完善自治区党委常委和省级党员领导干部党建工作联系点制度，推动全面从严治党向基层延伸、向纵深发展。贯彻落实中央关于防范和整治“村霸”问题的意见，制定印发专项工作方案，集中对 7 个方面开展专项整治。启动编制中长期人才发展规划纲要。

（七）全面推进纪检监察体制改革

推动政治监督具体化常态化，加强对党的理论和路线方针政策及重大决策部署贯彻落实情况的监督检查。制定关于加强对“一把手”和领导班子监督的意见，着力破解对“一把手”监督和同级监督难题。印发《内蒙古自治区纪检监察机关充分发挥监督保障执行促进完善发展作用的指导意见》，积极探索服务保障现代化建设有效举措。完善政治生态分析研判机制，建立区域政治生态评价指数。制定关于一体推进不敢腐、不能腐、不想腐的指导意见。加强上级纪委监委对下级纪委监委的领导，健全“室组”联动监督、“室组地”联合办案机制。推动巡视巡察上下联动，出台关于加强巡视巡察上下联动的意见。

二、2022年工作要点

2022年党的二十大将胜利召开，做好全面深化改革工作意义重大。2022年，全面深化改革初步安排如下。

一是深化经济体制改革。深入实施“科技兴蒙”行动，落实科技体制改革三年攻坚方案（2021—2023年），创新科技项目立项和组织管理方式，健全以需求为导向的项目形成机制。大力实施产业基础再造工程。加快电力市场体系建设，全面开展工业园区智慧化建设。制定自治区优化营商环境3.0版本政策。加快实施“互联网+政务服务”二期工程。深化“一次办”“帮您办”改革。深化预算管理制度改革，落实国家碳减排相关税费改革，加强地方政府债务管理，健全地方政府依法适度举债机制。深化城商行和农信社改革。完成国企改革三年行动任务。深化拓展区域合作，加强与其他省区在基础设施、科技创新、生态环保、产业发展等方面的务实合作。打破“属地观念”，加快呼包鄂乌一体化进程。

二是深化政治体制改革。制定贯彻落实习近平总书记在中央人大工作会议上的重要讲话精神和中央文件重点任务分工方案。发展全过程人民民主，加强基层立法联系点建设。加强和改进人民政协工作。深化政法领域全面深化改革。深化事业单位改革试点。深化推进群团改革。

三是深化文化体制改革。深化新时代文明实践中心建设。深化县级融媒体改革。加大文物保护力度，推进文物合理适度利用。深化文艺领域改革，深入实施文艺作品质量提升工程。深入推进自治区本级宣传文化系统单位所属国有文化企业脱钩改革工作。

四是深化社会体制改革。深化创业内蒙古行动，制定新一轮创业内蒙古行动实施计划。启动县域义务教育优质均衡发展评估认定，开展县域优质高中、特色高中、示范高中创建工作，巩固提升基础教育办学水平。抓好“双减”成果巩固、高考综合改革启动等重点任务，深入推进“双一流”建设，大力推进“技能内蒙古”建设。大力推进区域医疗中心建设。稳步推进疾病控制体系机构改革，加快疾控体系现代化建设。制定深入推广福建省和三明市医改经验的路径与方法。全面推进公立医院高质量发展。大力推进旗县域医共体医保综合改革试点。全面实施住院费用按疾病诊断相关分组付费、按照病种分值付费改革。

五是深化生态文明体制改革。加强国土空间用途管制，制定出台区域准入和用途转用许可制度规定。实施生态系统重大保护修复工程，强化山水林田湖草综合治理。构建以国家公园为主体的自然保护地体系，深入实施林长制。制定关于深入打好污染防治攻坚战的实施意见。继续推进自然资源资产负债表编制和统一确权登记工作。推动生态产品价值核算及结果转化应用常态化。进一步完善生态补偿机制。加快推进国家生态文明试验区申报工作。

六是深化党的建设制度改革。深入落实《中国共产党组织工作条例》，全面梳理现行组织制度和规范性文件，开展修订完善工作。建立干部到国家部委、先进地区、重点国企跟班学习机制。健全完善激励干部担当作为机制。制定《关于深化新时代党建引领城市基层社会治理的意见》。认真贯彻中央人才工作会议和《加强和改进新时代人才工作的意见》，完善和落实“强心活点”人才工作机制。

七是深化纪检监察体制改革。聚焦落实党中央重大决策部署和习近平总书记对内蒙古重要讲话重要指示批示精神，持续推动政治监督具体化常态化。持续加强对“一把手”和领导班子的监督工作。继续狠刹“四风”问题，持续整治群众身边腐败和作风问题。继续完善纪检监察机构双重领导体制和派驻监督体制机制。全面加强自身建设。

供　　稿：王国斌　内蒙古党委政研室改革协调处

专题篇

深入推动内蒙古黄河流域生态保护和高质量发展的建议

包思勤

摘要： 推动黄河流域内蒙古段生态保护和高质量发展，是内蒙古自治区在全国发展大局中必须承担好的重大政治责任，也是全面推进绿色低碳转型发展的迫切需要和历史机遇。我们要在高质量发展中实现高水平保护，在高水平保护中促进高质量发展，维护国家生态安全、能源安全、粮食安全、产业安全和保护传承弘扬黄河文化，展现内蒙古新担当、新作为、新气象。

关键词： 内蒙古；黄河流域；生态保护；高质量发展

推动黄河流域生态保护和高质量发展，是习近平总书记亲自擘画、亲自部署、亲自推动的重大国家战略。继2019年河南郑州座谈会后，习近平总书记于2021年10月22日在山东济南主持召开深入推动黄河流域生态保护和高质量发展座谈会并发表重要讲话，为新时代如何“把黄河的事情办好”指明了方向，提供了根本遵循。位于黄河上中游交汇处的黄河内蒙古段843.5千米，占黄河总长度的15.4%，处于黄河“几”字弯的顶部，地理位置独特；流域面积覆盖内蒙古中西部所有盟市，自然资源富集，城镇和产业集中，生态地位、经济地位、战略地位十分重要。推动黄河流域内蒙古段生态保护和高质量发展，是内蒙古在全国发展大局中必须承担好的重大政治责任，也是推进绿色低碳转型发展的迫切需要和历史机遇。我们要深入贯彻落实习近平总书记关于黄河流域生态保护和高质量发展系列重要论述和重要指示要求，坚定不移走以生态优先、绿色发展为导向的高质量发展新路子，努力在高质量发展中实现高水平保护，在高水平保护中促进高质量发展，维护国家生态安全、能源安全、粮食安全、产业安全和保护传承弘扬黄河文化，展现内蒙古新担当、新作为、新气象。

一、坚持生态优先，加大沿黄地区生态环境保护治理力度

（一）建立健全水耗“双控”制度

坚持深度节水控水，严格实施水资源消耗总量和强度“双控”制度。开展黄河流域水资源承载力综合评估，严格限制高耗水行业发展，对水资源超载区取水许可实行限审限批。对黄河干流和主要支流取水口全面实行动态监管，坚决抑制不合理用水需求。以河套等大中型灌区为重点，加快推进灌溉体系现代化改造，打造高效节水灌溉示范区。实施河套灌区水权转让工程。全面落实节水行动。强化节水约束性指标管理，严格用水全过程管理，全面推进农业、工业、城镇生活等各领域节约用水工作。开展重点企业节水和再生水回用改造，推进能源、化工、建材等高耗水产业节水增效。全面实行城镇非居民用水超定额（计划）累进加价制度。

（二）实施一批黄河流域生态系统保护修复工程

1.实施锁边防风固沙工程

设立沙化土地封育保护区，科学固沙、治沙、防沙。发挥黄河干流生态屏障和贺兰山、阴山等山系阻沙作用，实施锁边防风固沙工程，强化主要沙地边缘地区生态屏障建设，大力治理流动沙丘。重点推进乌兰布和沙漠锁边防风固沙工程。开展光伏治沙试点，因地制宜建设乔灌草相结合的防护林体系。

2.实施“一湖四海”沿黄湿地恢复与保护工程

加大乌梁素海、岱海、哈素海、黄旗海、察汗淖尔湖等五大重点湖泊湿地生态环境保护修复力度。在河套—土默川平原区、黄土高原

土地沙化区、内蒙古高原湖泊萎缩退化区等重点区域实施山水林田湖草沙生态保护修复系统治理。继续实施重点湖泊生态补水，力争2030年黄河流域湿地保护率达到40%以上。

3.实施黄河流域水土保持工程

提升水源涵养能力，突出抓好水土保持，减少入黄泥沙。推动阴山北麓和黄土高原水蚀风蚀交错、农牧交错地带水土流失综合治理。在晋陕蒙丘陵沟壑区积极推动建设粗泥沙拦沙减沙设施。切实推动十大孔兑等多沙粗沙区治理。

4.实施退化草原生态修复治理工程

大力推进黄河生态带建设，积极推广库布其治沙模式，大规模开展国土绿化行动。加强草原沙地林草保护修复，推进重点生态功能区内退耕还林还草、退牧还草、京津风沙源治理。整治改良河套—土默川平原区盐碱化耕地。推动大黑河等重要支流河源区生态修复。

5.实施黄河生态环境保护科技创新工程

加大黄河流域生态环境重大问题研究力度，聚焦水安全、生态环保、植被恢复、水沙调控等领域开展科学实验和技术攻关。开展沙漠边缘快速移动沙丘及沙漠化扩展区综合防治、典型草原区退化沙地生态系统恢复与保育等领域新技术研发。围绕内蒙古沿黄农牧交错区独特的生态特点，开展多样化种植生态恢复、退化耕地生态保育等领域技术研发。积极发展治沙先进技术和产业，扩大荒漠化防治国际交流合作。

（三）统筹推进流域环境污染系统治理

沿黄地区既是内蒙古经济社会发展的核心区和先行区，也是推进污染防治攻坚战的主战场。要坚持打好蓝天、碧水、净土保卫战，推进沿黄重点地区大气污染、水污染联防联控。统筹推进农业面源污染、工业污染、城乡生活污染防治和矿区生态环境综合整治，将节约用水和污染治理成效与水资源配置挂钩。着力强化黄河流域水污染防治，全力推动中央办公厅《黄河流域生态保护和高质量发展回访调研报告》反馈问题整改和重点断面水质改善。开展黄河流域矿区污染治理和生态修复试点示范，以准格尔—东胜区域为重点，建设自治区绿色矿山示范区。

（四）确保黄河岁岁安澜

加强黄河干支流堤防和防沙控沙工程建设，提高防洪能力。重点增强包头市、呼和浩特市、乌海市等城市的防洪能力。科学实施乌兰布和、小白河、杭锦淖尔等蓄滞洪区建设工程，构建以海勃湾、三盛公水利枢纽为调度核心的凌汛分洪体系。持续开展黄河“清四乱”行动。建设黄河流域水利工程联合调度平台，强化安全运行监管。

二、加快绿色低碳转型，着力推动沿黄地区高质量发展

（一）持续优化空间布局

以生态保护为前提，优化调整区域经济和生产力布局，生态功能区重点保护好生态环境；调整区域产业布局，把经济活动限定在资源环境可承受范围内；发展新兴产业，推动清洁生产，坚定走绿色、可持续的高质量发展之路。坚持把水资源作为最大的刚性约束，全方位贯彻“四水四定”原则。坚决落实以水定城、以水定地、以水定人、以水定产，走好水安全有效保障、水资源高效利用、水生态明显改善的集约节约发展之路。阴山山脉、贺兰山山脉，重点建设以水源涵养、防风固沙和生物多样性保护为主要功能的生态屏障。黄河“几”字弯区域，统筹谋划“一河一套两山两海四沙七城”的空间布局，打造现代能源经济示范基地，加快建设呼包鄂乌城市群。坚持走集中集聚集约的路子，大力培育新产业、新动能、新增长极，提高资源要素配置利用效率，推动新型工业化、城镇化和农牧业现代化内涵式发展。

（二）加快促进产业转型升级

1.推动建设绿色清洁能源基地

在碳达峰碳中和战略目标要求下，要严格落实能耗“双控”目标任务，进一步控制和减少上游高耗能、高排放产业规模，大力发展以绿色低碳为特征的新兴产业。合理控制煤炭开发强度，提高煤炭清洁高效利用水平，建设绿色清洁能源基地。推动煤炭由燃料向原料转变，多元发展煤基产业，打造煤基全产业链，做大做强做优全国规模最大、门类最全的现代煤化工产业体系。以新能源发展为主要抓手，积极发展风能、光伏、氢能、储能等产业集群，实施好新能源倍增、源网荷储、绿电输送、数字能源等重点工程，大力发展新能源装备制造业，构建新能源全产业链。

2.全力推进先进制造业发展壮大

加快提升钢铁、有色金属、化工等行业技术装备水平，有效推进设备更新和新产品规模化应用。实施智能制造工程，在有条件的地区先行建设智能制造示范工厂。建立绿色制造体系，推动实施绿色制造工程。在大规模储能、石墨烯、稀土、氢能、碳捕集封存、新能源汽车等领域开展前沿技术攻关，构建具有内蒙古优势特色的先进制造业核心产业体系。

3.大力发展生态高效农牧业

以河套—土默川平原为重点，大力建设高标准农田，发展节水型设施农业，开展绿色循环高效农业试点示范，打造河套灌区优质农畜产品生产加工产业集群。布局建设特色农产品优势区，大力发展沙漠农业和寒旱农业。建设优质奶源基地、现代牧业基地、优质饲草料基地，优化发展草食畜牧业。

4.加快建设具有国际影响力的黄河“几”字弯文化旅游带

内蒙古黄河流域有浩瀚沙漠、广阔草原、众多湖泊和湿地，是农耕文化与游牧文化交汇相融的过渡地带，作为多民族聚居区，这里有着深厚的历史文化底蕴，民族文化和红色文化资源丰富。充分发挥

“几”字弯的区位优势、资源优势，推进自然资源和文化资源相结合，加快建设具有国际影响力的黄河“几”字弯文化旅游带。推动建设一批展现黄河自然之美和文化风采的标志性旅游目的地。重点与毗邻地区共同推动打造世界级生态文化旅游目的地——蒙晋陕黄河大峡谷国家公园。“十四五”期间，力争在托克托县河口镇至清水河县老牛湾建成沿黄公路风景大道。

作者单位：内蒙古自治区社会科学院

着力打造我国向北开放重要桥头堡更好服务和融入新发展格局

包思勤

摘要： 内蒙古要肩负起、履行好服务国家经略周边和对外开放战略的重大政治责任，以参与共建“一带一路”和中蒙俄经济走廊建设为驱动，不断提升开放层次和水平，着力推动我国向北开放重要桥头堡建设取得重要进展，更好融入和服务以国内大循环为主体、国内国际双循环相互促进的新发展格局。

关键词： 桥头堡建设；发展现状；思路举措

把内蒙古打造成为我国向北开放重要桥头堡，是习近平总书记和党中央站在统筹国内国际两个大局的高度为内蒙古量身定制的战略定位。习近平总书记从2014年开始多次指示内蒙古建设好我国向北开放重要桥头堡，2021年参加十三届全国人大四次会议内蒙古代表团审议时再一次强调这一战略定位，并要求内蒙古深化改革开放，优化营商环境，积极参与共建“一带一路”，以高水平开放促进高质量发展。我们要全面深入贯彻落实习近平总书记的重要指示精神，担负起内蒙古在全国对外开放大局中的重要责任，深度融入和推动共建“一带一路”高质量发展，着力推动我国向北开放重要桥头堡建设取得重要进展，更好融入和服务以国内大循环为主体、国内国际双循环相互促进的新发展格局。

一、准确把握“把内蒙古打造成为我国向北开放重要桥头堡”战略定位的内涵和外延

搞清楚什么是桥头堡，是“把内蒙古打造成为我国向北开放重要桥头堡”的首要问题。首先，内蒙古地处祖国北疆，是祖国的北大门，外接俄蒙，内联八省，口岸众多，是向北开放的重要窗口，在国内国际双循环新发展格局中是“联通内外、辐射周边，资源集聚集散、要素融汇融通的全域开放平台”，在新时代国家总体外交布局中承担着践行“亲诚惠容”周边外交理念、贯彻“与邻为善、以邻为伴”方针的重大使命。其次，“向北开放”不只是对蒙古国、俄罗斯相邻国家开放，而是通过中蒙俄经济走廊建设纵深辐射欧洲和东北亚的大广角开放。最后，“向北开放重要桥头堡”，不是单指边境口岸一线而言，而是要推动形成内蒙古全域全方位、高水平开放新格局。因此，对于把内蒙古打造成为我国向北开放重要桥头堡的战略定位，要进一步提高认识、统一思想，遵照习近平总书记“登高望远”“三个跳出”的重要指示精神，要有宽广的世界眼光，有大局意识，要胸怀“两个大局”、心怀“国之大者”，不断提高政治判断力、政治领悟力、政治执行力，切实增强神圣的使命感、勇于担当的责任感和时不我待的紧迫感，奋力开创桥头堡建设新局面，在更好服务和融入国内国际双循环新发展格局中推动自治区经济高质量发展。

二、桥头堡建设进展情况及面临的主要问题

自2014年1月习近平总书记考察内蒙古时明确提出把内蒙古建成我国向北开放的重要桥头堡战略定位以来，内蒙古立足独特区位条件和口岸优势，不断探索对外开放的思路举措，陆续出台一系列相关政策文件，推动参与“一带一路”和中蒙俄经济走廊建设，发展沿边经济

和泛口岸经济，为桥头堡建设打下了一定基础。但是，对表对标新发展理念、新发展阶段、新发展格局，内蒙古在桥头堡建设上仍存在较大差距。时至今日，对外开放依旧是内蒙古经济社会发展的软肋和短板，以高水平开放促进高质量发展尚未完全破题，打造我国向北开放的重要桥头堡还停留在谋划起步阶段。

桥头堡建设滞后主要表现在以下几个方面。

一是构建开放型经济新体制步伐缓慢。开放发展意识淡薄，满洲里、二连浩特两个国家重点开发开放试验区建设等先行先试的改革收效甚微，经济发展主要依靠“内循环”，外贸依存度大大低于全国平均水平，在内蒙古落地的世界五百强跨国公司寥寥无几。

二是口岸优势没有很好地转化为开放优势。口岸布局分散，低水平重复建设严重，功能定位不够清晰，缺乏分工协作，同质化无序竞争，难以形成对外开放合力和竞争新优势。

三是基础设施建设滞后。如二连浩特铁路站场设计接卸能力为800万吨，而实际接运量已超出1倍。由于满洲里口岸和二连浩特口岸运输、换装、仓储能力不足，出现严重的口岸拥堵、班列积压、货物积压、口岸“卡脖子”问题，导致2021年上半年中欧班列经内蒙古进出境占全国比重大幅下降，由2020年的48.1%下降到31.9%。

四是中欧班列对内蒙古经济发展带动作用远未得到有效发挥。一方面内蒙古对过境中欧班列参与度不高，另一方面内蒙古始发中欧班列开行不多，2016年至今累计开行1100多列，而且去程班列本地货源占比低。

五是推动中蒙俄经济走廊建设进展缓慢。“五通”中的“政策沟通”停留于初步搭建政策框架阶段；“设施联通”基本上还在“纸上谈兵”，国际大通道等跨境基础设施建设进展缓慢；“贸易畅通”偏重于对俄蒙经济贸易合作，且进口远多于出口，长期囿于逆差型贸易结构，缺乏面向欧洲、东北亚的大经贸战略格局；“资金融通”无实质性进展；“民心相通”虽有一定基础，但推进力度不够，推进方式有待改进。

三、推进桥头堡建设的着力点及对策建议

（一）进一步完善桥头堡建设总体思路

要立足新发展阶段，完整、准确、全面贯彻新发展理念，以创新构建开放型经济新体制为动力，以积极参与推进“一带一路”和中蒙俄经济走廊建设高质量发展为契机，统筹推进“两个屏障”“两个基地”和“一个桥头堡”建设，更好服务和融入以国内大循环为主体、国内国际双循环相互促进的新发展格局，着力打造我国新时代高水平对外开放新高地，把内蒙古建设成为我国向北开放的重要门户、走向欧洲和东北亚国家开展经贸合作的重要通道和重要枢纽。

（二）进一步明确桥头堡建设目标

“十四五”时期，构建开放型经济新体制取得重大进展，外贸依存度提高到全国平均水平，外商直接投资和招商引资额实现倍增，100家以上世界五百强跨国公司在内蒙古落地，中蒙俄经济走廊建设取得标志性成果，全域开放格局基本形成。到2035年，开放型经济新体制全面形成，外贸依存度超过全国平均水平，300家以上世界五百强跨国公司在内蒙古落地，中蒙俄经济走廊建设走在“一带一路”六大经济走廊前列，全域高水平开放发展成为普遍形态。

（三）精准推进桥头堡建设重点工作

1.全面参与和务实推进中蒙俄经济走廊建设

加快推进中蒙俄经济走廊建设，是内蒙古融入和推动共建“一带一路”高质量发展、建设我国向北开放重要桥头堡的首要任务。要积极对接国家“一带一路”建设与“十四五”规划，修订完善或重新制定内蒙古参与建设“一带一路”和中蒙俄经济走廊实施方案。“十四五”时期，内蒙古要在中蒙俄经济走廊建设中充分发挥核心区和排头兵的关键作用，坚持共商共建共享原则，紧紧围绕“政策沟

通、设施联通、贸易畅通、资金融通、民心相通”展开务实合作，促进中蒙俄经济走廊建设取得实质性进展。要积极争取在国家层面加大协调力度，促进中蒙俄三方共同推动落实《建设中蒙俄经济走廊规划纲要》（以下简称《规划纲要》），推动中蒙俄经济走廊成为我国向北开放的核心。进一步对接蒙古国“发展之路”和俄罗斯振兴远东地区战略，从国家层面和自治区层面加快推进中蒙俄战略、规划、机制对接，加强政策、规则、标准联通。加快推进基础设施互联互通，特别是推动落实《规划纲要》中确定的一些标志性跨境基础设施工程，如集二线扩能改造项目、二连浩特—乌兰巴托—乌兰乌德中线铁路升级改造项目等。积极拓展多元化国际市场，加强与“一带一路”沿线国家的经贸往来，扩大与白俄罗斯、乌克兰以及中亚、西亚、中东欧国家的贸易规模，打通向西开放的国际经贸大通道；扩大与日本、韩国的经贸合作，打造面向东北亚开放的新窗口。深化国际产能、生态环保等领域合作，构筑互利共赢的产业链供应链合作体系，扩大双向或多边贸易和投资。坚持以企业为主体，以市场为导向，遵循国际惯例和债务可持续原则，健全多元化投融资体系。继续扩大中蒙俄三方教育、医疗、旅游、体育等社会人文领域的交流与合作。如教育方面，要抓紧推动解决中蒙两国基础教育学历互认问题，吸引更多蒙古国学生来我国学习汉语；如旅游方面，要推动中蒙两国实现团体旅游互免签证、我国8座以下客车出境自驾游，从而促进中蒙跨境旅游取得突破性进展。

2.推动构建更高水平开放型经济新体制

加快推进制度型开放，创建内蒙古高能级开放发展平台，着力夯实开放型经济发展的载体支撑，更好服务融入国内国际双循环。

一是积极盘活、充分发挥重点开发开放试验区、边境经济合作区、中俄蒙合作先导区、综合保税区等已有开放平台作用，重点在先行先试改革举措落地上下功夫，如在重点开发开放试验区、综合保税区全面复制推广自由贸易试验区改革试点经验。

二是进一步争取国家支持，重点推动建设中国（内蒙古）自由贸易试验区、内蒙古和林格尔新区（国家级），同时推动建立中蒙自由贸易区。争取赋予中蒙博览会我国向北开放重要桥头堡国家级展会职能定位，使其成为真正意义上的国际博览会，把中蒙博览会打造成为“一带一路”沿线各国展示国家发展成就、开展国际贸易的开放型合作平台。

三是按照共商、共建、共享中蒙经济合作特区目标，前瞻性谋划中蒙二连浩特—扎门乌德经济合作区体制机制框架。

四是统筹推进跨境电子商务综合试验区、综合保税区、保税物流中心（B型）、边民互市贸易区、外贸转型升级基地等建设。积极拓展跨境电子商务发展路径，推动形成“传统贸易+跨境电子商务”一体化发展模式；充分发挥综合保税区协调国内国际两个市场的独特优势，建立健全集综合保税区货物申报、通关便利、物流监管、风险防控、稽核查管理和优化服务于一体的海关监管体制机制；多元化发展保税物流中心（B型）进口保税仓储、出口退税、国际物流配送等业务，进一步优化辖区外贸产业结构。

五是以贸易投资自由化便利化为重点，积极探索和推动实施自由贸易政策制度体系，全面优化市场化、法制化、国际化营商环境。

3.开创高水平服务和融入国内国际双循环的生动局面

加强口岸和腹地联动发展、融合发展、一体化发展，努力把内蒙古打造成为国内大循环的重要节点和国内国际双循环的战略交汇点。全面扩大和深化国内区域合作。“十四五”时期，要深入落实国家区域重大战略和区域协调发展战略，加强内蒙古同京津冀、长三角、粤港澳和成渝地区的交流合作，务实推进同东北三省、沿黄各省区的互惠合作。加快推动同相关省区建立健全协同开放、合作发展机制，推进西部陆海新通道、锡赤朝锦陆海大通道等陆海联动的国际商贸新通道建设。进一步加强国际经贸合作。例如，可依托策克肉类口岸，强化与蒙古国农畜产品生产加工业合作，利用蒙古国丰富的畜产品资源，在已建成的策克畜产品及肉类进口指定口岸实现规模化批量进口。充分利用阿拉善盟及蒙古国优质农畜产品，加强农畜产品深加工合作，共同打造面向中东地区的清真农畜产品加工输出基地。

4.推动组建内蒙古口岸集团

着力改变内蒙古口岸布局分散、孤立式运行、同质化竞争状况，推动全区口岸一体化、协同化发展。借鉴浙江省整合港口资源，推动宁波舟山港等港口群跨越发展的经验，内蒙古应整合口岸资源，明晰各类口岸功能定位，清理“僵尸”口岸，尽快研究提出组建内蒙古口岸集团的实施方案。坚持以资产为纽带推进全区口岸资源整合，同时加强与沿海港口运营商的合作，共同推动口岸重大项目建设。坚持口岸规划、建设、管理“一盘棋”，口岸交通、物流、信息“一张网”的总体要求，统筹推进口岸一体化发展，从根本上实现全区口岸资源的统筹管控和高效利用，在更高层级上建设国际口岸，推动陆海统筹、内外联动发展。

5.发展壮大班列经济

进一步提高对过境内蒙古中欧班列的服务能力和水平，积极主动对接重点省区中欧班列始发地，推动中欧班列增量扩容。由内蒙古统一协调、集中全区中欧中亚班列计划，优先保障区内货物的出口发运。积极与铁路部门联合研究推进满洲里、二连浩特铁路口岸“重进重出”运输模式，提升中欧班列运量和运行效率。推动中欧班列发展“班列+园区”“班列+基地”等新模式，加快建设中欧班列二连浩特基地、满洲里进口钾肥产业园区等关键性项目，引领班列经济摆脱“通道经济”单一模式，构建集国际联运、仓储、加工和金融服务于一体的综合性供应链服务体系。

作者单位：内蒙古自治区社会科学院

内蒙古在中蒙生态合作中的重要地位与路径选择[1]

杜淑芳　任丽慧

摘要：中蒙两国进行生态合作，是两国维护生态安全、保护生存环境及可持续发展的长远利益的需要。内蒙古在国家生态安全战略中的地位举足轻重，而且在中蒙生态合作中的作用至关重要。内蒙古可以抓住国家推进生态文明，建设美丽中国、参与全球生态治理、建设绿色“丝绸之路经济带”的机遇，完善生态治理体系和治理能力现代化，深度参与中蒙生态合作，完善次区域合作模式，积极承接国家援蒙生态项目，提升服务国家外交大局的水平，鼓励内蒙古生态企业走出去，助力向北开放绿色经济带建设。

关键词：中国；蒙古国；生态合作；生态安全屏障

进入新时代，随着习近平生态文明思想和外交思想的不断践行，中国正不断走向绿色发展的生态文明新时代。我们不但要建设美丽中国，而且要加强国际生态合作。深度参与和引领全球生态治理，与邻国的生态合作尤为重要。

[1]　本文系国家社会科学基金2019年度一般项目“绿色‘一带一路’和生命共同体视域下中蒙生态合作机制研究”（批准号：19BMZ142）阶段性成果。

一、蒙古国生态环境对我国的影响

中蒙两国地缘相邻相依、山水相连，蒙古国的一些生态环境问题会跨境给我国的生态环境造成严重影响。蒙古国境内已有12%的河流和21%的湖泊完全干涸，上百条干涸河流的淤积泥沙成为沙尘暴沙源的主要来源之一。蒙古国76.8%的土地已遭受不同程度的荒漠化，若进一步扩展，有可能与内蒙古的呼伦贝尔沙地、锡林郭勒乌珠穆沁沙地和浑善达克沙地相连。蒙古国的森林草原火灾、植物病虫害等经常蔓延到我国境内。蒙古国平均每年有85.8万公顷森林遭受火灾，与蒙古国交界的兴安盟、呼伦贝尔市和锡林郭勒盟春秋季节容易受蒙古国越境林草火灾的影响，每年内蒙古开设防火隔离带都需要投入大量的人力和物力。

二、内蒙古在中蒙生态合作中的重要地位和作用

（一）内蒙古在国家生态安全战略中的地位举足轻重

2019年，习近平总书记在参加十三届全国人大二次会议内蒙古代表团审议时强调，把内蒙古建成我国北方重要生态安全屏障，是立足全国发展大局确立的战略定位。《全国生态功能区划（修编版）》确定的63个重要生态功能区中，内蒙古有10个，占16%。在国家“两屏三带”生态安全屏障格局中，内蒙古是“北方防沙带”和“东北森林屏障带”的主要组成部分。

内蒙古防风固沙生态功能强大，防风固沙生态功能区占全国防风固沙生态功能区总面积的24%，生态系统防风固沙率为53%左右，是“三北”地区乃至全国的“挡沙障”。内蒙古是我国的碳汇库，《中国碳平衡交易框架研究报告》显示，内蒙古碳汇量占全国碳汇总量的17%，在31个省区中内蒙古碳汇量最高，内蒙古生态系统固碳功能将

对我国实现“双碳”目标和全球碳循环做出重要贡献。2021年，《内蒙古自治区国土空间规划（2021—2035年）（草案）》中，划定生态保护红线59.69万平方千米，占全区国土面积的50.46%，生态空间国土面积占全区的72%左右，内蒙古正逐步构建集草原、森林、湿地、沙地于一体的全域生态安全格局。

（二）内蒙古在中蒙生态合作中的作用至关重要

内蒙古与蒙古国毗邻，边境线占中蒙边境线的67%。蒙古国的沙尘暴、林草火灾、蝗灾等自然灾害跨境进入我国，直接影响内蒙古及我国北方地区。内蒙古可以积极发挥生态屏障作用，减弱甚至阻挡这些跨境生态问题对华北地区乃至全国的影响。

内蒙古与蒙古国地理环境、气候条件、地表植被、生产生活方式相似，面临着许多共同的生态环境问题，许多生态治理方面的经验、技术，双方可以互学互鉴，互利共赢。中华人民共和国成立以来，内蒙古集众智、汇众力，坚持不懈，生态文明建设取得了显著成就，积累了丰富的经验，有很多成功案例。位于鄂尔多斯的库布其沙漠是全球唯一被整体治理的沙漠，植被覆盖率达到53%，是全世界防治荒漠化的样本。阿拉善盟的菌草种植技术集生态效益、经济效益、社会效益于一体，菌草可以做牧草饲料和培养药用食用菌，大面积种植可以防风固沙，防止水土流失，既可以使当地居民脱贫致富，又能进行生态治理，还具有发电、造纸、固炭功能。这些生态文明建设的经验和技术，是内蒙古参与中蒙生态合作的基础。

三、中蒙生态合作中内蒙古的路径选择

（一）贯彻新发展理念，深度参与中蒙生态合作

以习近平外交思想和生态文明思想为指导，立足新发展阶段，主动谋划，强化顶层设计，积极融入国家外交大局，踊跃参与绿色丝绸之路建设，提升对蒙古国生态合作能力和水平。研究中蒙生态合作重

点任务及主要领域的合作方案，充分发挥内蒙古向北开放桥头堡和祖国北疆生态安全屏障的优势，加强与蒙古国的次区域生态合作，全方位、宽领域、多层次推进。构建畅通的生态合作机制，互学互鉴绿色发展经验，共创共享生态治理成果。加强生态外事管理和服务水平，积极为中蒙生态敏感热点问题提供应对方案，将内蒙古建设成为国内国际生态文明高地，为构建中蒙命运共同体、生命共同体贡献内蒙古力量，为中国参与和引领全球生态治理贡献内蒙古智慧。

（二）完善次区域合作模式，共商共建合作新机制

在绿色"一带一路"倡议框架下，智力先行，加强内蒙古和蒙古国智库的交流合作，成立国际生态研究组织联盟，扩大联合开展生态研究的领域，加大合作力度，充分发挥智库的民间外交功能，共商生态文明建设之计，共谋人与自然和谐共生之道。利用双方智库的技术性、政策性等前瞻性研究，更好地为双方各级政府部门提供决策咨询、规划建议、项目评估等服务，为企业到国外投资提供环境评估指导和建议，以保障和支撑生态合作的顺利进行。

完善政府协商机制，理顺法律政策障碍，建立沟通平台，成立协调机构，同时借助建设中蒙俄经济走廊成立的地方工作协调机构，接洽中蒙生态环境政策标准，增进共识，签订重点生态环境问题合作备忘录。完善双方对应的生态环保部门之间的交流合作机制，共享数据资料，争取在深化生态合作上迈出实质性步伐。

（三）积极承接国家援蒙生态项目，提升服务国家外交大局的水平

对外援助是中国发展国际合作的重要形式和主要内容。中华人民共和国成立70多年来对外援助成效显著，已向全球160多个国家和国际组织提供了国际援助，在履行大国国际责任、助力中国与世界共同发展、构建人类命运共同体、合作共建"一带一路"中发挥着重要作用。把内蒙古建成我国向北开放的重要桥头堡和充满活力的沿边经济带，在建设"丝绸之路经济带"尤其是中蒙俄经济走廊框架下，既是国家赋予内蒙古的重大责任，也是内蒙古的重要发展契机。蒙古国是我国经常性援助的国家之一，要抓住国家对蒙援助机遇，积极承接国家对蒙生态技术援助及示范项目，促进与蒙古国在生态领域合作的突破，为构建中蒙睦邻友好关系注入更多生态元素。设计好、服务好、管理好已承接的援蒙生态项目，在服务国家总体外交中做出更大贡献。

（四）鼓励生态企业走出去，助力向北开放绿色经济带建设

新时代内蒙古要走的是生态优先，绿色发展为导向的高质量发展新路子，要不断践行“创新、协调、绿色、开放、共享”的新发展理念，三产逐步向绿色、低碳转型，响应国家号召，内引外联，西部大开发和向北开放并举。近年来，西部的阿拉善盟、鄂尔多斯市、巴彦淖尔市、乌海市涌现出一些生态企业，从产业角度分主要有抗旱草业、沙区中药材开发业、沙区生态经济林产业、生态修复产业、节水园林产业、沙漠旅游休闲业、可再生能源产业、沙区畜牧业等，低碳环保，发展潜力很大，既“治沙”又“致富”。政府可以提供政策支持，鼓励这部分企业走出去，因为生态企业具有公益性和生态型特点，更容易被蒙古国接受，这样既可以拓展企业发展空间，服务于向北开放绿色经济带建设，又有利于治理和修复蒙古国生态环境。

作者单位：内蒙古自治区社会科学院

“双碳”背景下亟须加快提升内蒙古林草碳汇能力和价值

王　薇

摘要：内蒙古林草生态系统碳储量和增汇潜力巨大，但发展林草碳汇存在一些亟待解决的突出问题。下一步需要提高全社会对林草碳汇重要性的认识，增强林草碳汇功能，提升林草碳汇计量监测水平，加快林草碳汇交易市场建设，加大对林草碳汇资金支持力度，通过提升内蒙古林草碳汇能力和价值，助力“双碳”目标实现。

关键词：“双碳”；林草生态系统；碳汇能力；碳汇价值

为实现2030年碳达峰和2060年碳中和目标，在优化产业结构、能源结构减少碳排放的同时，要提升生态碳汇能力，增强碳中和能力。2021年，在中央财经委员会第九次会议上，习近平总书记强调，要有效发挥森林、草原、湿地、海洋、土壤、冻土的固碳作用，提升生态系统碳汇增量。内蒙古拥有丰富的林草资源，碳汇潜力和价值巨大，必须千方百计提高林草碳汇能力，服务于国家和自治区“双碳”目标。

一、内蒙古林草生态系统蕴含巨大碳汇潜力

内蒙古在发挥林草资源固碳作用上潜力巨大，境内拥有森林、草原、湿地等丰富多样的自然形态，是我国北方面积最大、种类最全的生态功能区。相关研究显示，全世界陆地生态系统有机碳储量分布

中，森林占39%—40%，草地占33%—34%，农田占20%—22%，其他占4%—7%。内蒙古现有森林3.92亿亩、草原13.2亿亩，均居全国第一位；湿地9016万亩，居全国第三位。全区森林覆盖率23%，草原综合植被盖度45%，森林和草地总碳储量分别为10.3亿吨和9.2亿吨；全区泥炭沼泽总面积50.07万公顷，总碳储量约2.64亿吨。以上数据表明，内蒙古生态系统尤其是森林、草原系统碳储量和增汇潜力巨大。

二、内蒙古发展林草碳汇存在的突出问题

（一）社会对林草固碳潜力认识不一，重视不够

化石能源是主要碳源，虽然通过大力发展太阳能、风能、核能等新能源替代高碳化石能源从而实现碳减排已成为社会共识，但全社会对林草生态系统的固碳能力、减碳潜力还没有达成广泛共识。人们对森林碳汇比较认可，但对草原等其他生态系统的碳汇能力和潜力还存在不少争议。部分人认为，目前林草碳汇中碳排放的比重还不够高，增加林草碳汇不如建核电厂、水电站、光伏电站的减碳效应大、见效快，没有充分认识到修复退化草原、退化耕地、废弃矿山，提高森林、草原覆盖率和土壤有机质含量在固碳增汇、降低潜在碳源等方面存在的巨大潜力和价值。

（二）林草碳汇核算方法不成熟，计量监测不到位

科学的核算方法是碳汇交易的基础。目前，国内已经设计出多种森林和草原碳汇的计量监测方法，但是由于植物种类、土壤类型和利用现状的不同，林草碳汇计量存在着复杂性，部分碳汇计量方法缺乏实用性，尚未被广泛应用；很多林草碳汇计量监测还缺乏适合的方法支撑，尤其是草原碳汇方面。因此，急需更多相关方面的专家开展研究，为内蒙古林草碳汇计量监测提供技术支持和创新研究。

（三）林草碳汇交易市场不健全，碳汇价值难以体现

目前，我国已经开展林草碳汇市场交易，主要是森林碳汇，但森

林碳汇交易也仅限于自愿市场，交易量较小。在草原碳汇交易方面，目前处于空白状态，甚至没有被纳入清洁发展机制项目中，只能在自愿交易市场中交易。此外，森林、草原碳汇交易中还存在碳汇产权界定、计量、确认等问题，林草碳汇市场不够成熟，碳汇价值无法充分体现。

（四）碳交易价格偏低，不足以弥补固碳成本

2017年，内蒙古大兴安岭林区完成第一笔林业碳汇交易，平均价格为18.8元/吨。2021年以来，我国8个试点省市碳交易价格从最低7.4元/吨到最高87.5元/吨不等，价格偏低。经测算，生态固碳边际成本平均约为300元/吨。据碳定价高级别委员会估计，要想低成本高效益地实现《巴黎协定》温控目标，每吨二氧化碳定价在2020年前至少达到40—80美元，在2030年前达到50—100美元。由于当前碳汇价格低，不足以弥补固碳成本，森林、草原增汇的市场激励不足。在没有补贴的情况下，市场无法形成林草碳汇有效供给。

三、提升内蒙古林草碳汇能力和价值的建议

（一）提高全社会对林草碳汇重要性的认识

配合国家林草机构改革，加强林草碳汇与生态保护相关法律法规建设，加大对地方政府、企业和农牧民碳汇交易相关法律法规与政策的宣传教育力度。将碳汇指标纳入内蒙古林草生态修复及综合治理工程相关评价指标体系。对林草碳汇的价值进行补偿，提高全社会对林草碳汇的认知程度，提高增加碳汇的积极性。

（二）增强内蒙古林草碳汇功能

一是开展大规模国土绿化行动。按照《全国重要生态系统保护和修复重大工程总体规划（2021—2035年）》，围绕黄河重点生态区、“东北森林屏障带”和“北方防沙带”，深入实施生态保护和修复工程，不断增加森林面积和森林蓄积。

二是加大天然林资源和草原保护力度。全面推行林长制，强化林草执法监督，巩固停止天然林商业性采伐成果。严厉打击各类破坏林草资源违法违规行为。加强森林草原防火，最大限度地减少火灾损失。开展林草有害生物防治，加强草原鼠虫害防控。

三是提升林草质量。实施森林质量精准提升工程，以森林抚育、退化林分修复、灌木林平茬复壮、退化草原改良为突破口，全面提升林草质量，增强生态功能，培育健康、稳定、优质、高效的林草生态系统。

（三）提升林草碳汇计量监测水平

开展森林、草原和湿地等生物碳汇长期监测与研究，探索低碳型草原畜牧业，开展森林、草原与湿地等生物碳汇的计量监测实验与示范工作，局部试点，稳步推进，在国家森林草原碳汇相关计量方法的基础上，构建符合内蒙古实际、国际国内认可的林草碳汇计量和监测方法体系并加以应用，每年公告林草碳汇的数量和分布，解决碳汇有多少和碳汇在哪里的问题，为全区林草碳汇工作可持续发展打好基础。

（四）加快林草碳汇交易市场建设

开发林草碳汇产品、建设林草碳汇交易市场是一项重大战略，是推动生态文明建设、实现绿色发展的重要抓手。内蒙古是我国北方重要生态屏障，森林、草原面积大，碳汇潜力大，建设林草碳汇交易市场对于促进内蒙古生态建设和实现碳达峰碳中和具有重要的战略意义。

一是尽快建立碳汇市场体系，完善价格形成机制，解决谁提供碳汇谁受益的问题，使碳汇市场能够体现碳汇的成本和价值。

二是加强碳汇项目设计、监测、报告、监管，培养专业人才，引进和培养熟悉草原、森林碳汇经济的专门人才。

三是建立碳税激励和保险保障机制，鼓励高排放企业优先购买林草碳汇产品。

四是加强横向合作，强化示范引领，完善配套体系，推动碳汇经济发展，建设国家林草碳汇经济先行示范区，实现固碳增汇增绿，农牧民增收，达到碳汇经济发展与生态环境保护双赢的发展目标。

（五）加大对林草碳汇资金支持力度

在现有国家生态补偿政策的基础上，大力推进碳汇补偿，将林草碳汇纳入生态补偿范围。积极探索国家财政补贴方式、标准，弥补碳汇成本，激励各主体增加碳汇积极性。推动森林、草原等生物碳汇工程建设，完善相关体制机制，通过税收优惠等方式，撬动和引导社会资金，增加林草碳汇供给。

作者单位：内蒙古自治区社会科学院

发挥产业优势，推进羊绒产业转型发展

李　超

摘要：内蒙古羊绒产量位居全国首位，羊绒纺织业是优势特色产业。“十四五”期间，完善羊绒产业链是内蒙古发展现代化畜牧业的重要内容。但资金投入不足、产业集中度不高、羊绒产业不公平竞争以及蒙古国羊绒进口量的减少制约着内蒙古羊绒产业的进一步发展。内蒙古需在拓宽融资渠道、提高农牧民组织化程度、打造羊绒产业园等方面加强工作，推进羊绒产业在转型发展中做大做强。

关键词：羊绒产业；转型；发展

《内蒙古自治区国民经济和社会发展第十四个五年规划和2035年远景目标纲要》指出，大力发展现代畜牧业，合理发展农畜产品精深加工，完善羊绒等农畜产品产业链。内蒙古是我国绒毛产品生产的重要基地，羊绒纺织业是优势特色产业，在内蒙古10个国家级外贸转型升级基地中，羊绒制品基地占3个。尽管自治区对羊绒产业的发展加大了扶持力度，但在推进羊绒产业的转型发展方面仍存在一些问题。

一、当前内蒙古羊绒产业发展存在的主要问题

（一）资金投入不足

羊绒资源的稀缺性和收购的季节性决定了羊绒产业是资金密集型产业。内蒙古现有金融部门或担保机构提供的贷款支持，主要面向规模大、带动就业明显的羊绒加工企业及对外出口企业，而内蒙古的

羊绒产业以中小企业为主，它们不易获得财政扶持，资金不足仍是限制其发展的瓶颈问题。此外，羊绒产业新技术的研发和应用也需要大量资金。由于缺乏推广经费，羊绒生产应用技术不能大面积使用，如绒山羊人工授精技术、一年两产或两年三产、羔羊早期补饲技术等有效提高优良种羊利用率和繁殖率的实用技术。诸如胚胎移植、同期发情、营养调控、分部位抓绒等新技术，也因受资金投入不足等因素的制约，开展有限，覆盖面不大。

（二）尚未形成产业化集中发展

内蒙古羊绒产业存在产业集中度不高、区域要素缺乏整合、区域集群竞争优势不明显等问题，主要体现在农牧民专业合作组织和产业园区的打造缺乏力度，制约了内蒙古羊绒产业竞争力的提升。内蒙古绒山羊养殖仍以分散经营为主，农牧民组织化程度较低，绒山羊养殖专业合作社治理结构松散，难以发挥有效作用。内蒙古羊绒加工企业众多，但企业规模和年生产力存在很大差异，产业集中度较低。尽管自治区政府于2013年出台了《内蒙古自治区人民政府关于振兴羊绒产业的意见》（以下简称《意见》），强调“推进重点羊绒产业园区建设”，但目前内蒙古重点羊绒产业园区的建设仍未形成规模，一些地方政府对《意见》提出的措施落实工作不是很到位，对羊绒产业园区的建设缺乏足够的积极性。比如，鄂尔多斯规划建设的现代羊绒产业园区虽已投入使用，但尚未形成产业聚集效应。

（三）面临国内羊绒企业的不公平竞争

根据海关规定，持有核销手册（来料加工手册）的企业，将进口洗净绒（主要为蒙古国羊绒）分梳加工成无毛绒后，须按海关核准的来料加工数量对外出口。由于其他省份部分办理核销手册的企业弄虚作假，以非进口原料（国内成本较低的短绒、羊绒回丝绒或者国产白绒）替代蒙古国无毛绒进行核销发出，将大部分没有缴纳海关关税的蒙古国无毛绒留在国内销售以赚取巨大利润（海关监管难度大，无法有效分辨核销出口无毛绒品类）。与上述企业相比，内蒙古通过代办公司正常办理入关手续采购蒙古国洗净绒的企业或个人，在成品无毛绒成本价格方面就存在较大差距（根据计算，2020年分梳绒成本价格差距为10.8万元/吨至12万元/吨），这对其采购、接单、销售等方面产生了严重的负面影响，导致内蒙古按国家合规合法途径进行正常原料采购业务的企业无法参与公平合理的竞争，面临生存和发展难题。

（四）蒙古国羊绒进口量减少

内蒙古的进口羊绒全部来源于蒙古国。2020年1—7月，内蒙古进口羊绒0.06万吨，同比下降48.6%。下降原因除受疫情等因素影响，河北清河保税仓的建立及影响也为主因之一。河北清河本已形成大规模的羊绒贸易和加工市场，2018年河北清河保税仓运营后，其双重叠加优势导致内蒙古经二连浩特口岸进口的羊绒逐步流向清河报关，使得内蒙古羊绒进口量逐年减少。

二、加快羊绒产业转型发展的建议

（一）重视育种资金的投入，解决中小企业融资难问题

支持羊绒骨干企业进行技术创新与改造，探索拓宽融资渠道。恢复内蒙古羊绒产业专项发展资金的发放工作，并对其以往的产业扶持效果进行阶段性评估，从而拟订新一轮的投放计划，更好地统筹用于绒山羊“保种工程”、科技创新推广、专业合作组织建设和基地发展等。通过项目建设引资，政府提供一定的启动资金，与龙头企业联动建立羊绒应用技术发展与推广项目。在对中小企业的贷款方面，鼓励担保机构为中小企业提供信用担保和融资服务，与金融部门共同协商，探索降低银行贷款审批门槛的有效路径，并试点实施。

（二）提高农牧民组织化程度，打造羊绒产业园

政府应加强政策引导和扶持，通过贷款优惠等扶持政策，引导种羊场或规模养殖场成立规范的绒山羊养殖专业合作社，提高农牧民的组织化程度，建设一批中小型农牧民良种繁育联户。内蒙古要统一规

划，将加快国家级外贸转型升级基地的建设工作与羊绒产业园的打造工作相结合，将羊绒这一特色产业置于主导产业的位置，在呼和浩特市、鄂尔多斯市、赤峰市等羊绒企业密集地区，落实羊绒产业园的建设工作。一是加强企业引流。在厂房租用、水电费、税收等方面给予优惠政策，积极引导鼓励商户入驻。二是聚焦产业链打造。羊绒文化产业园应围绕羊绒全产业链模式（包含纺织原料、生产加工、市场销售、科技研发等产业链主要环节），配有现货交易、博览展示、电子商务、科技研发、生产设备加工、物流配送、游客集散等中心，汇聚产业链各环节的中小企业，培育园区的可持续发展能力。三是推动宣传推广。园区可借助当地羊绒产品的特色进行宣传推广，例如呼和浩特羊绒和呼和浩特羊绒围巾是内蒙古第一例非农产品类别、第一例工业纺织品类、第一例以首府命名的地理标志，可以借此打造呼和浩特羊绒园区的整体形象，提升园区影响力。

（三）应对区外企业的不正当竞争，维护内蒙古羊绒企业利益

政府相关部门与企业共商对策办法。一是协调海关加强监管，力争避免进口蒙古国羊绒出口国产绒这一窜料行为的常态化。二是应以中蒙自由贸易协定联合可行性研究为契机，呼吁国家取消蒙古国羊绒进口关税，从根本上解决羊绒行业的不公平竞争问题。中国每年进口蒙古国洗净绒数量约4200吨，2020年海关关税加增值税核算到洗净绒重量上为6.95万元/吨（不包含代办费），海关关税总额约3亿元。羊绒在整个国家海关关税中占比较小，全面取消进口关税对于国家财政收入的影响微乎其微，但对于内蒙古羊绒产业或从业者来说是巨大的利好政策，也会对整个羊绒行业规范起到积极的引导作用。

（四）促进蒙古国羊绒回流，扩大对蒙古国羊绒产业合作

将羊绒纳入二连浩特互市贸易区进口落地加工商品名录，享受互市贸易区免税进口优惠政策，并尽快开展进口落地加工试点工作，促进流向清河的蒙古国羊绒回流，带动当地羊绒产业发展。此外，中蒙两国羊绒产业合作具有较强互补性，内蒙古应发挥区位优势，在国内掌握对蒙古国羊绒产业合作的话语权。一是同蒙古国在羊绒产业方面制定合作战略。该战略以企业、协会、政府为主体，包含技术和科研交流、人员培训、品牌推广、环境保护、共同投资等内容，以此构建两国羊绒产业合作的长效机制，促进双方羊绒产业的共同发展。二是加强平台建设。注重同蒙古国搭建原绒、原毛和相关机械设备的交流及采购平台，共同打造羊绒毛全产业链品牌展览会，以中国（鄂尔多斯）国际羊绒羊毛展览会为载体，深化和细化对蒙古国企业合作，例如组织两国企业座谈会，对双方企业的合作意向和信息提供及时的翻译服务等。

作者单位：内蒙古自治区社会科学院“一带一路”研究所

荒漠草原牧区实现乡村振兴的路径选择

——基于苏尼特左旗的调查和分析

包娜娜　张　敏

摘要： 荒漠草原是内蒙古主要的草原类型之一，荒漠草原牧区发展与生态安全、边疆安全和民族团结紧密相关。本文以苏尼特左旗为蓝本，在把握荒漠草原牧区乡村振兴的短板和有利条件的基础上，从优化畜牧业发展模式、草原生态治理共同体建设、新牧民培育、基层组织建设和工作机制创新等方面提出荒漠草原牧区实现乡村振兴的路径选择。

关键词： 荒漠草原；牧区；乡村振兴

荒漠草原是内蒙古主要的草原类型之一。由于荒漠草原气候干旱、湿度低，且多地处于祖国边疆，自然地理环境差、生态脆弱、经济发展相对落后，因此荒漠草原牧区发展与生态安全、边疆安全和民族团结紧密相关。充分认识荒漠草原牧区的现状和发展困境，提出荒漠草原牧区实现乡村振兴的路径和方向，对于草原牧区实现乡村振兴具有重要的现实意义。苏尼特左旗地处祖国北部边疆，是国家重要的防风固沙区域，属于荒漠草原典型地区，也是边疆地区和少数民族聚集地区。以苏尼特左旗为蓝本探索荒漠草原牧区乡村振兴的基础和路径，对因地制宜实现牧区乡村振兴具有一定的参考价值。

一、荒漠草原牧区实现乡村振兴的基础和条件

把握荒漠草原牧区发展的特征和基础，是实现乡村振兴战略中牧区振兴的前提。牧区在乡村振兴过程中有着不同于农区的有利条件，如土地保障能力、集体经济发展水平较高等，都为牧区实现乡村振兴提供了较好的现实基础。

（一）土地对牧民的保障功能显著

苏尼特左旗人均草场面积2000余亩，由于国家实施草原生态保护奖励补助政策，政策性收入提升了牧业人口的人均纯收入水平。2019年，全区农村牧区常住居民人均可支配收入15283元，其中苏尼特左旗牧区常住居民人均可支配收入16873元。在“十三五”末期，牧区常住居民人均可支配收入18409元，年均增长9.4%，收入超过全区平均水平。制度设计使得牧区草场比农区的土地保障能力更高，2018年苏尼特左旗完成全旗456户1396人的脱贫任务，退出自治区级贫困旗序列。

（二）人口和劳动力外流趋势缓和

作为草原牧区的主要生计模式，传统畜牧业经营代际传递的意愿较高，因此相较于农区的老龄化严重现状，牧区人口和劳动力外流趋势缓和。调研发现，牧区基层组织呈现出年轻化趋势，根据2018年数据统计，嘎查村“两委”委员的平均年龄为35.3岁；大学生返乡意愿较高，在2021年换届选举的“一肩挑”干部中，大专以上学历的干部占比超过64%。根据第七次人口普查结果，全旗常住人口数量与第六次人口普查结果基本持平，人口外流现象不显著。全旗65岁及以上年龄人口占比为9.04%，低于全区平均水平（2019年，全区65岁以上老人占比11%）。

（三）嘎查集体经济基础较好

村级集体经济是乡村基层发展和基层治理的经济基础，对于辐射和带动乡村产业兴旺具有无可比拟的重要作用。在普遍推行牧区草畜

双承包经营体制时，苏尼特左旗各嘎查都保留了部分集体牲畜，全旗共有“铁畜”15.05万头（只），集体草场面积达241.17万亩，平均每个嘎查集体草场面积近5万亩、“铁畜”0.3万头（只）。得益于嘎查集体的草场和牲畜资源，牧区集体经济水平整体较高，苏尼特左旗的49个嘎查集体经济均达到5万元以上，集体经济收入在10万元以上的嘎查占80%，15%的嘎查集体经济收入达到100万元左右。集体草场和“铁畜”在增强集体经济方面发挥了重要作用，为巩固脱贫成果和激发嘎查发展内生动力奠定了良好的发展基础。

二、荒漠草原牧区实现乡村振兴的短板和挑战

作为我国传统牧业生产区、少数民族聚集区和边疆地区，荒漠草原牧区经济落后，发展基础差、底子薄。同时作为祖国北方重要的生态安全屏障，荒漠草原牧区生态环境十分脆弱，草原在实现土地保障功能的同时，还承载了重要的生态服务功能，对全面实施乡村振兴有着特殊的意义和挑战。

（一）生态脆弱，草原生态保护压力大

第五次全国荒漠化和沙化监测结果显示，锡林郭勒盟荒漠化土地所占比例最高，占监测区面积的97.91%，而苏尼特左旗是锡林郭勒盟荒漠草原的典型地区。苏尼特左旗年降水量205.2毫米，地表植被脆弱，地下水位低，退化草原面积占总土地面积的50%以上，沙化土地占土地总面积近1/3，是干草原向草原化荒漠过渡草原地区，生态环境十分脆弱。把握生态和发展之间的关系，促进生态、生产、生活“三生”统一，实现草畜平衡、修复提升草原生态功能是牧区乡村振兴必须要面对的基础和现实问题。

（二）产业类型单一，结构刚性强

由于草场以荒漠化沙地为主，传统牧民用五畜的组合游牧来适应干旱少雨的自然环境，畜牧业在农业总产值中的比重达70%以上。由

于牧草密度低、长势弱，加之交通不便利，与盟内东部旗县相比，苏尼特左旗旅游业发展竞争力不足。传统畜牧业在荒漠草原地区占较大比重，产业结构单一。虽然畜牧业收益高，但是投入大、风险高，冬季需要从外地购买饲草，租用草场、饲草购买和棚圈维护的生产性投入较大。同时，在自然条件恶劣和病疫的因素影响下，因灾致贫、返贫风险较高，在巩固脱贫攻坚成果和实现产业振兴方面仍存在一定压力。

（三）公共基础设施建设成本高且覆盖率低

苏尼特左旗土地面积3.4万平方千米，总人口3.4万人，人均占地面积1平方千米，人口聚集密度低，使得公共基础设施建设成本高而辐射面小。以调研地区满都拉图镇巴彦杭盖嘎查为例，该嘎查拥有草场76万亩，总人口79户317人，平均每户家庭有近万亩草场。该嘎查早在2012年已实现全部脱贫，但是仍有近一半的牧户家没有通电。因此，水、电、路、通信、广播电视等基础设施和公共服务普及是新时代新发展阶段牧区全面振兴面临的短板和挑战，需进一步完善。

三、荒漠草原牧区乡村振兴的方向和路径

在全面建成小康社会的新发展阶段，荒漠草原牧区需要从牧区实际出发，将地域特点、民族特点和生态特点与乡村振兴相结合，发挥巩固脱贫成果、保障草原生态安全、维护民族团结和边疆稳固的重要作用。

（一）因地制宜优化畜牧业发展模式，推进产业振兴，巩固脱贫攻坚成果

产业振兴是影响脱贫攻坚稳定性和可持续性的关键，增强产业的内生发展动力、提升产业发展质量和水平、推动三产融合发展现代牧业是实现产业兴旺、巩固脱贫成果的基础和前提。一是发展壮大集体经济，继续深化牧区集体产权制度改革，以三权分置和“三变”改

革为基础，通过股权配置和量化提升牧民对集体经济的参与积极性。二是优化牧业经营管理，大力培育牧民专业合作社、家庭牧场等新型经营主体，优化畜牧业产业发展模式，着力提升畜牧业生产组织化程度。三是坚持畜牧业高质量发展，根据荒漠草原条件，调整优化畜种畜群结构，提升畜牧业附加值，推进马奶、驼奶等精深加工，延长产业链，提升综合效益；完善畜牧业特色品牌建设；完善电子商务等现代化流通渠道和营销手段；发展观光、体验、休闲、旅游等新业态，促进一、二、三产业融合发展。

（二）提升牧民参与生态建设的积极性，将生态振兴与社会效应、经济效益相结合

生态振兴对于牧区乡村振兴尤为重要，良好的草原生态环境是牧民最普惠的民生福祉。牧区的生态振兴与牧民参与密不可分，针对荒漠草原生态脆弱的现实情况，在嘎查集体饲草料基地建设的基础上，建立盟、旗县市区、苏木乡镇、合作社和牧民四级储草体系，通过牧业大户与党员中心户引领带动，与东乌珠穆沁旗等优质饲草产区合作建立打草场，以减轻草场压力，缓解草畜矛盾，保障牲畜越冬，提升抗灾能力。在草原生态保护修复过程中，充分利用各类媒体平台，通过多种渠道广泛宣传生态保护的重要性，提高牧民生态保护意识，让牧民参与人工点播、围栏设置等生态工程建设，增加牧民收入的同时，提高牧民参与生态建设的积极性，使牧民成为草原生态环境治理的共同体。

（三）引育并重，将人才振兴的着力点和落脚点放在新牧民建设方面

优秀的基层人才队伍是实现乡村振兴的关键和基本保证，吸引高校毕业生和青年创业人才到基层发展，将人才振兴的着力点和落脚点放在新牧民培育上。一是支持大学生返乡创业，通过政策倾斜和机制创新引导人才、技术等要素向牧区汇聚，使返乡大学生逐渐成为运用现代化技术为牧业发展带来新生产方式和理念的新牧民，并将智慧牧场、电商直播等新技术、新业态融入合作社经营管理，提升生产效率，助力牧民增收。二是强化合作社带头人培育工作，将合作社带头人纳入现代畜牧业人才支撑计划、高素质牧民培育工程等项目培训对象。合作社带头人逐渐由具有较深资历的能人向有知识、有能力、懂经营的年轻群体转化，从而带领牧区从传统发展模式向现代化发展模式转型。

（四）加强基层组织建设和工作机制创新，推进边疆牧区治理

一是加强基层组织建设，强化嘎查干部选派和选拔工作，严格落实“一嘎查班子一名大学生”培养计划，加强嘎查后备干部库建设，保证每个嘎查培养至少2名大专以上学历的后备干部。二是完善基层网格化治理机制，推行旗、苏木镇、嘎查、牧民小组、牧民党员五级网格治理模式，发挥网格在落实信息采集、民意联络、矛盾纠纷调解和帮助解决实际问题等方面的作用。三是立足边境牧区实际，发挥党员中心户、边境堡垒户等社会治理载体作用，建立边防派出所警官兼任嘎查“两委”成员担任民兵队员等工作机制，形成草原110、联防队、党员中心户等“军警民地”四位一体的共建共防格局，将边境牧区生态安全屏障建设与稳边固边相结合。

作者单位：内蒙古自治区社会科学院公共管理研究所

增强群众组织力，铸牢中华民族共同体意识

孟荣涛

摘要：群众组织力是体现政党性质和领导能力的重要特征。中国共产党紧密联系群众、全力动员群众、全面组织群众、紧紧依靠群众，始终坚持人民群众需求与党的奋斗目标相统一，这是我国经济社会发展取得成功的制胜法宝和经验启示。新时代，夯实基层党组织，增强群众组织力；优化全方位服务，获得群众行动支持；依托工会聚民心，做好精神引领工作；坚守网络新阵地，构建权威话语体系；宣传工作接地气，铸牢坚固思想长城，是进一步铸牢中华民族共同体意识、凝聚各族群众团结力量共襄伟业的坚实基础，从而指引我们进行伟大斗争、建设伟大工程、推进伟大事业、实现伟大梦想。

关键词：群众组织力；铸牢中华民族共同体意识；思想长城

随着时代发展目标、社会主要矛盾和群众利益诉求的发展变化，党的群众组织力建设的内容、形式也已发生相应变化。始终贯穿党的发展、丝毫不动摇的根本原则是以人民为中心，动员群众、组织群众、依靠群众，这也是铸牢中华民族共同体意识，开创党的伟大事业发展必须遵循的科学规律。

党的十九大报告指出：“要以提升组织力为重点，突出政治功能，把企业、农村、机关、学校、科研院所、街道社区、社会组织等基层党组织建设成为宣传党的主张、贯彻党的决定、领导基层治理、团结动员群众、推动改革发展的坚强战斗堡垒。”新时代，必须不断增强群众组织力，有效开展群众教育引导工作，凝聚起中华民族强大

合力，进行物质生产活动和精神文化活动，为早日实现中华民族伟大复兴提供强大动力。

一、夯实基层党组织，增强群众组织力

我们党的百年发展历史，始终同各族人民群众保持血肉联系，早已凝结成生死与共的命运共同体。在党的领导下，各族人民群众逐步实现了从站起来、富起来到强起来的历史性飞跃，成绩斐然，举世瞩目。同时，我们必须深刻认知当今世界正处于百年未有之大变局，理性解析各类风险挑战，秉忧患意识、持审慎态度，在党的全面领导下，加强和夯实基层党组织建设，发挥党员应有作用，以思想引领和教育引导为落脚点，深入贯彻党的方针政策，组织调动群众力量，保障基层党组织坚强有力，牢固党的执政之基，继续保持强大战斗力。

基层是国家治理的基石，是国家治理的最末端，更是服务群众的最前沿。基层党组织是党在社会基层组织中的战斗堡垒，做好基层党组织工作，是党的建设新的伟大工程的长远之计和固本之策。基层党组织组织能力强不强，抓重大任务落实是试金石，也是磨刀石。新时代，要全面贯彻党群服务中心建设要求，进一步完善市县乡村四级党群服务中心，形成全领域覆盖、全方位引领的工作模式。要充分发挥党建引领作用，注重全面统筹、有效融合、整体推进，不断夯实基层党组织建设，建立跨领域、跨行业、跨层级、跨地域、跨产业的党建联合体，突出街道社区网格化管理优势，最大限度发挥党总揽全局、协调各方的作用，最大限度凝聚人民群众集体力量。

二、优化全方位服务，获得群众行动支持

随着社会发展进步，各民族交往交流交融日益密切，跨区域流动人口数量逐年上升，各族人民群众在空间、文化、经济、社会、心理

等方面全方位嵌入已成为社会发展特点，更是发展的必然结果。2021年5月20日，内蒙古第七次全国人口普查主要数据结果显示，全区常住人口24049155人，全区流动人口9068444人。其中，跨自治区流入人口1686420人，自治区内流动人口7382024人。流动人口数量占全区常住人口总量的37.71%。与2010年相比，2021年总流动人口增长47.97%。

建立流动人口服务管理区域合作机制，加强和改进服务管理水平，势在必行。这些数据充分显示内蒙古流动人口呈现不断加快趋势，针对流动人口跨区域、双向流动等特点，内蒙古应与区外各省份建立流动人口服务管理区域合作长效机制，推进互嵌式社会结构和社区环境，为各族群众共居共学、共事共乐、共建共享创造社会条件。

扎实打牢民生基础工程，让群众得到看得见、摸得着的实惠。深入各族人民群众尤其是流动人口群体中，了解他们最关心、最迫切的民生需求，有效统筹整合各部门资源优势，充分调动发挥社会各界力量，全面做好住房、医疗、教育、就业等重大惠民和稳民生工程，扩大服务范围，优化服务水平，凝民心、聚民力，让各族人民群众实实在在、共同享受改革发展成果，获得感、幸福感、安全感得到全面提升，从而在思想上拥护信赖党和国家，在行动上积极响应党中央号召，在情感上自觉认同中华民族共同体意识。

三、依托工会聚民心，做好精神引领工作

工人联合会（以下简称工会）作为群团组织，是党的群众组织力建设的重要组成部分。革命时期，工会是党联系人民群众进行工人运动的桥梁和纽带，承担着聚集群众开展共产主义教育的时代任务。如今，工会依然是组织群众的重要形式，联结各行各业，贯通四面八方。党的十九大以来，全国基层工会组织已超过280.9万个，全国工会会员总数达到3.03亿人。其中，内蒙古工会组织6.6万个，会员总数达到580.5万人，占全区总人口的24.14%。

随着中国特色社会主义进入新时代，我国社会主要矛盾已经转化为人民日益增长的美好生活需要和不平衡不充分的发展之间的矛盾。始终关切人民群众利益一直是贯穿我们党群众组织力建设的主线，针对人民群众的基本需求已发生的变化，党和国家因时制宜，出台多项政策，坚定实施民生兜底、脱贫攻坚、反腐倡廉、医疗卫生和教育体制改革等，取得可喜成绩，赢得群众满意。

与时俱进赓续工会传统，健全完善工会组织体系，抓好群众思想建设工作。在经济社会生活各方面扎实推进党的组织工作，培养工会领导干部的政治意识、大局意识、服务意识、群众意识、创新意识，进一步铸牢中华民族共同体意识。依托日臻完善的工会组织体系，真切关心群众生产生活需要，切实解决急难愁盼问题，开展送温暖、送服务活动，引领倡导健康生活方式，举办职工文化教育、提升技能培训、文体娱乐展演、心理健康引导、法律咨询援助等活动，发动、鼓励和奖励小发明、小改造、小革新、小设计、小建议，调动人们的积极性和主人翁意识，把党建工作、工会工作、行政管理有效结合起来，全面做好精神引领和掌握思想动态工作，打造一支新时代党政需要、群众信赖的强大组织。

四、坚守网络新阵地，构建权威话语体系

信息迅速、海量传播的网络时代，互联网成为众多网络用户表达意愿、反映问题的首选平台。人人享有表达权利，使得网络空间呈现万花筒般炫目之彩，其中不乏个别人为了眼球效应、经济利益、政治目的制造传播各类虚假信息和颠覆性言论。尤其是多年来国际上各类反华势力从未停止对我国意识形态领域的“西化”“分化”等渗透，他们寄居网络散播各类思想病毒，抹黑攻击我们党和国家、诋毁诽谤党员干部、捏造假象迷惑群众。此类负面信息往往传播范围更广、影响力度更深。

坚守网络空间新阵地，建构权威话语体系，必须始终坚持党对网络媒体的领导，坚守网络空间新阵地，在第一时间粉碎网络谣言，揭露澄清事件真相。正如习近平总书记所讲，各级党委要高度重视信息化发展对党的建设的影响，做到网络发展到哪里党的工作就覆盖到哪里，充分运用信息技术改进党员教育管理、提高群众工作水平，加强网络舆论的正面引导。立足网络发展现状，采取有效传播路径，坚定宣传习近平新时代中国特色社会主义思想，做好主流思想舆论导向，增强群众明辨大是大非能力，提高澄清思想迷雾能力，培养崇高精神道德，形成谣言自然破除、视听自觉净化的舆论生态。

“互联网+政务”已是常态化工作机制，各级政府部门应借助网络平台问政于民、问计于民，倾听百姓意见诉求，完善社会公共治理，推动政府决策部署。新时代，政务新媒体要进一步增强“四个意识”、坚定“四个自信”、做到“两个维护”，不断提高政治判断力、政治鉴别力、政治领悟力、政治执行力，引导网络舆论正确方向，全面贯彻落实党的各项政策，扩大主流舆论覆盖范围，以增强“五个认同”为着力点，深化民族团结进步教育，铸牢中华民族共同体意识，建构权威话语传播体系。

五、宣传工作接地气，铸牢坚固思想长城

宣传铸牢中华民族共同体意识，必须立足基层。在广袤的基层大地，聚焦于广大群众身上，深入挖掘具有鼓舞和激励意义的身边人、身边事。以企业、农村、机关、学校、科研院所、街道社区、社会组织等单位为切入点，充分展示各族群众邻里和睦之情、团结友爱之谊。通过图片展览、影片巡映、主题宣讲、文艺表演、惠民服务等活动，让群众深切感受国家今昔巨变和社会发展进步，引导人们正确认识“每个人的前途命运都与国家和民族的前途命运紧密相连。国家好，民族好，大家才会好”，引导人们深刻理解“每个民族的前途命

运都与中华民族的前途命运息息相关。中华民族好，各民族好，中华民族大家庭才会好”。

在此基础上，做好思想引导工作。引导人们树立“四个共同”的中华民族历史观，正确把握中华民族和各民族之间的关系，正确把握中华民族大家庭和个体成员之间的关系，正确把握中国梦和个人梦想之间的关系，关联耦合中国梦和小我梦，明晰个体努力方向，为实现目标不懈奋斗，凝聚起全社会团结奋进的强大力量。千帆竞发、奋楫勇进，共同驶向中华民族伟大复兴彼岸。

创新改进宣传工作，接地气、重实效。新时代，宣传媒介和舆论生态发生深刻变化，对宣传思想工作要求更高。是否采取科学有效的宣传方式和组织方法，直接关乎被组织群众凝聚力的大小，影响深远。要想做好宣传工作，就必须化抽象概念为具体事例，化理论表述为通俗表达，化冗长篇幅为言简意赅，化机械灌输为寓教于乐，化晦涩难懂为生动有趣。只有采取让群众喜闻乐见和易于接受的宣传方式，才能有效避免流于“在纸上”“挂墙上”的程式化工作作风，达成最广泛的思想认同，赢得最深厚的群众基础，构筑起一道中华民族坚固思想长城。

作者单位：内蒙古自治区社会科学院民族研究所

内蒙古第三方参与地方立法研究

白永利

摘要：本文通过梳理近年来内蒙古第三方参与地方立法实践，总结第三方参与地方立法的利弊，分析存在的问题及成因，提出完善地方立法的具体措施，助推地方立法的科学化、法治化、多元化。

关键词：地方立法；第三方参与；完善建议

为了提升地方立法质量，2014年全国人大常委会要求各省、自治区人大逐步开展立法后评估工作。同年，自治区人大常委会开展了2个地方性法规立法后评估工作。2015年，自治区人大和政府委托第三方起草地方性法规，开启了第三方参与地方立法工作的先河。

第三方参与地方立法包括第三方参与立法评估工作、法规起草以及法规规章的清理工作。第三方参与地方立法方式更符合现代立法理念，在立法的程序设计上也更好地体现了地方立法的民主性和科学性，满足了各方参与立法的需要，提升了立法的客观性、针对性和公正性。

根据修改后的《中华人民共和国立法法》第五十三条第二款规定，“专业性较强的法律草案，可以吸收相关领域的专家参与起草工作，或者委托有关专家、教学科研单位、社会组织起草”。因此，参与立法的第三方特指具有相关领域专业知识的专家、科研和教学机构以及各类社会组织，并且适用于专业性较强的地方性法规。

一、第三方参与地方立法的必要性与重要性

截至2020年12月，自治区人大及其常委会本级通过地方性法规349件，现行有效地方性法规174件。批准呼和浩特市、包头市等9个设区的市现行有效地方性法规180多件；批准鄂伦春自治旗、鄂温克族自治旗和莫力达瓦达斡尔族自治旗现行有效自治条例、单行条例31件。这些地方性法规在保障和促进自治区政治经济、社会文化、生态文明建设等方面发挥了重要作用。

（一）设区的市行使立法权的必要补充

设区的市拥有地方立法权，对于全面深化改革，提高设区的市法治建设水平和城市管理水平，促进其经济社会健康可持续发展有着重要意义。具体到自治区，呼和浩特市、包头市、呼伦贝尔市等7个设区的市为承接地方立法权，在立法机制建立、机构设置、人员配备等方面做了大量工作。从调研情况看，主要存在的问题：一是7个设区的市机构设置不顺、人员编制不足，二是专业人才和工作经验不足。之前人大常委会及政府司法部门的人员大多从事内务司法、民族侨务以及规范性文件审查、行政复议、执法监督方面的工作，很少参与立法活动。随着每年立法任务的增长和立法的专业性加强，急需补充专业化人才。由于短时间内无法及时补充高素质的立法专业人员，一些设区的市便委托第三方起草地方性法规，以解决专业立法人员不足问题。通过跟随专业人士完成一部地方性法规的起草全流程，相关部门的人员逐步学习摸索。在这个过程中，相关部门一方面可以学习立法技术，培养人才；另一方面可以理顺机构之间的权限和分工，形成本地方的立法程序。

（二）提高地方性法规质量的必经之路

长期以来，地方立法工作主要是由享有立法权的地方人大及政府各部门来完成。政府各职能部门熟悉行政管理和本领域的专业知识，

但政府部门本身就是法规未来的主要执行者，这就决定了政府部门在立法的过程中倾向于从部门利益出发考虑问题，尽量扩充权力，减免职责。“部门立法”会影响地方立法的公正性和权威性，不同部门起草的地方性法规职权交叉，相同的事项存在不同的规范，容易导致执法部门、司法部门和公众无所适从。而由相对独立的第三方参与立法，能够有效解决部门立法的一些弊端。

（三）公众有效参与立法的必要方式

如今，立法、执法和司法部门依法加强了公众参与的途径和方式，尤其是涉及本地区公众切身利益的事项，公众参与度较高。当前公众参与地方立法看似路径多元、范围广泛，但在实践中社会公众组织力差、参与程度低，社会公众的意见难以真正体现在法规条文中。公众参与地方立法的深度不够、有效性不足，尤其是专业性较强的地方性法规，普通公众更是难以有效参与。第三方参与地方立法在一定程度上能够提高公众参与地方立法的有效性。

（四）地方立法工作的必要补充

随着地方立法质量的提高以及立法的科学性、民主和专业化等要求，地方立法工作不断向纵深发展，立法评估和备案审查等原先不被重视的工作不断加强。在任务不断增加、涉及领域逐渐拓宽、专业性要求不断提高的情况下，各级人大相关部门现有人员难以高质量完成繁重的立法任务，需要第三方作为必要补充。

二、内蒙古第三方参与立法的情况

（一）立法方面的情况

为保护自治区唯一的世界文化遗产，2015年自治区人大建议锡林郭勒盟委托第三方起草《内蒙古自治区元上都遗址保护条例（草案）》，开启了全区委托第三方立法的先河。自治区人大教科文卫委员会全文采纳，评价：“条例草案由内蒙古自治区社科院起草，这是内蒙古自治区首次委托第三方起草法规案。条例草案结合自治区实际，对元上都遗址的保护、管理和利用做了较全面的规定，针对性、实用性、操作性较强。”

自治区社会科学院随后起草《赤峰市红山文化遗址群保护条例（草案）》和《呼和浩特市文明行为促进条例（草案）》，北宸智库负责起草《内蒙古自治区促进民族团结进步条例（草案）》，内蒙古大学地方立法研究中心起草《内蒙古自治区地方金融监督管理条例（草案）》和《内蒙古自治区腾格里沙漠保护条例（草案）》，内蒙古财经大学负责起草《内蒙古自治区老年人权益保障条例（草案）》和《内蒙古自治区文明行为促进条例（草案）》等。

设区市人大常委会也积极开展委托第三方立法工作，提高立法质量。例如，在制定《乌兰察布市岱海、黄旗海保护条例》时，乌兰察布市引入中国水利水电科学研究院和北京林淼生态环境技术有限公司共同参与法规的起草工作，充分发挥两家机构的专业优势，为条例的制定完善提供技术支撑。

（二）立法后评估方面

在传统立法中，立法评估方面的研究和实务较缺乏，尤其是第三方负责立法评估工作少之又少。2014年，自治区人大常委会法工委组织开展立法后评估工作，委托自治区社科院负责起草调研报告《内蒙古自治区蒙医药中医药条例》相关制度的评估，委托内蒙古大学法学院地方立法研究中心评估《内蒙古自治区农村牧区饮用水供水条例》。

（三）法规清理工作方面

2018年开始，各级人大常委会定期开展法规清理工作。根据新出台上位法和国家大政方针的调整定期清理已经生效的法规，是法规立改废工作的重要组成部分。对已经生效的地方性法规逐条进行清理，基于工作量大、时间紧、专业难度大等困难，很多省区选择委托第三方打包清理。而自治区本级法规清理工作仍旧是自治区人大常委会法工委负责，尚未委托第三方进行清理。

三、第三方参与立法的优点与不足

作为一种新型的地方立法方式，委托第三方参与地方立法在实践中呈现出多种优势，同时也出现了一些问题。

（一）能够较好地贯彻立法民主和公正原则

目前，起草地方性法规在第三方参与立法事项中的占比一直较高，接近90%，其次是立法评估和法规清理工作。第三方参与立法改变了地方立法部门的立法格局，贯彻了“民主立法”原则。在立法后评估方面，委托第三方开展立法后评估有助于消除评估主体就是立法主体，从而影响评估客观效果的弊端。由此，各地为了保证立法评估的公正性和客观性，纷纷引入第三方进行评估。

（二）能够充分发挥高等院校和科研机构的专业优势

通过对各地第三方参与立法情况的统计，城市社区物业管理、未成年人权益保护、环境保护领域治理等方面是地方立法中第三方参与最多的立法事项。因生态环境保护、未成年人权益保障等立法专业性较强，引入高校和科研机构的生态环境专业和法学专业人士发挥其专业优势，不仅可以避免部门立法的职权意识，还可以有效提高地方性法规质量。

（三）有助于提高公众有效参与度

第三方参与地方立法拓宽了社会弱势群体参与立法的途径，提高了参与的有效性。目前，地方公众保护自己权利的意识逐步提升，但是公众很少积极参与地方立法，尤其是一些分散的弱势群体参与度更低，自身的利益很容易被忽视。第三方参与地方立法拓宽了弱势群体的利益表达途径，通过多种方式倾听弱势群体的意见建议，可以让不同群体的利益需求都能有机会在立法中得到表达和吸收。

（四）存在问题及原因

作为一种新型的立法模式，第三方参与地方立法缺少必要的法律规范和具体完善的操作模式，在实践中存在诸多问题。首先，第三方参与地方立法缺少具体的法律规范，这需要国家立法加以规范。其次，多数地方立法中第三方的参与也仅局限于立法中的个别环节，例如只是将法规起草工作委托给第三方，第三方没有全程参与跟进相关调研和论证，难以掌握地方性法规的难点、重点问题以及症结所在，导致部分法规条文缺乏针对性。最后，委托方通常将法规起草部分工作交给第三方，希望在法规中体现委托方的权益。立法的过程就是各方利益博弈的过程，在缺少法律保护和监督的情况下，第三方难以真正做到客观、公正。

四、完善建议

（一）立法机关应当发挥立法主体地位和作用

立法机关应发挥主体地位，对第三方参与立法的全过程进行监督。地方立法机关的特定身份，也要求其必须通过各种方式保证地方立法工作中党的领导和立法程序的合法、结果的公正、过程的民主。

立法权是国家权力的重要组成部分，由于立法活动往往涉及多方利益的分配，相关利益主体在立法的过程中通过博弈以实现其利益的最大化，因此只有充分发挥地方立法机关在立法活动中的主体地位，第三方参与地方立法活动才能够真正保持客观、公正，最大限度地维护和实现党的领导，规避不正当权力和利益的干扰，实现立法活动的客观、公正。

（二）地方立法机关应对立法活动全过程进行监督

地方立法机关应对第三方参与立法活动全过程进行监督，主要是看第三方是否高质量完成立法事项，立法中是否存在违法违约行为。对发现的第三方违法违约行为要依照相关法律法规追究其法律责任。

（三）建立立法专家库制度，构筑立法质量诚信体系

地方立法机关须建设立法专家库，违约、违纪和违法行为信息库和黑名单制度，必要时向社会公示并通报上级主管机关及其他相关部门，并根据实际情况决定限期或永久禁止其参与地方立法工作，营造良好立法环境。通过建立责任追究和监督检查机制，最大限度地保证第三方不断提升立法水平和能力，督促其认真完成地方性法规制定、修改和清理、评估工作，防止外界因素的不正当干预，保证地方立法活动的合法性和公平公正。

第三方参与地方立法符合现代立法理念。拥有立法权的权力机关，其立法的程序设计和完善需要考虑第三方参与立法的具体情况。通过完善制度和加强监督，培育良好的法治环境，有效推动自治区法治建设进程。

作者单位：内蒙古自治区社会科学院政治学与法学研究所

内蒙古城乡公共文化服务体系一体建设路径研究

张　敏　霍　燕

摘要：按照《中华人民共和国国民经济和社会发展第十四个五年规划和2035年远景目标纲要》中“优化城乡文化资源配置，推进城乡公共文化服务体系一体建设”的总体要求，“十四五”期间，内蒙古需要通过以县域为中心建立城乡衔接的公共文化服务体系，通过流动文化服务创新公共文化产品与服务供给，通过引入多元社会投入机制优化城乡文化资源配置，通过推动公共文化服务数字化建设构建区域文化协调发展的新格局。

关键词：公共文化服务；城乡一体建设；内蒙古

“十四五”时期是我国全面建成小康社会、实现第一个百年奋斗目标之后，乘势而上开启全面建设社会主义现代化国家新征程、向第二个百年奋斗目标进军的第一个五年，也是内蒙古坚定不移走好以生态优先、绿色发展为导向的高质量发展新路子，实现新的更大发展的关键时期。按照《中华人民共和国国民经济和社会发展第十四个五年规划和2035年远景目标纲要》中“优化城乡文化资源配置，推进城乡公共文化服务体系一体建设”的总体要求，“十四五”期间，内蒙古需要将推进城乡公共文化服务体系一体建设作为总体目标，将提升公共文化服务数字化建设水平作为首要任务，创新公共文化产品与服务供给，优化城乡文化资源配置，构建区域文化协调发展的新格局。

一、从“均等化”到“城乡一体建设”过渡的政策背景

党的十六届六中全会首次提出推进城乡公共服务均等化，十八届三中全会进一步明确“要构建现代公共文化服务体系，实现基本公共文化服务的标准化、均等化”。2015年，中共中央办公厅印发《关于加快构建现代公共文化服务体系的意见》，明确了以标准化促均等化的基本思路。2017年，国务院以“促进基本公共文化服务标准化、均等化”为主要目标，制定了《“十三五”推进基本公共服务均等化规划》，将“机会均等”作为核心内容，强调“保障人人享有基本公共服务”是政府的重要职责。这一期间，内蒙古始终坚持基本公共文化服务均等化的建设目标，经过十几年的不懈努力，实现了覆盖城乡、惠及全民的五级公共文化服务设施网络。截至2020年底，全区共有博物馆178个、公共图书馆117个、文化馆120个、美术馆25家、苏木乡镇（街道）综合文化站1086个、嘎查村（社区）综合性文化活动中心12522个，全区每万人平均享有公共图书馆面积和群众文化设施面积均居全国前列，广播、电视节目综合人口覆盖率均达到99.7%，基本建成了“保基本、促公平的现代公共文化服务体系”。但全区城乡、区域公共文化服务发展的差距依然较大，公共文化资源配置不合理、基层文化设施利用不充分、文化服务效能不够高等问题依然突出。这些问题也是全国公共文化服务领域面临的共性问题，在充分认识公共文化服务新特征、新要求的基础上，2021年6月10日，文化和旅游部印发《“十四五”公共文化服务体系建设规划》，将“推进城乡公共文化服务体系一体建设”作为首要任务，以建设“与社会主义文化强国相适应的现代公共文化服务体系”作为未来5年的重要目标，这标志着我国公共文化服务从强调“均等化”阶段过渡到“城乡一体建设”阶段。

二、“十四五”时期内蒙古城乡公共文化服务体系一体建设路径

按照国家基本公共服务“量力而行、尽力而为”的原则，“推进城乡公共文化服务体系一体建设”是有序推进与自治区经济社会发展水平和区位特点相适应的高质量公共文化服务的必然路径。需要从科学布局、城乡衔接、手段创新、服务便捷、协调发展等方面着手，逐步优化城乡文化资源配置，实现公共文化服务水平显著提高，公共文化服务供给方式更加多元，公共文化数字化、网络化、智能化发展取得新突破。

（一）健全以县域为中心的城乡衔接公共文化服务体系

建议率先以图书馆、文化馆总分馆制及“农家（草原）书屋”和“鸿雁悦读”计划一体化改革为抓手，推进城乡公共文化服务体系一体建设。通过实施总分馆制，指导试点旗（县）文化馆整合群众文化艺术资源，试点旗（县）图书馆整合县域内的公共阅读资源，实行总馆主导下的文献资源统一采购、统一编目、统一配送、通借通还和人员统一培训，形成“一个总馆+若干个分馆+若干个服务点”模式。深化“农家（草原）书屋”改革创新，推动“农家（草原）书屋”与基层图书馆通借通还，与新华书店网点建设共建共享。发挥旗县级总馆在县域公共文化建设中的中枢作用，大力促进公共文化资源向基层、向农村牧区倾斜。将县级融媒体中心建设作为推动基层媒体融合发展的主要抓手，建强用好县级融媒体中心，使之成为面向基层的主流舆论阵地、综合服务平台和社区信息枢纽，更好地引导群众、凝聚群众、服务群众。

（二）推动流动公共文化服务常态化发展

在全面落实国家基本公共服务标准的基础上，尽快编制并出台符合自治区特点的城乡公共文化服务标准体系，强化保障能力。针对偏远农牧区、边境地区在推进公共文化服务均等化上难度大、挑战多的

实际，建议通过流动文化服务满足广大人民群众的多方面、多层次、多样性文化需求。发挥乌兰牧骑“草原红色文艺轻骑兵”的作用，利用“乌兰牧骑+”的形式将文化带到农牧民中间去，通过流动舞台车、流动图书车、文艺小分队等形式，把慰问演出、文艺辅导、展览讲座等文化活动内容送到百姓身边，将乌兰牧骑打造为自治区流动文化服务品牌。建立灵活机动的流动服务网络，实施旗县流动图书车、文化车配备工程，逐步实现流动文化服务常态化，推动优质文化资源和文化服务更多地向边远地区倾斜，有效扩大服务半径。

（三）建立公共文化服务社会多元投入机制

构建现代公共文化服务体系是一项庞大的系统工程，需要建立政府财政投入稳定增长机制，鼓励政府主导下社会力量的广泛参与。通过政府购买、项目补贴、定向资助、贷款贴息、保费补贴等多种手段，推进旗县以下基层公共设施社会化运营管理。鼓励社会力量兴办博物馆。鼓励在都市商圈、文化园区等区域引入社会力量，创新打造一批融合图书阅读、艺术展览、文化沙龙、轻食餐饮等服务的“城市书房”“文化驿站”等新型文化业态，营造小而美的公共阅读和艺术空间。探索推进公共文化设施所有权与经营权分离，鼓励引导国有企业和社会力量参与公共文化设施建设运营。推广运用政府和社会资本合作等模式，激发社会力量的参与活力，培育一批具有良好社会声誉、较强专业能力、致力于从事公共文化服务的社会组织。继续实施文化志愿者工程，大力发展文化志愿者队伍，充分发挥文化志愿者作用。

（四）推动公共文化服务数字化、网络化、智能化建设

推动公共文化数字化建设是促进公共文化服务提质升级的必然选择，也是在更大范围让人民群众共享文化发展成果的有效途径。建议通过建设智慧图书馆体系、智慧博物馆、数字化美术馆和数字化艺术档案，打造公共文化数字资源库群。按照统一标准和规范，因地制宜建设内蒙古公共文化云平台，加强国家公共文化云平台与内蒙古公共

文化云平台之间的互联互通，构建统筹协调发展的公共文化云平台体系。拓展公共文化服务智慧应用场景，加大微信、微博、短视频、艺术慕课等数字资源的开发力度。探索发展数字文化大众化实体体验空间，加强数字艺术、沉浸式体验等新型文化业态在公共文化场馆的应用。创新推进数字文化走进蒙古包。开展农村牧区公益电影放映监管平台升级改造项目，建设内蒙古电影数字化一站式服务平台。在沿边草原牧场、边贸集市、边境口岸、边防哨所等服务盲区建设基层数字服务点，推进边疆万里数字文化长廊建设。

（五）完善区域文化协调发展机制

完善区域文化协调发展机制，充分利用国家实施乡村振兴战略、黄河流域生态保护和高质量发展战略以及加快推进文旅融合数字化建设、促进城乡基本公共文化服务体系一体建设的支持政策，打破现有体制机制障碍，因地制宜地建立区域文化合作联盟，开展文化合作。加强区域文化协调发展组织机制建设，设立自治区文化协调发展组织机构，从制定规划政策、成立文化联盟、共享文化资源、共建信息网络、联办文化活动等方面入手，探索建立区域多元合作、差异化发展的综合性供给新机制，提升区域文化发展的统筹性和实效性。加快推进呼包鄂乌城市群文化一体化建设，联动巴彦淖尔市、乌海市、阿拉善盟构建西部地域特色文化圈。发挥赤峰市、通辽市省域副中心城市功能，联动呼伦贝尔市、兴安盟、锡林郭勒盟构建东部地域特色文化圈。

作者单位：内蒙古自治区社会科学院公共管理研究所

关于构建内蒙古相对贫困衡量标准的建议[1]

其其格

摘要：党的十九届四中全会提出："坚决打赢脱贫攻坚战，建立解决相对贫困的长效机制。"显然，2020年消除绝对贫困后，党和国家反贫困治理的重心将转向解决相对贫困问题。但是，目前我国还没有构建统一的相对贫困识别标准，这给相对贫困人口的识别、扶贫工作的展开等造成极大不便。建议参考国内外相对成熟的模式和做法，尽快构建自治区相对贫困识别标准体系。

关键词：相对贫困；衡量标准；识别体系

2020年后，中国的扶贫工作由解决绝对贫困向缓解相对贫困转变，而构建相对贫困标准是开展相对贫困治理工作的前提。反贫困具有长期性和持久性的特征，2020年后现行标准下绝对贫困的消除不等于扶贫工作的终结。党的十九大报告指出，新时期我国主要矛盾已经转化为人民日益增长的美好生活需要和不平衡不充分的发展之间的矛盾。发展不平衡不充分主要体现在城乡及地区间的发展水平、居民收入、福利水平等方面存在较大差距。当以基本需求短缺为特征的绝对贫困被消除后，以发展差距为特征的相对贫困问题便凸显出来。

西方国家基本上都有衡量相对贫困的标准线。例如，欧盟是居民收入中位数的50%或60%，日本为中等收入家庭收入的50%，而新加坡把收入最低的20%的家庭视为相对贫困人口。目前，我国相对贫困的

[1] 本文系国家社科基金西部项目"乡村振兴视角下牧区相对贫困问题与内生发展能力调查研究"（批准号：21XMZ071）阶段性成果。

测度还未形成全国统一的标准体系，内蒙古也尚未确定地方相对贫困标准线，这给相对贫困户的识别、后续扶贫工作的实施、构建缓解相对贫困长效机制及学术研究等造成较大困难。

一、部分省份实施的相对贫困标准

尽管我国未在全国层面开展部署相对贫困治理指标体系，但部分经济发达省份已经开始相关探索与实践，这为我国相对贫困的治理工作发挥了良好的借鉴示范作用。

（一）浙江省相对贫困标准

从2012年起，浙江省将扶贫标准提高至4600元人民币（2010年不变价）。从绝对数额看，浙江省新扶贫标准是国家新扶贫标准2300元（2010年不变价）的两倍，在全国各省中扶贫标准最高。从占比看，浙江省新扶贫标准占2010年全省农民人均收入的40.7%，比国家新扶贫标准占2010年全国农民人均纯收入比重高出1.8个百分点。2015年底，浙江省全面消除了家庭年人均收入4600元以下的绝对贫困现象，成为全国率先完成脱贫攻坚任务的省份。2016年底，浙江省制定《低收入农户认定标准、认定机制及动态管理办法》，在巩固消除绝对贫困成效的基础上，对浙江省新一轮低收入农户对象进行明确和认定。新一轮低收入农户对象由低保对象、低保边缘对象和“4600”低收入农户巩固扶持对象（指如无巩固帮扶措施，年均收入极易滑入4600元以下的农户）组成。新一轮低收入农户对象总量，按2014年农村人口的5%计算。其中，丽水、衢州、温州、台州、金华的低收入农户总量高于当地农村人口的5%。

（二）江苏省相对贫困标准

江苏省作为沿海地区的发达省份，扶贫工作成绩十分突出。2015年底，江苏省就完成了年收入4000元以下低收入人口的脱贫工作。“十三五”时期，江苏省扶贫开发工作的总定位是更加注重减少相对贫困、缩小收入差距、促进共同富裕。2016年，江苏省开启新一轮扶贫开发工作，以人均年收入6000元为标准，主要帮扶对象是全省乡村6%左右的低收入人口、6%左右的经济薄弱村、苏北6个重点片区和黄桥茅山革命老区，涉及农村低收入人口300万人左右。

江苏省新贫困标准的确定主要基于以下3个方面的考虑：一是中央明确地方扶贫标准可在当地农民人均收入30%—50%的范围内确定，江苏省根据2020年全省实现全面小康后农民人均收入目标值2万元的30%的下线设置该标准；二是江苏省要有一个高于全国标准的地方标准，根据物价水平的变化确定稍高于国家标准的“江苏标准”；三是新标准既要体现发展水平和民生需求不断提高的实际情况，又不能因过高而脱离实际。

（三）广东省相对贫困标准

2012年，广东省已经实现农村贫困人口年人均纯收入达到或超过2500元，在此基础上，广东省于2013年启动新一轮扶贫开发“双到”（规划到户、责任到人）工作，并从2013年起建立相对贫困标准。2013年，广东省确立2013—2015年的相对贫困人口，确立依据是以2012年全省农民人均纯收入的33%，即3300元为扶贫标准。除了相对贫困人口，还确立了相对贫困区域。2013—2015年，广东省将农民人均纯收入未达到2012年全省农民人均纯收入75%的县，结合贫困人口规模、人均地方生产总值、人均财政收入等，确定为重点帮扶县；农民人均纯收入未达到2012年全省农民人均纯收入60%的村，确定为相对贫困村。

2016年，根据党中央打赢脱贫攻坚战的部署要求，广东省推进精准扶贫精准脱贫三年攻坚，再次调整相对贫困标准。新标准为农村居民人均可支配收入低于4000元（2014年不变价），新标准下全省农村70.8万户176.5万人为相对贫困人口。按农村年人均可支配收入低于8000元（2014年不变价）、相对贫困人口占村户籍人口5%以上的标准，全省2277个村为相对贫困村。2019年，广东省将贫困线标准调整为有劳动能力的贫困户年人均收入达到8266元，无劳动能力的兜底贫困户年人均收入达到5808元，实现相对高标准下开展反贫困工作。

（四）四川省成都市相对贫困标准

2015年，成都市委出台《中共成都市委关于坚持高标准推进城乡扶贫开发的实施意见》（以下简称《意见》），指出要以更高标准减少农村相对贫困并缩减城市相对贫困。《意见》设定的成都市相对贫困村的标准是人均年收入低于10000元，相对贫困人口的标准是人均可支配收入低于2014年同区县人均可支配收入的50%。其推行的主要减贫举措包括就业扶贫、兜底保障、助学贷款、灾后重建扶贫、医疗救助扶贫、公共服务提升、生态环境治理等。

二、建立内蒙古相对贫困标准的构想

经过8年的艰苦奋战，在现行标准下，2020年底内蒙古157万贫困人口全部脱贫，57个贫困旗县和3681个贫困嘎查村全部摘帽。“十四五”时期，内蒙古的首要任务是巩固拓展脱贫攻坚成果，一方面要实现脱贫人口稳定脱贫不返贫，不产生新的贫困人口；另一方面在保证现有成果的基础上，要对脱贫攻坚的质量进行全方位的提升，这是开启治理相对贫困的前提和基础。在消除绝对贫困后，贫困居民基本生存需要已获得满足，而随之追求的是高于基本生存需求的其他缺失性需求。

（一）相对贫困主体的构成

从贫困主体构成情况来看，内蒙古相对贫困人口可分为两大类，即农村牧区相对贫困人口和城镇相对贫困人口。

农村牧区相对贫困人口，主要包括建档立卡的脱贫户、未进入建档立卡但收入徘徊在贫困线附近的贫困边缘户以及因病因灾致贫的农村牧区人口。其中，农村牧区边缘户一直以来是社会关注的焦点。这部分人没有政策兜底和制度保障，因而长期徘徊在贫困线附近，家庭基础薄弱且自力更生能力较弱，具有数量较多、易返贫等特点。其中，虽然一部分人有较完整的生产资料和一定的经济基础，但因病、因灾或因学等导致负债率较高，在短期内难以摆脱困境。

城镇的贫困人口主要指以“三无”人员（无生活来源、无劳动能力、无法定抚养义务人或法定抚养义务人丧失劳动能力而无力抚养的公民）、下岗失业无业者、在业低收入者为代表的户籍贫困人口和以农牧民工为代表的流动贫困人口。其中，以农牧民工为代表的农村牧区流动人口虽然和农村牧区贫困人口相比已较早摆脱绝对贫困，但是在收入、公共服务、社会融入等方面与城市户籍人口存在很大差距。此外，部分农村牧区贫困人口因流入城市务工，既脱离了农村牧区扶贫体系，又难以进入城市社会救助体系，成为贫困保障体系中的“真空地带”，而其中一部分低收入者较容易成为潜在贫困人口。

（二）相对贫困标准的试测算

众所周知，贫困标准包含非常复杂的社会问题，也关乎国家和地方的反贫困政策。内蒙古地域面积大，区域间产业结构和产业类型也有所不同，城乡之间和农村牧区之间发展程度不均衡，人口分布较为分散，相对贫困标准在数据上的大幅波动将会产生一系列新的社会问题。因此，构建科学合理的、切合实际的、符合自治区区情的相对贫困衡量标准是一项重要而紧迫的现实任务。

1.指标的选取

国外已有大量的相对贫困标准实践，不同国家和地区根据自身的发展特点选择了不同的相对贫困标准构建方式。在结合国外实践和国内发展情况的基础上，我们应当借鉴国际上惯用的做法，即基于全体居民收入中位数一定比例的相对贫困标准比较适合自治区实际。

首先，在理论层面，该相对贫困标准使用的国民收入数据在统计上易于获得，且计算方法简单，可操作性强。其次，在实践层面，我国部分发达省份已根据本省居民收入的一定比例确定了本省的相对贫困人口。2016年，江苏省将全面小康农民人均收入的30%确定为新的贫困标准。2013年，广东省使用全省农民人均纯收入的33%确立相对贫困标准。

2.试算方法

我国现行贫困标准为2010年设定的绝对贫困线，以农民年人均纯收入2300元（2010年不变价）为基准，按价格水平进行调整，按每年6%的增长率调整测算，2020年全国绝对贫困脱贫标准线为4000元。

据政府统计公报显示，2020年度内蒙古全体居民人均可支配收入31497元。其中，城镇居民人均可支配收入41353元，农村牧区人均可支配收入16567元。根据上述数据，假设以居民收入中位数一定比例（30%、40%和50%）试算2021年度内蒙古相对贫困标准线，可得出以下结果（见表1）。

表1　内蒙古居民收入中位数不同比例试算（单位：元）

居民类型	2020年人均可支配收入	可支配收入的比例		
		30%	40%	50%
全体居民	31497	9449	12599	15749
城镇居民	41353	12406	16541	20677
农村牧区居民	16567	4970	6627	8284

试算结果显示，如按照中位数的30%试算，农村牧区相对贫困标准线为4970元，这与我国现行绝对贫困线差别不大。如按50%试算，农村牧区标准线为8284元，考虑到地方财政压力和实际区情，这个标准可能有些过高。如按40%试算，农村牧区标准线为6627元，而城镇标准线为16541元。笔者认为，按中位数40%试算比较适合自治区的实际情况，也符合“十四五”过渡时期巩固拓展减贫成果的要求。

三、结论与对策

2020年消除绝对贫困不是终点，脱贫成果还需巩固与夯实。一方面自治区农村牧区脱贫群众基础不太牢固，新的返贫致贫风险不容忽视；另一方面城乡差距、区域差距仍然突出，“从脱贫攻坚走向共同富裕”意味着研究和解决贫困问题的重心转向相对贫困，要建立对相对贫困的低收入人口的帮扶机制来推进共同富裕。为此，要构建解决相对贫困的长效机制，首要任务就是建立科学合理的相对贫困的动态识别机制，并就相对贫困的变化进行有效分解。

通过参考国内外现行的不同模式及做法，梳理归纳国内外专家学者们的相关学术成果，结合自治区实际情况，对构建自治区相对贫困标准提出以下几点对策建议。

（一）采用城乡差异化的相对贫困线

研究表明，全国统一的相对贫困线容易出现过度识别或识别遗漏问题，会高估或低估不同地区的相对贫困状况。以内蒙古现实情况分析，城镇居民和农村牧区居民可支配收入差距较大（如2020年度农村牧区居民收入只有城镇居民收入的40%）。因此，相对贫困人口较集中的农村牧区应当设定与城市不同的标准，适合自治区现阶段发展特征。

（二）相对贫困标准应根据经济、社会发展指数进行动态调整

相对贫困的治理过程是不断缩小收入差距的过程，随着贫困治理成果和国家发展水平的提升而不断推进。随着内蒙古居民收入水平的提升，相对贫困人口收入的要求也会提升，以居民人均可支配收入中位数的40%测算标准也需要逐步提升。因此，相对贫困标准需要在一定年份间进行调整以适应这种变化。

（三）逐步实现多维相对贫困标准

收入相对贫困标准是比较简单易行的初期模式和做法，具有测

算、识别和实施过程相对简单等特点。但是，相对贫困的维度不仅限于物质或收入上的贫困，还包括能力贫困、权利贫困、精神贫困等多维相对贫困。因此，相对贫困标准在不断完善的过程中还应涉及教育、医疗、就业、住房等公共服务标准，逐步实现以收入标准为主、其他标准为辅的多维相对贫困标准。

作者单位：内蒙古自治区社会科学院牧区发展研究所

强化政策支持力度，助力内蒙古新就业形态健康发展

史主生

摘要： 新一轮信息技术革命特别是数字经济和平台经济发展催生的新就业形态，已经发展成为我国吸纳就业的重要渠道，对于内蒙古在新冠肺炎疫情之后稳就业、保就业方面发挥了积极作用。针对自治区目前新就业形态面临的从业人员相对过剩、社会保障和就业创业服务保障不足等主要问题，建议把促进新就业形态健康发展纳入自治区就业政策，构建新就业形态下的就业衡量标准和与之相适应的社会保障制度。

关键词： 新就业形态；内蒙古；政策支持

国家“十四五”规划和2035年远景目标明确提出“实施就业优先战略，支持和规范发展新就业形态”。新就业形态主要是依靠现代信息科技手段，尤其是移动互联网的普及、大数据的产生，带来的有别于传统正式就业和灵活就业的更加灵活的、平台化的组织用工和劳动者就业形态。根据国家信息中心分享经济研究中心发布的《中国共享经济发展年度报告》，2020年我国新就业形态从业者已达8400万人。特别是外卖骑手、快递员、网络主播等新型职业就业容量大、进入门槛低、灵活性和兼职性强，成为稳就业、稳增长的坚实力量。近年来，内蒙古出台政策，大力扶持创业带动就业，支持、规范灵活就业和新就业形态发展，新就业形态得到了一定程度的发展。“十四五”时期强化政策支持力度，助力内蒙古新就业形态健康发展，对于创造

就业岗位，增加就业容量，改善就业结构，激发市场活力，促进实现稳就业、更高质量和更充分就业目标具有重要作用。

一、内蒙古新就业形态发展面临的风险与问题

当前，自治区新就业形态从业者主要集中在物流配送、外卖配送、移动出行三大领域。据不完全统计，从业人数大约在10万人以上，从业者既有来自工厂的工人、办公室职员，也有刚毕业的大学生，收入水平多在3000—5000元。新就业形态快速发展给内蒙古经济和就业带来了积极效果，但同时也面临着许多新情况、新问题、新挑战。

（一）部分新就业形态下从业人员过剩

随着新经济、新业态的发展，大量新形态、新内容的工作岗位被创造出来，最为典型的是电商平台发展直接带动或衍生出来的各类新就业岗位。自治区以新就业形态存在的三大职业分别为网约车司机、网约配送员、快递员。然而，从当前情况来看，这三大新型职业从业人员都存在着不同程度的过剩。以网约车司机为例，截至2020年，呼和浩特市累计办理网约车运输证2932例、网约车驾驶员证9220例，而出租车数量为6568辆，网约车数量远超出租车，且这一数字还在持续增长；另一方面随着乘车补贴减少，乘坐网约车与出租车的价格逐渐持平，居民乘坐网约车热情降低。一增一减导致网约车数量及运力过剩，网约车司机这一新就业形态下从业者的收入锐减。

（二）新就业形态对传统就业造成冲击

互联网在拓展市场需求空间、创造新就业形态岗位的同时，也在一定程度上改变了利益分配格局和分配方式，引发了不同就业群体间的矛盾和冲突。有学者估计，新业态到2025年将会创造出4600万个工作岗位，但因为生产力的提升将会减少1.3%—4.0%的用人需求，折算出来，相当于1000—3100万个工作岗位。以交通出行行业为例，近年

来，像共享汽车、网约车、共享单车、共享电单车等共享出行市场规模迅速扩大，挤占了传统的出租车市场，传统出租车司机的接单量减少，收入下滑严重，由此也产生了一些不文明的现象，如将共享单车扔进沟壑、河水之中，恶意下单阻碍网约车正常运营。

（三）新就业形态从业人员社会保障不足

根据我国相关法律法规，用人单位与员工签订劳动合同后，形成劳动关系，企业需要为员工方缴纳五险一金。新业态下的就业人员，特别是在平台下提供服务的就业人员，平台企业与通过平台提供服务的从业者不属于雇佣与被雇佣的关系，也未与平台签订劳动合同，平台没有为其缴纳社保的义务。以美团外卖骑手为例，美团平台每天会扣骑手3元的保险费，其中的1.1元用来缴纳意外险，剩余的1.9元则被美团截留，而且该保险苛刻地将意外险保险责任限定到“被保险人从抢单开始到该订单送餐结束期间发生的人身意外损失”，此外平台没有给骑手缴纳任何其他保险。然而，像滴滴司机、美团外卖骑手这样的新型职业存在工作环境复杂、劳动强度大、工伤概率高等问题，更需要加强社会保障，尤其是工伤保障。

（四）公共就业创业服务体系有待完善

自治区公共就业服务体系主要针对传统劳动关系下的劳动力开展职业技能培训、职业指导和职业介绍，面向新就业形态群体的技能培训、职业指导供给严重不足。2020年5月，人社部启动新就业形态技能提升和就业促进项目试点工作，开展面向新就业形态的重点就业群体提供岗前培训和技能提升培训，促进其就业或稳定就业，并将浙江、广东、湖北、山东等7个省15个地区列为全国首批新就业形态技能提升和就业促进项目试点地区。内蒙古各盟市不在试点范围内，也尚未开展此类培训。在创业就业扶持政策上，要想享受创业就业方面的扶持，劳动者一般需签订劳动合同或缴纳社会保险作为落实政策的必要条件，新就业形态下的创业就业人群显然不符合此要求。

二、促进内蒙古新就业形态健康发展的政策建议

解决新就业形态发展面临的风险与问题，促进内蒙古新就业形态发展，不可因循守旧、机械地运用原有规则，也不宜简单使用原有的标准尺度去评判和处置新问题，而应紧密结合新就业形态的特点，在政策和制度方面有所创新。

（一）把促进新就业形态健康发展纳入自治区就业政策

鼓励创业创新发展的优惠政策面向新兴业态的企业开放，符合条件的新业态企业可以享受相关的财政、信贷等优惠政策；根据新业态、新就业形态特征，颁布可以切实促进新业态企业发展的政策；制定财税、金融、投资、产业等政策时，应综合评价给平台经济、共享经济中新就业形态就业岗位带来的影响；防范平台企业资金链风险，加大对平台企业的金融监管，科学设定平台抽成比例，坚决惩处平台企业强迫实施的“二选一”行为；指导平台建立对入驻企业及其产品、信息的常态化审查管理制度，加强准入与交易、质量和信息等方面的安全保障；规范平台对用户数据的收集、使用，对平台企业算法的合理性、公平性、合法性开展审核和评判。

（二）构建新就业形态下的就业衡量标准

完善统计监测制度，探索建立新就业形态下的统计监测指标，建立统计监测分析，提高劳动力市场的供求匹配度。针对新就业形态、灵活就业等概念，尽快从行政管理的角度明确并确定新就业形态涵盖职业，便于统计工作开展以及相关支持政策的颁布实施。在新就业形态从业人员情况的调查工作中，建议扩大就业数据信息来源，充分利用大数据、手机客户端等多种手段来掌握新就业形态从业人员的总体数量、分布结构、人员构成、劳动报酬、社会保险等基本情况。

（三）建立适应新就业形态的社会保障制度

把握平台经济发展趋势，从新就业形态从业人员的工作实际出

发，为其量身定制社会保险制度，重点考虑新就业形态人员的工作性质、特点、实际收入水平、分配方式等因素，确定合理的社保费率、便捷的缴费方式、适度的待遇水平以及高效的服务方式。对于从业人员参加工伤保险的强烈诉求，应加快研究和制定新就业形态就业创业人员的职业伤害保险办法和失业保险办法，适当扩大工伤保险覆盖范围，允许以灵活方式参加工伤保险，保障新就业形态从业人员享有工伤和失业保险待遇。针对多数通过平台就业的从业人员收入较低且变化较大、不够稳定的情况，要尽快研究制定平台经济就业人员享受社保补贴的扶持政策，通过发放社保补贴等方式支持其稳定就业。

（四）启动新就业形态职业技能提升工程

尽快启动新就业形态职业技能提升工程，重点加强网约车驾驶员、网约配送员的岗位技能提升，将与平台企业未建立劳动关系但通过企业平台提供服务，并获取劳动报酬的从业者纳入培训范围，并按照相关规定给予平台企业一定的培训补贴。平台企业可根据岗位技能需求自主确定培训内容，但也要将劳动者权益保护、消防安全、交通安全、职业伤害预防、工作生活常识、城市文明礼仪以及相关法律法规等方面的知识纳入培训内容，通过自建线上培训平台、手机客户端或所属培训机构开展线上或线下培训。培训结束后，平台企业应组织参训人员进行培训课程结业考核，发放相应课程培训合格证明，确保培训质量和实效。

作者单位：内蒙古自治区社会科学院经济研究所

调查篇

内蒙古高等院校和科研院所人才需求调研报告（之一）

李春林　张　敏　包娜娜　魏文芳　吴英达　高晓焘　张　磊

摘要：近年来，内蒙古的人才工作取得了长足的进步和显著的成绩，特别是引进人才政策产生了良好的效果，但自治区高等院校和科研院所人才总量不足、结构不优、分布不均、贡献率不高等问题依然比较突出。内蒙古社科院人才课题组就自治区人才需求状况及其满足情况进行了实地调研和访谈，从用人单位对人才的需求、人才个人的需求、用人单位和人才对政策及服务的需求3个方面，分3个报告探讨了自治区高质量发展对人才工作提出的需求以及深化人才管理体制机制改革创新问题，从处理好党委、政府及其部门与用人单位的权责关系，加大对用人单位的领导和支持力度，落实用人单位的自主权等方面提出了对策建议。

关键词：人才需求；内蒙古高质量发展；人才管理体制机制改革

为了解和掌握内蒙古高校和科研院所人才需求整体状况，内蒙古社科院人才调题组先后赴内蒙古大学等5所高等院校，内蒙古农牧业科学院等3家科研院所以及组织部、人社厅、科技厅、教育厅等相关部门，就自治区人才需求状况及其满足情况进行了实地调研和问卷调查，形成此报告。

一、内蒙古高等院校和科研院所人才工作的基本状况

近年来，自治区深入贯彻落实习近平总书记关于人才工作的重要指示精神，着力构建“一心多点”人才工作新格局，依据中央有关文件精神，出台关键性重大人才政策，在人才引进、培养、使用、激励、评价等方面取得了许多成绩和进步。其中，以《内蒙古自治区人才工作目标责任制考评办法（试行）》为抓手，明确盟市和厅局年度考核指标中人才工作的具体指标及赋分权重，发挥了人才工作目标责任制“指挥棒”作用。立足全区经济社会发展大局，制定出台自治区《关于深化人才发展体制机制改革的实施意见》《人才引进和流动实施办法》《关于分类推进人才评价机制改革的实施方案》等13个配套文件，并积极引导盟市旗县和用人单位出台相关措施，推动人才工作取得了许多突破性的重大进步。

目前，自治区已培育“草原英才”个人1297名，产业创新创业人才团队613个，高层次人才创新创业基地81个，滚动支持评审出“草原英才”个人136名，产业创新创业人才团队149个，高层次人才创新创业基地26个，为内蒙古高质量发展提供了重要的人才支撑，对改善内蒙古人才环境和服务产生了重要作用。在自治区党委、政府的高度重视和大力支持下，各高等院校和科研院所持续加大人才培养引进力度。内蒙古大学从2018年开始实施“骏马计划”，用 3 年多的时间将专职教师博士学位比例由62.0%提升到75.9%。内蒙古师范大学实施“雄鹰计划”，3年间从国内外引进优秀博士160余名，有效解决了学校高层次人才不足问题，增强了自治区对高端人才的吸引力。据内蒙古大学统计分析，目前全国14所部省（区）合建高校一般专职教师博士学位比例82%，内蒙古大学较之还差6个百分点，但比全国地方高校的平均值要高出8个百分点。内蒙古大学、内蒙古师范大学分别柔性引进朝戈金教授、纳日碧力戈教授等全国知名学者，有力地加强了人

类学、民族学等学科建设。近年来，内蒙古工业大学、内蒙古财经大学、内蒙古农牧业科学院、内蒙古林业科学院也都着力引进和培养高层次人才，使本单位高层次人才的数量有了很大增长。从2020年起，自治区依托“科技兴蒙”行动，同以清华大学、中国农科院等为代表的8所高水平大学、科研院所签订战略合作协议，共建“4+8+N”合作长效机制，签署合作协议300余项，与35个创新团队、388名科研人员启动和开展联合创新，构建引才新格局，人才素质和结构进一步优化，为打造祖国北疆亮丽风景线提供了有力的人才支撑和智力保障。自治区各项人才政策已经逐渐发挥出一定的效应，组织部、人社厅、科技厅着力推进“放管服”等方面的改革，对激活人才工作活力、落实用人单位自主权、改善人才服务和环境产生了积极的作用。迈上全面建设社会主义现代化国家新征程，谱写内蒙古繁荣发展新篇章，自治区人才工作站在了一个新的历史起点上，需要以更大的力度重点破局。

二、内蒙古高校和科研院所人才需求调研分析

此次调研发现，近年来，自治区的人才工作取得了长足的进步和显著的成绩，特别是自治区引进人才政策产生了良好的效果。但自治区高等院校和科研院所人才总量不足、结构不优、分布不均、贡献率不高等问题依然比较突出，从推动自治区高质量发展对人才提出的需求看，各单位均严重缺少高层次人才和各类一线人才。

（一）急需高层次科技领军人才

中国科技发展战略研究小组和中国科学院大学中国创新创业管理研究中心共同发布的《2020中国区域创新能力评价报告》显示，2020年内蒙古区域创新能力综合指标排名由2015年的全国第二十一位下滑到全国第三十位。区域创新能力不足主要体现在高等院校、科研机构和本土企业的创新能力不足上。现阶段，全区尚无两院院士，仅

有“长江学者”特聘教授3人（全国有7000多人）、“千人计划”14人（全国排名第二十六位）、“万人计划”24人（全国排名第二十六位）。在国家委托自治区解决关键“卡脖子”技术的稀土、大规模储能、石墨烯、氢能、碳捕集封存五大领域中，有4个领域的攻关项目没有具备承担条件的本土高端人才。在新能源、新材料、高端装备制造、生态环境、现代农牧业等自治区重点领域，存在缺乏核心技术、自主创新能力弱等问题。不但现有科技创新能力弱，而且全区科技创新潜力也不高。2010年以来，全区共有6批290人入选享受国务院政府特殊津贴人员名单。截至2021年底，年龄在45岁以下的仅有16人，只占入选人数的5.5%。高层次的中青年科技拔尖人才特别是科技领军人才严重缺乏由此可见一斑。

调查中，一些受访者表示，虽然近年来引进和培养了许多高层次人才，但与国内同行比，目前自治区最缺乏的是国家级领军人才，尤其是针对战略方向的领军人才特别缺乏。大平台、大团队、大带头人不足，是当前内蒙古人才发展的最大短板。有人强调说，在引进中不是舍不得花钱，而是受环境、平台、服务等多种因素影响，刚性引进国字号人才确实有困难。

（二）急需具有博士学位的高学历人才

调查表明，内蒙古高等院校和科研院所科研基础整体较弱，无法达到国字号学科水平的首要原因是博士数量比例不足。因此，按照国家有关规定，在申请国家级大平台、大课题、大项目上存在短板和困难。比如，全区高校至今只有一个马克思主义一级学科博士点，还是由内蒙古大学等几所高校联合申报成功的。尽管内蒙古大学博士学位教师数量占比已达75.9%，超出同类地方院校平均62%的水平，在全区高校中博士数量比例最高，但有些热门专业，如电子信息、法学、马克思主义研究、外国语等专业仍然处于引不进博士的状态，其中法学已连续2年无人引进。同样，内蒙古师范大学的教育学、外语、计算机、音体美等专业博士学位教师引进也比较困难。内蒙古社科院的政治学、经济学、管理学、法学、社会学、“一带一路”研究等学科更是连续十几年没有引进博士。另外，据内蒙古工业大学反映，近年来学校实施每年引进百名博士计划均未能完成任务。总体来看，自治区高等院校和科研院所在引进博士等高学历人才方面还有很大不足。据统计，近几年自治区全年引进博士的数量仅相当于贵州理工大学一所学校全年的引才数量。

（三）急需能够吸引和留住人才发展的平台、团队

高层次人才的发展需要平台和团队的支撑，与普通人才相比，高层次人才更看重事业平台和自我价值的实现。但是，从自治区各高等院校和科研院所发展的总体状况看，缺乏能够吸引和留住人才发展的平台和团队是人才引进和培养中的突出短板。内蒙古大学有些学科有较大的人才吸引力，如物理学科就吸引了一些优秀高层次人才。内蒙古工业大学的雷达团队引进9名高层次人才，有几位家在北京，但仍然愿意到这个团队工作，原因是这里有平台和团队的支撑，能够干成事业。然而现在的问题是，自治区像这样的平台和团队少之又少。

内蒙古医科大学附属医院的王雪梅教授是自治区特殊引进的高端人才，她用10余年时间带领团队建立了自治区首个核医学科并使其发展为自治区领先学科，为自治区核医学的全面发展做出了突出贡献，自治区也给予了她一定的荣誉和支持，但由于内蒙古医科大学没有博士点，因而王雪梅教授面临平台限制个人发展的现实问题。应当说，王雪梅教授面临的困境在自治区是具有普遍性的。全区现有高等院校54所，其中具有博士学位授予权的高校仅有7所，在全国各省份高等院校数量排位中位列倒数第五位。全区高校共有博士学位授权一级学科39个（不含学校间重复学科）、硕士学位授权一级学科144个（不含学校间重复学科），全区博硕士学科数总量不及内地一所985高校的学科数量。此外，自治区农牧业科学院、林业科学院、社会科学院等科研单位甚至连硕士研究生培养授权资格都没有。自治区高层次人才引不进、留不住的原因很大程度上与此相关。

三、内蒙古高等院校和科研院所人才自身需求分析

为客观深入了解高层次人才发展环境现状，分析和总结内蒙古高层次人才自身的需求，调研组于2021年11月19—26日在内蒙古大学、内蒙古师范大学、内蒙古财经大学、内蒙古农牧业科学院、内蒙古林业科学研究院、内蒙古社会科学院等6家单位开展问卷调查，主要考察高层次人才对于人才发展的工作环境、生活环境和社会环境3个方面的满意度情况，调查对象主要为高校教师和科研院所的科研人员。本次调查采取网络电子问卷形式，共回收电子问卷356份。问卷调查中，采用李克特五级量表将人才发展环境满意度划分为“非常不满意”“不满意”“一般”“比较满意”以及“非常满意”，调研样本基本情况如下。

表1　调查样本基本情况

统计指标		比率（%）	统计指标		比率（%）
性别	男	42.57	科研性质	基础研究	60.79
	女	57.43		应用研究	37.50
年龄	25—30周岁	14.93		工程技术	0.57
	31—35周岁	25.64		技术推广	1.14
	36—40周岁	23.94	职称	正高级	21.64
	41—45周岁	16.34		副高级	26.90
	45周岁以上	19.15		中级	51.46

续表

统计指标		比率（%）	统计指标		比率（%）
学历	本科	12.25	团队中担任职务	主持人	24.56
	硕士	28.77		技术骨干	33.04
	博士	54.99		参与人员	42.40
	博士后	3.99		—	—

从调查样本总体情况来看，58.98%的受访者是博士及以上学历，年龄在31—40岁周岁的占比为49.58%，超过6成的受访者的科研性质为基础研究。其中，中级职称占比超过一半，正高级和副高级职称占比分别为21.64%、26.90%。在团队中担任职务方面，24.56%的受访者为项目主持人，33.04%的受访者在团队中担任技术骨干，其余为项目参与人员。

（一）人才发展环境满意度评价

参考市场调查行业中常用赋值方法分析表明（如表2所示），不到半数（43.09%）的受访者对自治区人才发展环境满意（“比较满意”或“非常满意”）。这表明，自治区人才发展环境得到了将近一半人的认可，但还有一半以上的人不太认可，自治区人才发展环境还需进一步优化。具体来说，生活环境满意度最高，满意度指数为70.51。工作环境和社会环境的满意度指数相当，均为67左右，且二者的满意度均为45.48%，但对工作环境的负面评价的占比最高（17.80%）。在调查中，有受访者反映，由于各大学的生师比都比较大，各学校基本上在20：1以上（国家规定合理的标准是14：1—18：1），因而一线青年教师工作量很大，几乎天天加班，有不少青年教师甚至存在心理健康问题。

表2　人才发展环境总体满意度评价

人才发展环境	满意率（%）					满意度指数
	非常满意	比较满意	一般	不满意	非常不满意	
工作环境	13.28	32.20	36.72	12.15	5.65	67.06
社会环境	9.89	35.59	42.66	8.19	3.67	67.97
生活环境	12.71	42.09	33.05	9.32	2.83	70.51
总体满意度	11.83	31.27	39.15	13.52	4.23	66.59

（二）人才工作环境满意度评价

在工作环境涉及的8项要素中（见表3），满意度最高的是“工作自由自主程度”，满意度指数为73.94；“科研投入力度”满意度排名第二，满意度指数为67.16；“科研环境氛围”“培训与学习机会”“载体平台支撑”“事业发展空间”4个方面的满意度水平相当，均为65左右；满意度最低的为“福利待遇水平（59.83）”和“晋升与考评制度（62.71）”。

表3　人才工作环境满意度各要素指数排名

项目	工作自由自主程度	科研投入力度	科研环境氛围	培训与学习机会	福利待遇水平	载体平台支撑	事业发展空间	晋升与考评制度
指数	73.94	67.16	65.31	65.85	59.83	65.44	65.55	62.71
排名	1	2	6	3	8	5	4	7

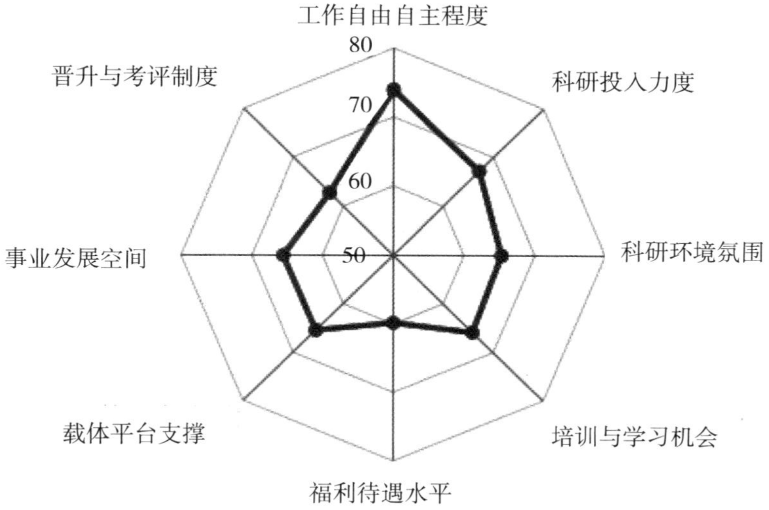

图1　人才工作环境满意度各要素指数雷达

高校和科研院所作为知识密集型单位，博士和研究员占比较高，但是编制和高级职称聘用岗位比例有限，绩效工资难以提高，科研院所普遍存在“高评低聘”问题，职称无法兑现。福利待遇水平低、晋升缓慢等成为人才流失的重要原因。

（三）人才生活环境满意度评价

从生活环境各要素来看（见表4），“社会安全”评价最高，满意度指数为77.87；“居住条件”和“生态环境”位列第二位和第三位，满意度指数分别为72.45、71.32；满意度最低的为“工资收入”和“交通状况”，满意度指数分别为57.02、63.75。

表4　人才生活环境满意度各要素指数排名

项目	居住条件	交通状况	医疗服务	基础教育	文化休闲	社会安全	生态环境	工资收入
指数	72.45	63.75	68.15	67.25	67.61	77.87	71.32	57.02
排名	2	7	4	6	5	1	3	8

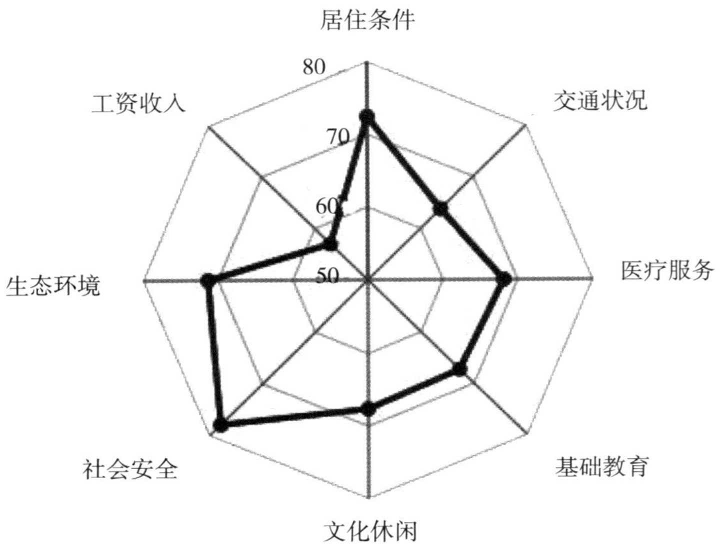

图2　人才生活环境满意度各要素指数雷达

相较于其他方面，受访者对工资待遇的满意度最低，其主要原因在于近一半（49.58%）的调研对象为31—40周岁的青年人才，处于博士毕业刚刚步入工作时期，职称和绩效收入均处于起步阶段和初级水平，工资收入和福利待遇问题显得更为紧迫。在“您最希望政府或单位解决什么问题”这个开放性问题中，有近3成的回答均涉及提升工资待遇内容。

（四）人才社会环境满意度评价

社会环境各要素满意度（见表5）依次为“社会对人才尊重认可的良好风气（68.08）”“人力资源机构服务（67.54）”“政府人才政策（65.65）”“地方经济发展水平（63.11）”，其中人才对“创新创业氛围”的满意度指数最低，为61.81。

表5　人才社会环境满意度各要素指数排名

项目	人力资源机构服务	政府人才政策	地方经济发展水平	创新创业氛围	社会对人才尊重认可的良好风气
指数	67.54	65.65	63.11	61.81	68.08
排名	2	3	4	5	1

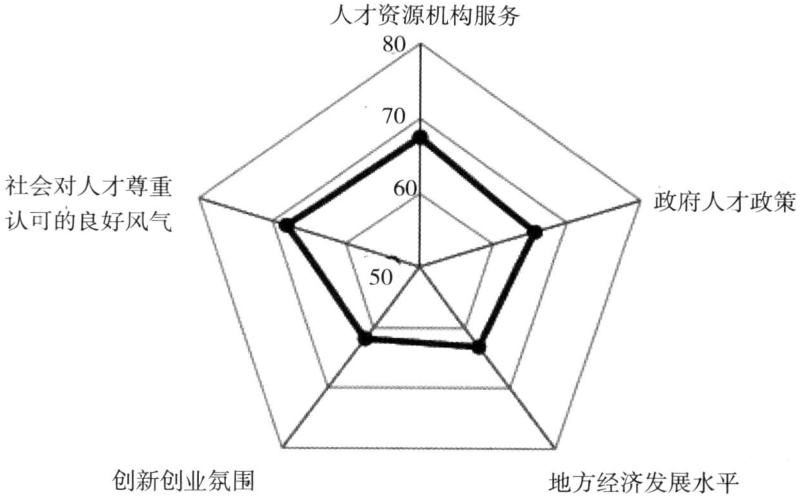

图3　人才社会环境满意度各要素指数雷达

从调查结果可以看出，大多数人对社会尊重认可人才的良好风气、人力资源机构服务、政府人才政策还是比较满意的，但对地方经济发展水平和创新创业氛围则感到不满意。从调查座谈的情况看，自治区经济社会发展水平比较低、创新创业氛围不浓厚是造成高等院校、科研院所对人才吸引力不强的重要原因。

四、综合问卷和走访的主要调查结论

（一）成长空间、平台建设和减负松绑是高层次人才的迫切需求

一是事业发展空间和高水平平台是高层次人才首要的工作诉求。从问卷结果来看（如表6、表7所示），职称越高，对事业发展空间和载体平台建设的满意度越低，正高级职称受访者中，仅有28%的人才表示对所在单位的载体平台建设满意，另有34.67%的人才表示对事业发展空间满意。而项目主持人对于事业发展空间和载体平台建设的满意度更低，正高级职称的非常满意度为0。

二是经费使用难，行政干预过多。访谈中许多人表示，科研项目经费使用需填报各项预算比例，科研经费报销手续烦琐、行政事务较多，耗费了科研人员大量的时间和精力。

三是人才在工作中感受到的价值感、归属感以及团队的创新氛围、学术氛围等"看不见"的需求也是重要方面。这需要用人单位持续改善"微环境"，以创造良好的学术氛围和团结友爱的团队精神。

表6　职称、团队职务与事业发展空间满意度

内容	非常满意	比较满意	一般	不满意	非常不满意	满意度指数
正高级	0.00%	34.67%	40.00%	17.33%	8.00%	60.27
副高级	7.58%	20.21%	56.00%	8.63%	7.58%	62.32
中级	13.18%	33.64%	38.19%	12.61%	2.38%	68.52
项目主持人	5.81%	29.07%	43.03%	17.44%	4.65%	62.78
技术骨干	6.95%	29.57%	46.96%	9.57%	6.95%	64.01
项目参加人员	12.35%	33.83%	38.53%	11.67%	3.62%	67.92

表7　职称、团队职务与载体平台建设满意度

内容	非常满意	比较满意	一般	不满意	非常不满意	满意度指数
正高级	0.00%	28.00%	49.33%	18.67%	4.00%	60.27
副高级	6.53%	26.53%	45.47%	14.95%	6.53%	62.32
中级	14.31%	30.79%	39.88%	12.61%	2.38%	68.40
项目主持人	5.81%	27.91%	45.35%	17.44%	3.49%	63.02
技术骨干	6.09%	30.43%	45.22%	13.04%	5.22%	63.83
项目参加人员	13.69%	31.14%	39.20%	13.02%	2.95%	67.91

（二）子女教育、住房保障和配偶就业等后顾之忧是高层次人才的生活痛点

一是子女教育问题。子女教育是高层次人才最为关注的生活需求，目前有附属学校的单位在解决人才子女教育方面压力较小，而没有附属学校的单位则难以解决或仅能保障“能上学”，难以做到“上好学”，这种环境条件对人才难以形成吸引力。

二是住房保障问题。高层次人才引进后，自治区层面没有配套提供人才公寓，高层次人才在租房、买房时没有优惠政策，而由各单位解决人才住房问题。目前，内蒙古师范大学提供了相对充裕的人才周转住房（市内50套+盛乐校区98套），其余单位则不同程度地存在周转公寓数量不足、条件有限，难以满足人才住房需求等问题。

三是配偶就业问题。目前仅有一部分有条件的单位可通过合同制形式聘用人才配偶，配偶就业难以落实一定程度上成为人才引不进、留不住的重要阻碍。

三、鼓励创新、包容失败的社会氛围不足，人才公共服务水平不高

从评价结果来看，自治区人才环境优化与习近平总书记要求的全社会形成尊重知识、崇尚创新、尊重人才、热爱科学、献身科学的浓厚氛围尚有一定差距。在科研经费投入方面，虽然国家已出台文件明确表示项目通过验收后，结余资金不再收回，留归项目承担单位统筹使用，但在执行过程中，因财政、审计制度要求，科研结余经费仍难以持续使用，加之科研经费投入不足，因而很容易影响科研项目的持续开展。在人才评价和认可上，尊重科研规律，容许试错和失败的氛围不足，项目绩效评估上没有区分不同类别、不同性质的研究，以简单指标衡量人才创造的价值。在人才公共服务方面，2021年才实现引进人才可落户到集体户口；外籍人士只能申请2年长居，因无法在本地购房，影响外籍专家的生活。

综上所述，内蒙古人才需求与人才自身需求，都对自治区人才工作提出了新的更高的要求，需要自治区党委、政府进一步加大人才开发经费投入力度，出台更加有效的人才政策，尤其要狠抓已有政策的落地落实。而所有这些，又都需要正确处理好党委、政府及其部门与用人单位的权责关系，加大对用人单位的领导和支持力度，深化人才管理体制机制改革创新，落实用人单位的自主权。

作者单位：李春林　内蒙古自治区社会科学院
张　敏　内蒙古自治区社会科学院公共管理研究所
包娜娜　内蒙古自治区社会科学院公共管理研究所
魏文芳　内蒙古自治区社会科学院马克思主义研究所
吴英达　内蒙古自治区社会科学院科研管理处
高晓焘　内蒙古自治区社会科学院办公室
张　磊　内蒙古化工职业学院

内蒙古高等院校和科研院所人才需求调研报告（之二）

李春林　张　敏　吴英达　张　磊　高晓焘　魏文芳　包娜娜

摘要：在深入几所高等院校和科研院所的调研中发现，自治区存在人才投入不足、科技平台缺乏持续支持、人才政策落地落实不够、缺少保障人才发展的公共服务平台等问题。这些是造成高等院校和科研院所引才留才依然困难、人才流失趋势依然严重的主要原因。在当前和今后较长时间内，自治区党委、政府支持和服务用人单位及人才主体力度进一步加大，需要着力解决三大问题：一是加大人才开发经费投入；二是给用人单位和人才主体“松绑”；三是抓好已有人才政策的落地落实。

关键词：人才政策；人才体制机制；人才环境；人才服务

在深入几所高等院校和科研院所的调研中发现，人才投入不足、科技平台缺乏持续支持、人才政策落地落实不够、缺少保障人才发展的公共服务平台等问题，是造成高等院校和科研院所引才留才依然困难、人才流失趋势依然严重的主要原因。目前，最需要的是切实加大人才开发经费投入力度，进一步破除制约人才发展和影响用人单位发挥自主权的体制机制障碍。

一、需要内蒙古进一步加大人才开发经费投入

内蒙古作为经济欠发达地区，在吸引人才和留住人才等方面不

具备优势，且与发达地区及周边省区相比，人才投入严重不足。按照自治区人民政府《内蒙古自治区人才引进和流动实施办法》有关工作要求和核算方法，自治区刚性和柔性引进各类人才，需要科研支持经费、岗位激励经费、购房补贴经费、租房补贴经费等每年2.5—3亿元，但由于经费投入不足，自治区本级直接引进的高层次急需紧缺人才，只能按照“择优”方式使用，每年给予人才引导性科研支持经费600万元。相对国内其他省区市，这些经费基本上就是杯水车薪。2020年，山东省安排人才建设专项资金15.78亿元，比2019年增长30.96%。山西省累计投入4.11亿元，用于2名院士、6名“长江学者”和1859名优秀博士毕业生的专项引进。安徽省合肥市财政5年来的人才发展专项经费为20亿元，平均每年投入4亿元，用于保障人才政策运转。而自治区人才工作专项经费每年仅1.23亿元，大部分用于“草原英才”工程，通过推荐和选拔的方式每年为引进人才配套资金不足3000万元。受经费投入限制，各高校引进人才的总量受到限制，并承担着较大的财务压力。由于经费投入不足，自治区获批的实验室、技术研究中心、试验示范基地等创新平台实验设备更新缓慢，运转困难。

调查显示，由于投资体制缺陷和投入不足等原因，自治区的科研项目、平台、人才投入基本上处于“撒胡椒面”状态，对一些有望成为高水平科研平台和高层次顶尖人才的持续支持力度不够，在顶尖团队打造方面也缺乏应有的政策支持，这很不利于一流人才和一流团队的培养。

二、需要从编制和职称比例上解决用人单位的人才困境

调研发现，各高等院校和科研院所均存在由于编制和岗位的限制，导致人才引不进、留不住的问题。如今，全区各高校使用的还是2005年和2006年核准的编制总数，但扩招以后，自治区高校的在校生总数早已是2005年的几倍之多，由于教师编制数量始终没有改变，

导致生师比、博士比、教授比均达不到教育部要求。以内蒙古大学为例，与全国14所部省（区）合建院校相比，现有的教师编制数仅相当于西藏大学的水平，宁夏大学的教师总数是内蒙古大学的2倍。教师队伍规模体量偏小、总量不足和高级职称比例不足，严重制约了学校事业的发展。受访教师反映，内蒙古大学目前在国内高校排名处于100位左右，教师的教学工作量长期超负荷运行，能够用来搞科研的时间非常有限，但还是取得了良好的科研业绩，这很不容易。如果内蒙古大学的教师数量与宁夏大学一样，那么内蒙古大学的“双一流”建设将有更大的发展。在调研中，受访教师还反映，内蒙古大学的教师队伍早以博士为主体，而且博士的含金量都比较高，但高级职称的比例始终只有50%，造成一些优秀博士无法评上高级职称，每年约有20人离职。内蒙古工业大学反映，受编制不足的限制，近几年采取合同制聘用了近100名辅导员，这种校聘方式造成教师队伍很不稳定。据了解，自治区高校采取招聘编外专职辅导员的方式来解决辅导员队伍不达标的问题不在少数，对此应当给予高度重视。

与高等院校相比，科研院所在编制方面存在的问题更加突出。例如，全国省级农科院平均编制数是1380个，而内蒙古农科院编制数仅363个，全院编制数占全国平均水平的25%左右，而实际在岗人员559人，2020年项目聘用人员202人，在全国31个省级农科院中人员总数排名第三十一位。科研队伍规模与内蒙古作为全国农牧业大区的地位极不相称，与自治区农牧业领域面临的“卡脖子”问题研发需求极不相称。由于编制和职称比例结构不合理，内蒙古农牧科学院人才流失十分严重。

三、需要给用人单位和各类人才进一步“松绑”

调研发现，计划经济体制下形成的人才观念和人才管理模式至今还未彻底改变，人才引进和流动中身份、资历、档案等障碍因素依然存在。科研事业单位仍然是行政化管理，人才引进和流动机制仍不够畅通。一些高校和科研院所反映，目前的人才引进名义上是备案制，实际执行的还是审批制。如各个单位引进或调入人才需要通过编办“一编一报”，实际上，这些单位只是在已有的编制下实施人才引进，并不存在超编进人问题。又比如，招聘人才实行备案制，但实际上报批进人方案很费劲，经常需要反复协调沟通才能批复。再比如，归党委管理的事业单位引进人才需要先提交组织部审核，然后再报人社厅备案，办理时间一般在6个月以上。由于备案和审核拖得时间比较久，导致一些本来能够引进来的人才最后未能来自治区工作。

在推进人才工作改革创新进程中，自治区早已建立和完善了引进高端人才的“绿色通道”并且发挥了积极作用，但这些“通道”层层把关协调并附加某些条件，直接造成人才引进受阻。为了维护社会公平、提高人才工作质量，自治区规定了在平台发布招聘公告、按照1：4进行人才招考录用等制度，这在一般情况下是适用的，但由于一些学科和专业人才十分短缺，招考报名很难达到1：4，导致无法开考，也就无法引进紧缺急需人才。

近年来，自治区已经改革财政管理体制，但科研经费的管理基本上仍采取行政事业费的管理方式，科研经费通常立项三四个月以后才能拨付到用人单位，而且财政拨款的使用周期一般是一年，但项目研究的周期一般都在一年以上，有些基础性研究项目甚至需要2—3年时间，结果科研经费的执行力成了用人单位的“头痛事”。另外，科研项目经费使用需填报各项预算比例，科研经费报销手续烦琐、行政事务较多，耗费了科研人员大量的时间和精力。

调研中还发现，高等院校和科研院所在人才评价和职称评审体制机制方面破“四唯”（“五唯”）还远远不够，不同程度地存在着唯论文、唯职称、唯学历、唯奖项等人才评价偏差。如农牧科学研究本应当是更多地把论文写在田野里、羊圈中，但现在人才评价仍然是“四唯”标准，特别是唯论文，科研人员只能把主要精力放在写论文和评奖上。此外，音乐、美术、体育教师的职称评定也同样存在类似问题。

四、需要增加现有人才政策的兼容性

近年来，自治区党委、政府出台了一系列旨在激发创新活力的关键性重大政策，在科技创新引领方面取得了诸多成绩，但仍存在政策兼容性不够等问题。特别是有的政策性文件在哲学社会科学科研工作中得不到落地落实。近期国务院办公厅出台了《关于改革完善中央财政科研经费管理的若干意见》文件，明确“改进结余资金管理：项目完成任务目标并通过综合绩效评价后，结余资金留归项目承担单位使用”，但现在自治区仍没有相关配套的实施意见。2021年，财政部和国家哲学社会科学工作领导小组出台文件规定，国家哲学社会科学课题间接经费50万元及以下部分为项目资助总额的40%，超过50万元到500万元的部分为30%，超过500万元的部分为20%。同时还规定，课题结项等级“优秀”的，间接经费一般为60%；结项等级为“良好”的，间接经费一般为50%；结项等级为“合格”的，间接经费为40%。这一规定与自然科学项目的相关规定有一定的耦合性。自治区急需依据这些规定统筹制定各类课题的间接经费标准以及管理制度。

五、需要解决现有人才政策空转问题

调查中许多单位反映，近年来，自治区组织部、人社厅、科技厅出台了若干激发人才创新创业的政策措施，但部分政策落实落地中仍存在“最后一公里”问题。现有人才政策配套衔接不够，例如，自治区党委在2017年出台的《深化人才发展体制机制改革的实施意见》中关于人才安家费、子女入学、配偶就业等都未真正落地，有周转房和附属学校的内蒙古师范大学、内蒙古农业大学这方面的问题并不突出，但其他单位很被动。又如，人才评价方面，自治区党委办公厅、自治区人民政府办公厅出台的《关于深化职称制度改革的实施意见》和《关于分类推进人才评价机制改革的实施方案》等政策由于过于宏观，缺少配套文件，对健全人才评价机制作用不大。再如，科技成果转化方面，自治区财政厅、自治区科学技术厅、自治区知识产权局关于印发《〈内蒙古自治区深化事业单位科技成果使用处置和收益管理改革的若干意见〉的通知》《内蒙古自治区促进科技成果转移转化八项措施》，自治区党委办公厅、自治区人民政府办公厅联合印发《关于实行以增加知识价值为导向分配政策的实施意见》等文件规定，均因投入不足而无法打通“最后一公里”。

从走访调研和问卷调查的情况看，当前和今后加大党委、政府支持和服务用人单位及人才主体的力度，需要着力解决三大问题：一是加大人才开发经费投入；二是给用人单位和人才主体“松绑”；三是抓好已有人才政策的落地落实。为此，提出以下几点建议。

第一，进一步加大人才建设经费投入力度。

一是要在总体上增加人才建设经费，应当向山西省、河南省这些经济不是特别发达的省看齐，在自治区财力允许的前提下，把人才建设经费的总盘子做大。参照一些外省区的做法，保证自治区直接用于支持人才引进和发展的经费每年不低于5亿元。这样，就可以支持和帮助高等院校、科研院所等用人单位高薪柔性引进两院院士、“长江学者”和国家千人计划、万人计划等国字号人才，对引进的高层次人才给予一定的生活补助、住房补贴等，也能够进一步支持自治区“草原英才”工程持续滚动发展。

二是要围绕自治区学科建设、平台建设的基础和优势，瞄准国际国内学术和技术前沿，从自治区经济文化发展的需要出发，投巨资（20—100亿）持续打造一流学科、一流平台、一流人才。自治区需要实施高端人才引领战略，从总体上规划建设若干创新创业基地和人才聚集高地，发挥其中心带动作用，构建和发展“一心多点”人才工作新格局。

三是要加大对内蒙古大学的经费支持力度，向山西、河南、海南等省看齐，支持内蒙古大学作为部省（区）合建院校尽快走进全国高校更前列，形成内蒙古人才培养和科技创新的战略制高点，以带动全区的科技创新、文化创新和人才高质量发展。

第二，进一步给用人单位和人才主体放权“松绑”。

一是要对编制和职称比例实施总量控制、分类管理。根据高等院校的生师比状况，应适当调整其编制数，原则上使生师比向18：1这一国家规定的合格标准靠拢。由于自治区有编制总量的限制，高校的编制可以实施分类控制，即在现有编制不动的基础上，增设自行聘任人员的编制，实行合同制管理，明确其工资福利、职务职称晋升与在编人员同等对待、同工同酬，这部分“编制”可以用于教师岗位，也可以用于行政岗位和辅导员岗位，工资福利等可以由学校从经费总预算中列支，也可以用“自收自支”的办法支付。内蒙古大学的生师比过高，不符合部省（区）合建办高水平研究型大学的要求，自治区应当给予特殊支持，适当增加教师编制，逐渐降低生师比，同时适当提高高级职称的比例，推动学校打造更多一流学科，建设全国一流大学。另外，也要适当增加各大学高级职称比例，主要采取学校内聘的方式，给学校用人自主权，允许学校把一部分因职数限制而无法晋升的优秀中青年教师聘到高级职称岗位，以避免人才的大量外流。科研院所的编制情况相对比较复杂，需要根据各单位的情况进行动态调整。

二是给高等院校和科研院所放权赋能。首先要落实高等院校、科研院所的用人自主权。政府及其部门在编制报批、备案管理等方面要坚决放权，实行编制内用人无须报批、只需备案。同时简化程序、拆除关卡，切实避免备案管理成为变相的审批，切实避免绿色通道的人为干扰。其次，加强对科研经费实行宏观管理，给高等院校和科研院所科研经费管理的自主权，尤其要允许高等院校和科研院所根据需要，采取“一事一议”的方式通过平台和项目柔性引进国字号高端人才。目前，高等院校已经基本这样做了，但科研院所还受制于体制机制障碍而难以做到。再次，要赋予高等院校和科研院所人才评价和设定用人标准的自主权，让用人单位自行决定用什么人和怎样用人，从而改变政府部门为了规范行政管理不得不采取的唯学历、唯职称、唯论文甚至唯专业对口、唯985与211名牌大学等机械僵化的做法。最后，在逢进必考的体制机制下，既要坚决维护社会公平正义，也要坚持从实际出发，实事求是，在用人单位引进紧缺急需人才的公开考试中，可以不要求达到1：4的报名人数，也可以允许用人单位采取“一事一议”的方式直接招聘有特殊才能的人才。

三是要给人才主体“松绑”。允许学科带头人、项目主持人、平台领军人、团队带头人拥有更大的用人自主权和技术路线决定权。在实施人才发展战略中要充分放权给新兴的领军人物和创新团队。例如，内蒙古工业大学的雷达团队因需自行招聘，依靠成果转化收入保持运行，在这种运行模式下，人才问题得到了较好解决。内蒙古大学、内蒙古师范大学、内蒙古科技大学也都采取了类似的做法建设实验室、搭建科研平台、明确目标任务，实质性地柔性引进国字号高端人才，并帮助和支持这些人才把想法做成，实现学校和人才双方满意，人才工作取得了明显的成效，建议自治区推广这些做法。

第三，进一步狠抓已有人才政策的落地落实。

近年来，自治区已经出台了很多人才政策，但调查中发现许多政策还没有落实到位。人才问题不是单一的问题，人才开发是一个系统工程，涉及方方面面。目前，政府各部门均从自身职能职责出发进行管理，条块分割，消解了政策效应。比如，用人单位的主体地位的落地落实，各个方面都要放权，对编制的管理需要编办和人社厅的大力支持，对科研经费管理的充分放权，需要科技、教育、财政、审计、税务等部门通力支持。再比如，劳务费的管理较为严格，如果放权，需要人社部门、财政部门、审计部门等共同出台政策，形成政策合力。此外，为引进的人才提供解决孩子上学、住房保障、配偶就业等服务时，由于没有专门部门统筹协调，这一政策实际上很难落地落实。建议党委、政府发挥人才领导小组的作用，组织力量专门梳理现有人才政策及其落实情况，积极盘活现有人才政策，统筹推进政策的落地落实。同时，进一步加大人才工作改革力度，推动改革的整体性、系统性和协调性。

第四，进一步加强人才环境建设和服务工作。

随着形势的发展，人才工作的重心越来越需要向打造良好环境、提供优质服务转变。调研中各单位反映，现在高层次人才最需要的不是优厚待遇，也不是政策支持和经费投入，而是事业发展和个人成长，因而最需要有干事创业的平台和优良的生活工作环境，需要满足人才的价值感和归宿感。因此，从大环境上形成尊重人才的气候，在“微环境”上为人才提供解决急难愁盼的服务，切实为人才解除来自家庭生活和个人身心健康的后顾之忧，克服管理行政化给人才造成的不便，成为做好新时代人才工作的重中之重。特别是对青年教师和科研工作者，子女教育和住房问题是个痛点，这些人工作压力大、收入水平相对偏低，承受着较大的生活压力和心理压力，对这一人群的实际困难和问题应当给予高度关注并切实加以解决。近年来，许多省区市出台了人才购房优惠政策，为引进的高层次人才解决孩子上学和配偶就业问题，有不少地方还推行了富有相当含金量的高层次人才绿卡制度。自治区在这方面也有不少举措，但力度还不够大，解决问题还不够实，尚缺“最后一公里”，这方面的工作需进一步加强。

作者单位：李春林　内蒙古自治区社会科学院
张　敏　内蒙古自治区社会科学院公共管理研究所
吴英达　内蒙古自治区社会科学院科研管理处
张　磊　内蒙古化工职业学院
高晓焘　内蒙古自治区社会科学院办公室
魏文芳　内蒙古自治区社会科学院马克思主义研究所
包娜娜　内蒙古自治区社会科学院公共管理研究所

内蒙古高等院校和科研院所人才需求调研报告（之三）

李春林　张　敏　高晓焘　包娜娜　张　磊　魏文芳　吴英达

摘要： 科研院所具有科学研究、技术开发、培养高层次人才和促进高科技产业发展的职能，是实施创新驱动发展战略、建设创新型国家的重要力量。但自治区公益一类科研院所普遍存在人才数量不足、人员断层老化、领军人才缺乏、人才流失严重等共性问题。造成这种状况的主要原因包括编制限制、投入不足、平台有限、政策不兼容等，归根结底还是体制机制问题，需要给公益一类科研院所松绑放权和特殊支持。

关键词： 公益一类科研院所；体制机制；松绑放权

为了解和掌握内蒙古科研院所人才需求状况及需要解决的实际问题，课题组对内蒙古农牧业科学院（以下简称农牧科学院）、内蒙古林业科学院（以下简称林科院）、内蒙古社会科学院（以下简称社科院）等科研院所开展实地调研和访谈，结合社科院的情况，分析自治区公益一类科研院所人才工作存在的问题及其原因，提出对策建议，为自治区制定相关人才政策提供决策参考。

一、公益一类科研院所人才工作面临的突出问题

调研发现，公益一类科研院所普遍存在人才数量不足、人员断层老化、领军人才缺乏、人才流失严重等共性问题，造成这种状况的主

要原因还是体制机制问题。

（一）受编制限制，人才总量严重不足

农牧科学院这一情况最为突出。全国省级农科院平均编制数1380个，自治区农科院编制数仅363个，全院编制数占全国平均水平的25%左右，而实际在岗人员559人，2020年项目聘用人员202人，在全国31个省级农科院中人员总数排名第三十一位，科研队伍规模与内蒙古作为全国农牧业大区的地位极不相称。农牧科学院在编职工中50岁以上的占55.2%，40—50岁的占23.1%，40岁以下的占21.7%。人才队伍结构呈现严重的倒三角形结构，人员老龄化严重，中青年科研业务骨干缺乏，科研梯队面临后继无人的问题。由于聘用人员多，大部分人十几年没有解决编制，引才存在消化历史问题的难题，同时意味着未来领军人才明显收缩。林科院和社科院虽有空编，但高端人才严重短缺。林科院现有编制174个，实际在编人员132个，在岗人员166人，项目聘用34人，每年用于人员聘用支出超过300万元，严重挤压项目和发展经费。社科院现有工作人员211人，在全国社科院中规模属于中等，但人才年龄结构、学科结构不合理，存在年龄断层、应用学科人才严重短缺等问题。

（二）待遇落差造成人才流失严重

农牧科学院近 3 年来，使用自治区人才专项编制引进人才35名，同期流失骨干人才24人。引进的是高层次刚入职博士，而流失的是经多年培养具备主持重大项目能力的副高级职称以上的科研骨干，其中有不少是博导、主任。

造成人才大量流失的最主要原因是待遇问题。公益一类科研事业单位目前的绩效工资总量核准基数是以2012年自治区人民政府办公厅印发的《关于内蒙古自治区直属事业单位绩效工资实施方案的通知》为依据，按照自治区最低基准线——年人均3万元的标准执行。以社科院为例，绩效工资总量核准基数无论是与华北地区及经济社会欠发达地区的省市社科院（陕西社科院9.6万元，广西社科院7.4万元）相比，还是与宣传文化系统事业单位（同为公益一类的自治区党校5.4万元；同属宣传系统的内蒙古电视台6.625万元，内蒙古日报社5.21万元；公益二类的高等院校均为9万元，内蒙古大学达到9.3万元）相比，工资待遇处于最低水平。近年来，区内外高校普遍实行高薪引才，直接导致自治区公益一类科研事业单位的人才流失，社科院流失的人才基本流向区内几所高等院校。农牧科学院流失的大多数人才则流向区外科研院所和大专院校。这是因为区外科研院所的人才薪酬待遇远远高于内蒙古，且科研体制机制灵活，项目和平台都比内蒙古好。

（三）缺少人才专项资金

近年来，各高校高度重视引才工作，按照人才层次为引进的高层次人才提供年薪工资、住房保障、科研启动经费等。内蒙古工业大学每年引进人才经费4000余万元。内蒙古师范大学每年引进人才经费2500余万元，引进一位“长江学者”为年薪120万元、科研启动经费150万元，并提供200平方米的住房。内蒙古大学、内蒙古财经大学等高校也采取了类似做法。相比之下，公益一类科研单位由于缺少人才专项资金，引才工作十分乏力，人才培养经费投入严重不足，培养工作十分滞后。由于缺少培养经费，社科院科研人员培养只能依托自治区党委组织部“西部之光”访问学者、“少数民族干部培养计划”，10年间仅有13人获得这样的培训机会。调查表明，自治区公益一类科研事业单位完全实行行政化管理，机制不灵活，不允许创收，不允许收费，导致科研人员的收入难以得到较大提高。在外无输血、内无造血的环境条件下，公益一类科研事业单位的人才问题日益严重，如果再不采取强有力措施就会出现断崖式下滑的风险。

（四）缺少持续的科研经费来源

按照中央2015年下发的《关于加强中国特色新型智库建设的意见》和自治区配套出台的《关于加强内蒙古新型智库建设的实施意

见》，内蒙古社科院作为自治区高端智库，是以战略问题和公共政策为主要研究对象、以服务党和政府科学民主依法决策为宗旨的非营利性研究咨询机构，应当具备的基本条件之一为“有保障、可持续的资金来源”和“多层次的学术交流平台和成果转化渠道”。但现在财政每年给社科院拨款经费为5364万元，其中工资经费3490万元，办公经费251万元，全院全年度可用于课题研究的经费不足80万元，还不及大学一个重大课题的经费。2021年，社科院获批自治区党委宣传部铸牢中华民族共同体意识研究基地，同时还获批自治区党委统战部、自治区党委宣传部、自治区教育厅、自治区民委铸牢中华民族共同体意识研究基地，但仅获得5万元经费支持。这与内蒙古大学、内蒙古师范大学建设的铸牢中华民族共同体意识研究中心的几十万乃至上百万的经费投入相比，相差甚远。

由于公益一类事业单位不得从事生产经营活动（包括举办企业），不能参与招投标（包括政府及其部门的招标项目），不得取得经营性收入，所以不但财政科研投入缺乏基本保障，而且科研人员也无法充分进入知识市场，导致科研能力无法充分释放，陷入科研成果“不敢转化、转化不了”等困局。内蒙古社科院的应用类学科几乎处于“有钱养兵、无钱打仗”的状态。调查表明，农牧科学院、林科院在突破固有体制性障碍方面做了一些调整，农牧科学院下设的资源环境与检测技术研究所为独立核算的公益二类单位，拥有稳定的收入来源。农牧科学院还采取了一些有利于科研服务和成果转化的方法推动科研事业的发展，但某些做法被认定为违规，同时在用工方面也存在一定的风险隐患。

（五）缺乏持续培养高端人才的平台

由于投资体制存在缺陷、投入不足等原因，自治区的科研项目、平台、人才投入基本上处于“撒胡椒面”的状态，对一些有望成为高水平科研平台和高层次顶尖人才的持续支持力度不够，在顶尖团队打造方面也缺乏应有的政策支持，这种状况很不利于一流人才和一流团队的培养。调查发现，缺乏政策支持是自治区顶尖团队难以培养成功的主要原因。农牧科学院的部分畜牧业高端研究团队长期以来没有引进一名博士，聘用的一些硕士和自己培养的硕士流失，到基层一线服务的人才更是少之又少，部分大学毕业生不愿意到嘎查村牧场工作，因而许多高端人才平台和科研基地存在整体性的人才危机。

（六）部分政策兼容性不够

近年来，自治区党委、政府出台了一系列激发创新活力的关键性重大政策，在科技创新引领方面取得了众多成绩，但仍存在政策兼容性不够的问题，特别是有的政策性文件在哲学社会科学科研工作中得不到落地落实。2020年12月下发的《内蒙古自治区事业单位高层次人才工资分配激励机制实施意见》中，与知识技术密集、高层次人才集中的公益二类单位自主经费可以落实相关政策待遇，公益一类单位中的自然科学科研单位通过成果转化方式畅通并有明确标准的优势落实相关政策待遇相比，唯有既是公益一类又是从事哲学社会科学的科研单位无法落实相关政策待遇。这就使全区从事哲学社会科学研究的科研单位很难实现“充分体现知识价值分配导向，合理确定高层次人才待遇水平，完善规范有序的工资分配激励机制，充分发挥激励导向作用”。

二、对公益一类科研事业单位人才工作的政策建议

公益一类科研事业单位有其独特的运行机制，与行政单位、高等院校不同。基于本次调研，针对自治区公益一类科研事业单位人才发展提出对策建议。

（一）总量控制，分类管理

在编制使用、资源配置、科研项目经费使用方面，给用人单位和

人才下放更多的自主权，允许科研事业单位在编制或人员总量内自主制定岗位设置方案和管理办法，确定岗位结构比例，调整情况按管理权限报相关部门备案。科研院所正职和领导班子中属组织部管理的干部要严格执行中央有关规定，内设研发机构负责人和一般科研人员，可依法依规获得科技成果转化现金、股权奖励、评审费、咨询费，科研人员因公临时出国、兼职等要区别对待和分类管理。

（二）设立公益一类人才专项经费

针对公益一类科研事业单位在财政稳定预算中设立人才专项经费，用于开展高层次人才引进待遇兑现和设立科研启动专项资金及科研人员成果奖励，从根本上解决这类事业单位人才引进难、留住难的问题。实施领军人才、创新团队和创新平台持续三年财政滚动支持计划，可采取“揭榜挂帅”的办法，重点支持能够达到国家级水平的领军人才和创新团队。增设自治区级青年人才培养项目，对有潜力的青年人才和项目给予特殊支持。

（三）建立稳定的科研保障支持

2020年10月，自治区党委、政府印发的《关于加快推进“科技兴蒙”行动支持科技创新若干政策措施》明确提出“设立自治区高校、公益性科研院所基本科研业务费”，但现在还没有明确的配套文件。相比自然科学研究，林科院每年有主管部门支持500万元的科研能力提升经费，社科院则没有这样的投入，所以自治区社科院和各盟市社科院对这一文件的执行更为期待。

（四）加强社会科学研究的特定支持

尽快出台与《国务院办公厅关于改革完善中央财政科研经费管理的若干意见》文件相配套的相关实施意见，对社会科学和自然科学经费实行分类管理。社会科学的项目预算书填写还可以更加简略，执行预算可以适当灵活变通。社会科学基础研究的周期相对较长，自治区在资金管理上不宜按照行政经费的管理办法进行年度管理，而应当按2

年或3年一个周期进行管理。此外，还要尊重哲学社会科学科研规律，对于进入国家和自治区人才工程、获得国务院特殊津贴的专家学者和二级研究员（教授）等高层次人才，可根据本人意愿和单位工作的需要延聘至65—70岁（中国社会科学院、中央党校的顶尖人才是70岁，部分省区市社科院的顶尖人才是65岁），延聘实行合同制管理，其工作目标任务和薪酬待遇可以一事一议。延聘人员不再占用受聘单位的职称职务指标。由于社会科学研究过程中没有高额的实验室设备及耗材经费等方面的支出，所以应当将国家课题规划项目之外的课题间接经费普遍提高到50%或执行包干制。

（五）提高绩效工资比例

尽快出台支持公益性科研院所绩效工资的相关文件。现阶段内蒙古绩效工资的依据依然是2012年自治区人民政府办公厅印发的《关于内蒙古自治区直属事业单位绩效工资实施方案的通知》，执行标准已不符合现有实际情况，建议参照六部委印发的《关于扩大高校和科研院所科研相关自主权的若干意见》，至少将绩效工资总额核定基数从现在年人均3万元提升至年人均5.4万元。鉴于自治区财政压力，暂时可以只给指标，不拨付经费，旨在激活公益一类科研事业单位的激励机制。同时，推动公益一类事业单位实施创新工程，在管理和分配上进一步由岗位管理过渡到绩效管理。

（六）解决公益一类科研单位不能直接招收研究生问题

比照中国农科院、江苏省农科院的做法，协同自治区教育厅等单位解决公益一类科研事业单位不能直接招收研究生的问题，建议给予公益一类科研事业单位单列研究生招生计划，通过与国内大学和科研院所合作招生、合作共建博士后流动站等，不占用大学招生计划的名额。通过研究生以及博士后的培养工作，切实有效地解决高层次人才团队力量不足的问题。

作者单位：李春林　内蒙古自治区社会科学院
张　敏　内蒙古自治区社会科学院公共管理研究所
高晓焘　内蒙古自治区社会科学院办公室
包娜娜　内蒙古自治区社会科学院公共管理研究所
张　磊　内蒙古化工职业学院
魏文芳　内蒙古自治区社会科学院马克思主义研究所
吴英达　内蒙古自治区社会科学院科研管理处

关于牧区现代化的几点思考[1]

文　明

摘要： 内蒙古牧区现代化试点工作正在有效推进。然而，试点做法能否成为牧区现代化可复制、可推广的经验，需要实践的检验。当前要解决好草地资源合理利用、草原畜牧业发展方向、政策和资金相衔接、短期任务与长远目标相结合等问题。在今后的实践中，建议保持足够的历史耐心，突出牧民主体地位，做到实事求是、因地制宜，抓住牧区现代化的关键、基础和方向。

关键词： 牧区现代化；历史耐心；牧民主体；因地制宜

自2019年，内蒙古在锡林郭勒盟阿巴嘎旗、呼伦贝尔市新巴尔虎右旗、巴彦淖尔市乌拉特中旗、赤峰市阿鲁科尔沁旗等4个牧业旗相继推行牧区现代化试点工作。同时，出台《牧区现代化三年行动方案（2020—2022年）》（以下简称《方案》），提出了试点工作及今后一段时间牧区现代化建设总体要求、重点任务和保障措施。当前，已形成“芒来模式”“七村模式”“强化产业体系，创新机制体制”“联户经营”“农牧互补”等模式或做法。然而，这些做法，能否成为牧区现代化可复制、可推广的经验，需要实践的检验。

[1]　本文系国家社科基金项目“牧区草牧场确权框架下牧民草牧场承包权有偿退出意愿及影响因素调查研究”（批准号：17BMZ081）阶段性成果。

一、牧区现代化试点及后续推进中需要解决好的几个问题

从新巴尔虎右旗、阿巴嘎旗、阿鲁科尔沁旗等现代化试点以及其他牧业旗实地调查情况看，在推进牧区现代化试点及后续工作中需要解决好以下几个问题。

一是解决好草原生态保护中草地资源的合理利用问题。保护草原生态，是持续推动习近平生态文明思想和习近平总书记考察内蒙古时重要讲话重要指示批示精神落地生根的重要体现，也是内蒙古筑牢祖国北方生态安全屏障的关键所在。近年来，尤其在推进牧区现代化试点工作中，内蒙古始终坚持底线思维，严格执行草畜平衡和禁牧休牧制度，采取严格限制草原上新上矿产开发项目、严格控制草原上修建水库等措施，最大限度保护草原生态。然而，在草原生态保护过程中，草地资源不合理利用问题依然突出，使草原生态保护效果大打折扣。比如，部分草原牧区实施禁牧政策后，因禁牧区牧民转移转产不成功，生计难以为继，只好以偷牧、转牧为生，并没有减轻草场整体放牧压力。同时，因管理不善，禁牧草场生态状况、基础设施建设等遭到破坏，给牧户造成严重损失。部分草牧场、打草场的经营权流转（包括规模性流转），由于受让者短期逐利行为等经济负外部性问题的存在，使牧草资源及草地生态可持续性受损。另外，近两年各地提倡拆掉草场围栏，推进并网经营，力图解决草场碎片化问题。然而，草场围栏并不单是划清两户牧民草牧场的边界线，其背后附加着牧区草场承包、使用等诸多历史和现实问题，而且随着草原围栏的拆除，牧区草牧场经营方式、利益分配方式等都将发生新的变化，对此牧区显然没有做好准备。

二是解决好牧区草原畜牧业发展方向的问题。近几年，在“稳羊增牛扩猪禽”等产业政策的引导下，牧区积极调整牲畜养殖结构，畜群规模、品种结构、发展趋向等都发生了新的变化，为把自治区建

设成为全国重要绿色农畜产品生产基地做出了应有的努力。据2019年统计，全区肉类产量排行前10名的旗县，肉类总产量占全区总量的近1/3，其中没有一个牧业旗县；相反，同年24个传统牧业旗的肉类总产量仅占全区总量的20%左右。可见，量产不是牧区草原畜牧业的优势，论牲畜头数规模、个体产量、集约集聚程度，半农半牧区、农区更占有绝对优势。而绿色的、高品质的、生态的畜产品才是牧区草原畜牧业的相对优势。然而近年来，一方面部分牧业旗大量引进、调剂日本和牛、安格斯等国外优良品种，蒙古牛、草原红牛等适应性强的地方品种饲养比例却明显下降，同时单户养殖规模不断扩大，舍饲比重逐渐提高。甚至有些地区为提高产能，通过蒙古羊、杜泊羊、小尾寒羊的三元杂交，或湖羊、澳洲白羊和小尾寒羊的三元杂交培育出多胎、多产的新品种，并努力将其推广至更大的范围。另一方面部分牧业旗仍在坚持不懈地做着地方优良品种畜的提纯复壮工作，在提升产品品质、强化品牌效应的路上艰难前行，马产业、驼产业等特色产业正在努力转型。显然，牧区畜牧业正朝着两个平行线发展，前者转向“高投入—高产出”型现代畜牧业，后者坚持“生态友好”型草原畜牧业，但两者对牧区生态经济系统的影响迥然不同，因此有必要对两者加以区分，明确发展方向，重点扶持。

三是解决好牧区现代化过程中政策支持和资金投入的衔接问题。据《方案》规划，自治区财政每年向试点旗安排2000万元专项资金，连续支持3年。同时，整合相关资金、项目，提供金融、税收等方面支持，引导社会资本参与牧区现代化建设。可见，每年向试点旗投入的资金至少2000万元，甚至更多。新巴尔虎右旗现已整合资金超10亿元，完成投资达到7.6亿元。从当前试点推进情况看，试点资金多投向第一产业端（包括畜牧业生产性基础设施建设），部分资金则投入生态保护、公共基建等。而大量的社会资本更倾向于投入电商、物流、旅游等二、三产业领域。然而，在具体实施中，嘎查集体和牧民作为牧区现代化的主体，对配套政策和投入资金的知情、决策、参与程度仍有待提高；财政投入资金的产权归属和延续期限仍需要明确；在各种优惠政策诱导下追逐牧区现代化“工程”的社会资本的潜在风险仍需要评估。在试点阶段，政策和资金可适度倾斜且带有指向性和引导性，但必须避免政策支持和资金投入的短期行为，规避外热内冷的被动式建设，使试点做法能够复制推广，能够与后期整体推进牧区现代化有效衔接。

四是对牧区现代化的短期任务和长远目标要有清晰的认识。《方案》从进一步加强草原生态保护建设、加快发展草原畜牧业、补齐民生公共服务短板、推进体制机制创新、铸牢中华民族共同体意识等5个方面提出17项重点任务，并强调“到2021年，完成阿巴嘎旗、新巴尔虎右旗、乌拉特中旗、阿鲁科尔沁旗等4个试点旗的建设任务。从2022年起，逐步扩大到33个牧业旗，全面推开牧区现代化建设”，既安排了牧区现代化试点的短期任务，也确定了推进牧区现代化的长远目标。牧区现代化是一个远大和宏伟的目标，需要全区上下，尤其牧区各级党委、政府及职能部门、基层组织及广大牧民、社会各界共同奋斗和齐心协力才可达到。从试点旗推进情况看，在政府主导、社会各界广泛参与的基础上，通过自治区、盟市及旗县级政府、相关职能部门的积极推动，完成《方案》提出的试点任务应不成问题。但依靠由此探索和积累的经验去指导牧区现代化实践、谋划实现牧区现代化的路线图和时间表，仍有待实践的检验。毕竟，牧区现代化不是某领域单项改革或单一的工作任务，它是整体的、全方位的，全社会各项事业相互匹配的过程，是经济社会发展的新阶段。目前，全区牧业旗发展不平衡、不协调问题仍然突出，保护草原（包括湿地）生态、建设祖国北疆生态安全屏障的压力巨大，因此，实现牧区现代化既要实现“弯道超车”，也要“行稳致远”，对牧区现代化试点短期任务和实现现代化的长远目标要有清晰的认识。

二、持续推进牧区现代化的几点思考及建议

党的十九大报告提出，我国从2020年到21世纪中叶分两个阶段实现现代化强国的目标。内蒙古作为全国六大牧区之首，率先推进牧区现代化试点，为实施乡村振兴战略、促进牧区又好又快发展，尤其为全国牧区推进现代化建设迈出了关键一步。然而，经济社会向前发展的每一步，都不可能是轻而易举的，牧区现代化也不例外。

第一，要保持足够的历史耐心。党的十八大以来，习近平总书记在不同的重要场合多次强调，要有历史耐心。现代化既是目标，也是过程，是社会进步的重要标志，不可能一蹴而就。建议适当延长试点运行时间，推迟至2025年甚至更长，避免以个案代替共性，以做法代替经验。自治区层面可制定牧区现代化供参照的指标体系和时间表，有条件的地方可以与试点同步推进，互相借鉴，相互促进。

第二，始终坚持政府主导、牧民主体的原则，要坚持“以人民为中心”的发展思想，突出牧民作为牧区现代化主体的地位。建议在试点运行过程中，尤其在项目选择、资金投向等方面，充分尊重广大牧民的意愿，广泛听取基层干部群众的意见。通过向嘎查集体、新型经营主体和牧民提供政策、引导思路，激发牧区现代化主体的内生动力，避免政府大包大揽。是否拆除草原围栏等关乎广大牧民切身利益的事项，交由嘎查集体和牧民等利益相关方自行商议解决，将选择权交给当事人，要循序渐进，切不可搞“一刀切”。

第三，始终坚持遵循自然规律、经济规律和社会发展规律的原则，既要突破循规蹈矩，也要尊重规律，做到实事求是、因地制宜。建议改变工程思维，重视试点推进前期的调查和论证，做足可行性研究，而不能急于上项目、搞工程；要依据发展基础选择发展道路，避免生搬硬套和盲目推进，更不能一哄而上。牧区现代化与农村现代化、草原畜牧业现代化与一般畜牧业现代化、牧民现代化与农民现代

化，有共性，但更有区别。

第四，无论从全国战略定位的高度，还是牧区可持续发展的维度，保护草原生态就是促进牧区生产力，是牧区现代化的关键。而草原畜牧业可持续发展是生态优先前提下牧区高质量发展的基础。建议将要启动的草原生态补奖政策体系中，考虑草原牧区多样性因素，尊重发展不平衡、不协调的事实，进一步优化草畜平衡制度，合理划定禁牧区域，提升补奖政策的正向效益，既要避免以偏概全，也要避免一概而论。在保护草原生态的前提下，保护和发展地方优良畜种品种，选择生态友好型放牧方式，打造推广绿色高端畜产品品牌，发挥牧区草原畜牧业的相对优势。

第五，牧区现代化，不仅仅是草原生态的可持续、草原畜牧业的现代化、基础设施的完备和公共服务的均等化，更应该是人——牧民的现代化，这是牧区现代化的方向。建议高度关注、调查摸底生态移民、禁牧转移转产牧民等牧区脆弱群体的生计状况，采取切实可行的改善措施。同时，在牧区现代化试点工作中，利用抖音、快手、视频号等新媒体，以微讲堂、短视频等形式，适当安排可持续发展、绿色发展、现代化相关的培训项目，肃清网络环境，实现思想、观念和思维模式的改变，逐步实现人与自然和谐共生的现代化。

作者单位：内蒙古自治区社会科学院牧区发展研究所

筑牢北疆安全稳定屏障视角下
内蒙古边境旗市人口流失现状及对策研究

李　莹　范丽君　史主生

摘要：人口流失问题不但制约着边境地区经济社会发展，而且导致边境前沿管控依托的民力资源缺乏，影响边疆的安全与稳定。第七次人口普查数据显示，内蒙古19个边境旗市常住人口与10年前相比，减少30多万人，减少比例为全区人口减少比例的6倍，且出现人口流向呈阶梯化的态势和青壮年大量流失后导致老龄化问题突出的特点。通过分析内蒙古边境旗市未成年人、中青年人、老年人三个群体流失的主要原因，提出防止边境人口过度流失的对策建议。

关键词：边境安全；边境旗市；人口流失

党政军警民合力强边固防是新时代我国建设强大稳固边疆的重要保障，人防作为传统防范的重要手段，是安全防范的基础。“一户群众就是一个哨所，一个边民就是一名哨兵”，即使科学技术不断进步，人防仍然是不可替代的防范手段。内蒙古陆地边境地区的人口流失问题不但制约着边境地区经济社会发展，而且导致边境前沿管控依托的民力资源缺乏，极易给境内外不法分子提供可乘之机，影响边疆的安全与稳定。课题组针对边境旗市人口流失问题前往内蒙古东部、中部、西部地区的边境旗市开展实地调研，形成此报告。

一、内蒙古边境旗市人口流失现状及特点

（一）内蒙古边境旗市人口流失总体情况

2020年第七次人口普查数据显示，全区19个边境旗市共有常住人口1543829万人，与2010年第六次人口普查数据相比减少了306246人，人口减少比例高达16.55%，是全区人口减少比例的6倍。人口流失前4位的边境旗市分别是满洲里市、四子王旗、阿尔山市、达尔罕茂明安联合旗。边境地区人户分离的现象严重。

（二）内蒙古边境旗市人口流向呈阶梯化态势

目前，边境地区人口流向呈阶梯化态势，抵边嘎查村人口流向周边小城镇，周边小城镇人口流向旗县中心城镇，旗县中心城镇人口流向区域中心城市，区域中心城市人口流向自治区首府以及周边省区。

（三）内蒙古边境旗市的青壮年大量流失导致老龄化问题严重

内蒙古边境旗市流失人口主要为青壮年，产生大量留守的未成年人和老年人，随着未成年人逐渐随父母迁出，最终导致边境地区人口年龄结构不合理，老龄化问题严重。按照联合国“65岁以上老人占总人口的7%，即该地区视为进入老龄化社会”的标准，根据第七次人口普查数据，2020年内蒙古19个边境旗市65岁以上人口占比达11.97%。65岁以上人口占比最高的达尔罕茂明安联合旗达到19.34%，最低的东乌珠穆沁旗达到7.75%，都超过了联合国划定的老龀化社会标准。这一状况在边境嘎查村更为严重，以某边境一线嘎查村为例，45周岁以上护边员的比例高达76.4%。随着1963年到1973年出生的人口陆续步入老年，出生率下滑，缺少新生人口的有效补充、中青年留不住以及人均寿命延长，未来5—15年边境地区的老龄化、高龄化问题将更加严峻，这给边境地区发挥戍边功能带来一定影响。

二、内蒙古边境旗市人口流失原因分析

本次调研发现边，边境旗市各个年龄段人口都存在流失现象，某些一线边境苏木人口流失比例高达90%。人口迁移的推拉理论认为，人口迁移由迁出地的推力（排斥力）与迁入地的拉力（吸引力）共同构成。下面就从迁出地的视角，以青壮年、未成年、老年三个群体在其所处生命阶段的基本需求为切入点，分析哪些推力导致边民流失。

（一）青壮年就业难

虽然通过兴边富民、乡村振兴等一系列政策实施，边境地区的基础设施状况明显改善，但是电力、通信和网络基础设施建设滞后仍是制约边民生产生活的难题。以乌拉特后旗获各琦抵边苏木为例，只有130余户边民接通大高压电，通电率不足20%，其余边民靠风光互补设备解决生活用电问题，但风光互补装置存在功率偏低、蓄电池寿命短等问题，难以满足广大边民生产生活用电需求。此外，还有通信信号和网络覆盖问题，获各琦抵边苏木境内有电信、移动基站8座，通信覆盖率不足30%，有5个嘎查境内大部分区域无网络信号，多数边民通过安装信号扩大器接收手机信号，但信号稳定性较差，遇风沙、雨雪天气，基本无法正常接收信号。电力、通信和网络条件的落后，阻碍了边境地区新就业形态的发展，导致青壮年不愿意在边境地区生活。此外，经济发展水平低是边境地区人口流失的主要原因。2019年，19个边境旗市地区生产总值1316.45亿元，不足2013年生产总值的80%，7个旗市的财政收入出现负增长，其中新巴尔虎右旗降幅高达18%。大部分边境旗市的人均可支配收入在全区103个县级行政区中排名靠后。从总体来看，19个边境旗市的三次产业结构比重为17：41：42，产业配置不合理直接导致就业结构的扭曲，大量剩余劳动力聚集于第一产业，劳动生产率低，劳动报酬增长缓慢。由于经济体量小，产业单一，带动就业不足，边境地区的青壮年等富余劳动力只能外出打工。

（二）未成年人受教育难

边境地区的教育资源短缺，主要是由于2000年撤点并校政策实施后，边境地区的许多学校被撤销、合并，使得优质的教育资源向大中城市集中，边境地区优秀师生的流失，进一步导致教育质量下滑和学校衰落。2000年，全区19个边境旗市共有小学777所，到2020年仅剩121所，减少656所。以减少最多的科尔沁右翼前旗为例，原有小学283所，到2020年仅剩28所；原有普通中学30所，到2020年仅剩3所。学校数量减少致使边境地区的学龄儿童、初高中生只能到中心城镇去接受正规教育。乌拉特后旗潮格温都尔镇仅有一所中心学校、一所幼儿园，是乌拉特后旗境内阴山山脉以北1200多平方千米广袤草原上唯一的一所留守学校，当地边民只能把孩子送到周边旗县或盟市地区就学，由于孩子需要家长长期陪读，进一步导致抵边居民的流失。

（三）老年就医养老难

内蒙古边境地区的自然环境相对恶劣，冬季漫长且常伴有大风雪天气，尤其是西部百里戈壁滩，沙尘暴和地质灾害频繁发生。在恶劣的生活环境下，家庭条件稍好的老年人都会选择向内陆地区迁移。由于边境地区医疗条件匮乏，缺少全科医生，一些身患疾病的老年人也选择“户留人走”，到医疗条件相对较好的城镇居住，以接受系统治疗。

三、防止边境人口过度流失的对策建议

边民是实现国防安全保障的第一道防线，在健全强边固防机制中的地位越来越重要。边民是具有经济属性的自然人，要留住边民，可通过拓展边民的发展空间、提高边民的收入水平、改善边民的生产生活条件、提升边民的荣誉感和认同感等方式来实现。

（一）政策留人，拓展边民的发展空间

内蒙古边境地区远离经济发展中心，市场化不足，政策对于边

境地区发展及边境人口迁移的影响非常大。目前，除了国家统一的土地制度、户籍管理制度和社会保障制度，草原生态保护补助奖励机制和《内蒙古自治区边民补助管理办法》对边民生产生活的影响也非常大。制度的完善和持续性不仅有利于保证边民的合法权益，还有助于城市劳动力下乡，在一定程度上补充边境地区人口。因此，这类与边民切身利益相关的政策需要继续加大财政支持力度，提高针对边境地区均衡性转移支付比例，推动边境地区“安边治边”与“兴边富民”相结合，保障边民病有所医、老有所养、弱有所扶、幼有所育、学有所教，从而解决边民生产生活的后顾之忧。

（二）产业留人，提高边民的收入水平

留住边民的根本力量在于提高边境地区的经济发展水平和边民的收入水平。首先，提升开放水平，促进经济集聚。大力发展边境贸易，培育国际贸易市场主体，提升企业的投资便利化水平，促进产业集聚。推动边境口岸、自贸区、经济合作区、产业园区和物流园区建设，优化边境管理和营商环境，提升沿边开发开放水平和贸易便利化水平。其次，大力发展边境地区特色优势产业，打造品牌经济。支持现代畜牧业、粮油蔬菜种植业和农畜产品加工业发展。引入先进的农林技术、生产方式和商业观念，按照高端定制化生产地方特色产品。发展边境游、跨境游、乡村游，依托大的旅游集团对旅游资源进行系统性、联合性开发，打造集“吃、住、行、游、购、娱”一条龙服务的边境特色生态旅游产业体系。最后，积极探索口岸地区与腹地盟市合作，促进边境地区的经济社会发展和边民增收。

（三）环境留人，改善边民的生产生活条件

改善电力、通信和网络基础设施建设。首先，采取通高压电和风光互补设备同步推进的方式保障边境地区的稳定供电，对具备通高压电条件的嘎查进行通电，对偏远嘎查的用电基础设施进行更新改造升级，提高边民的用电质量。其次，加强边境地区通信和网络基础设施建设，实现光纤宽带网络覆盖嘎查村、通信信号覆盖重要交通沿线、广播电视覆盖边境地区。最后，加快边境地区政务信息网络平台建设，支持电子政务、电子商务、远程教育、远程医疗、网络安全等重大信息化工程和网络与信息安全建设，依托现代信息服务体系改善边民的生产生活条件。

推进边境地区医疗卫生事业发展。首先，加强边境地区尤其是口岸城镇医疗卫生机构建设，加快补齐边境地区公共卫生应急服务能力短板，完善边境地区医疗卫生服务网络和公共卫生体系建设。其次，推进边境地区远程医疗服务及医联体建设，提高对边境基层医疗卫生服务机构的对口支援力度，选派医术高明的专家和医疗队到边境地区巡回医疗工作，让边民实现就近就医、就好医。

（四）感情留人，提升边民的荣誉感和认同感

人民防线对于确保边防巩固和边境安全具有重要意义。首先，以立法或条例的形式突出边境地区及边民的重要性。这不仅有助于强化边民爱国守边的责任和义务，同时边民也会因承担为国守边的使命而更具有成就感。其次，大力弘扬和传承爱国守边的精神。通过树典型、立楷模，并给予典型、楷模以物质奖励和精神表彰，宣传边民在维护边境安全中的作用，增加守边人“守边护国”的荣誉感。最后，以铸牢中华民族共同体意识为指导，做好边境地区的安全工作。边民对祖国拥有发自内心的认同感就是一道看不见的铜墙铁壁，边民只有树立了国家意识、国防意识、国民意识，才能自觉遵守边防政策法规，及时发现和报告侵犯我国主权的行为及各类违法犯罪活动，严防国外敌对势力和民族分裂势力对边疆地区灌输“西化”与“分化”思想，破坏国家统一。

作者单位：内蒙古自治区社会科学院

提高草原防灾减灾能力，健全和完善草原灾害风险管理机制[1]

塔　娜　何永哲

摘要： 草原主要分布在干旱、半干旱地区，降水量少，生态系统脆弱，一旦遭到破坏，恢复难、周期长。干旱、雪灾、沙尘暴、病虫鼠害以及火灾是威胁草原生态安全和畜牧业生产可持续发展的主要风险。草原防灾减灾事业关乎牧民生命财产安全，关乎社会和谐、边疆稳定，既是衡量执政党领导力、检验政府执行力、彰显民族凝聚力的一个重要方面，也是广大牧民群众基本的生产生活资料和巩固脱贫攻坚成果、实现乡村振兴的重要依托。

关键词： 草原灾害；防灾减灾；风险管理

习近平总书记在十九大报告中强调，树立安全发展理念，弘扬生命至上、安全第一的思想，健全公共安全体系，完善安全生产责任制，坚决遏制重特大安全事故，提升防灾减灾救灾能力。防灾减灾是贯彻新发展理念的一项非常重要的工作。1949—2014年，我国牧区发生草原火灾5万多次，受害草原面积30多亿亩，造成经济损失600多亿元；较大雪灾上百次，直接或间接导致牲畜死亡2.4亿多头（只），造成经济损失千亿元。近10年，我国发生草原鼠害面积4000万公顷，虫害面积2000多万公顷。每年因各类草原灾害造成的直接经济损失达数十亿元。在诸多的草原自然灾害中，旱灾和雪灾对草

[1] 本文系国家社会科学基金项目“内蒙古不同类型草原生态赤字测评及其成因分析”（批准号：17BMZ104）阶段性成果。

原侵袭尤为严重，特别是旱灾，具有成灾范围大、致灾危害性强等特点，成为主要的草原自然灾害。仅2016年的一场严重旱灾就使400万人、2225万公顷草场受灾，锡林郭勒草原和呼伦贝尔草原饲草减产700万吨左右，造成当地经济损失115.9亿元。草原灾害频发，不仅严重威胁生态与生物资源的安全，还成为草原畜牧业可持续发展的主要制约因素，严重影响草原畜牧业生产和牧民增收，给我国社会经济发展带来很大风险与隐患。

一、建立健全草原灾害风险管理机制所面临的挑战

（一）对草原灾害认识不足、重视程度不够

草原灾害不同于地震、洪水等这类短时间暴发造成大量人员和财力损失的灾害，通常表现为渐发式，尤其是大的灾害多经过长时间积聚而发生，缓慢、持久地发生作用，造成的各类损失也要长时间才会显现出来。相较于人口密集区，草原地区地域辽阔、人口少、居住分散，各级政府部门重视程度较低、关注度小。牧民自身减灾防灾意识薄弱，对防灾减灾、灾害风险管理方面的认知水平不高。因此，从政府各级部门、学界，再到家庭牧场等微观组织普遍存在对草原灾害认识不足、重视不够的现象，导致防灾减灾经费、物资严重不足。

（二）缺乏有力的科技支撑能力

长期以来，我国草原防灾减灾科技能力提高速度与社会经济发展速度不匹配，不能满足全社会对防灾减灾的要求。由于缺乏专门的草原灾害研究机构，草原灾害防治专业科研人员严重不足，先进的研究成果少，加之项目经费不足，产学研结合度不够，科研成果不能共享，成果转化慢。关于草原监测预警与灾害防治等方面的高新技术应用研究不够深入，技术水平、产业化程度低，不能为草原防灾减灾提供有力的科技支撑。

（三）全社会灾害风险意识不强，保险未成为风险转移的重要手段

由于社会各层面对草原灾害认识不足，防灾减灾的意识不强，造成整体对灾害风险意识程度不高，政府和个人共同参与灾害风险管理的意识没有形成。从保险机制较完善的国家来看，发生巨大灾害时，保险公司赔付款可承担30%以上的损失，有的发达国家甚至达60%—70%，而我国目前还不到5%。因此，当大的灾害发生时，大部分损失由政府财政承担，各级政府财政给予尽力救助，相当大的一部分损失还是由微观个体承担，无论对于政府还是个体，均会对其造成巨大的经济压力。

二、草原牧区防灾减灾体系与灾害风险管理机制的构建

（一）提高全社会的防灾减灾意识

树立“减轻灾害风险就是发展，减少灾害损失也是增长”的理念，将防灾减灾纳入国民教育计划，加强灾害风险管理等相关学科建设与科普宣传教育基地建设。针对不同社会群体，运用科普读物、影视作品、新媒体、网络教育平台等不同的宣传方式，进行防灾减灾知识和技能教育，提高全民防灾减灾意识。

加强各级政府对草原牧区防灾减灾工作的重视程度，协调有关部门，通过多种渠道加大防灾减灾工作宣传力度，让社会各界充分了解草原灾害特点及危害，培养防灾减灾意识，树立防灾减灾的思想，增强风险防范意识。

牧民是草原利用和管理的主体，因此要提高牧民的自我保护意识和风险管理手段，积极采取各种有效的防灾减灾措施，规避不必要的生命和财产损失，同时发挥牧民科学管护利用草原的能力。

（二）加强草原灾害风险管理法制与机制建设

从长期的草原防灾减灾实践经验来看，目前，草原防灾减灾工作

在相关法律、法规和机制等方面还不能适应草原灾害频发的现状。要尽快形成以草原防灾减灾法律法规为主干、相关配套应急预案与技术标准为辅助的防灾减灾法规体系。推进草原防灾减灾法律、法规体系的建设，进一步规范、完善有关方面的法律法规，进一步明确政府各职能部门、相关单位、企业和个人在草原防灾减灾中的具体职责，由于在防灾减灾救灾工作中玩忽职守的单位或者个人造成损失或重大社会影响的，应当依纪依法追究当事人的责任。切实保障风险分担机制的建立与运行，将灾害对草原和牧民的危害降到最低，为将来的草原防灾减灾工作起到保驾护航的作用。

（三）提升综合防控水平，变被动抗灾为主动防御

充分发挥我国的政治优势和社会主义制度优势，坚持各级党委、政府在防灾减灾救灾工作中的领导和主导地位，坚持党委领导、政府主导、社会力量多方参与，发挥组织领导、统筹协调、提供保障等重要作用。

做好草原防灾减灾统筹规划，建立健全草原防灾减灾预案。将草原防灾减灾工作内容纳入自治区、旗县等各级国民经济和社会发展总规划。各级财政应继续支持灾害风险防范、风险调查与评估、基层减灾能力建设等防灾减灾相关工作的开展。各相关部门在草原防灾减灾工作中加强协调配合，联防联控，信息共享，认真落实规划内容，提高草原牧区灾害综合防控能力。针对草原灾害特性与特点，在灾害监测预警、应急防治等方面，进一步完善相关专项应急预案，实行目标管理，规范防治工作，建立全面、准确、迅速、有序的应急工作机制，提升区域承灾能力，及时有效地阻断草原灾害链，防止灾害进一步扩散。

（四）加大对草原防灾减灾的科学研究与技术创新方面的投入

加大对草原防灾减灾的科学研究、人才培养、技术研发、教育培训等方面的经费投入。完善产学研协同创新机制，加快推进防灾减灾救灾产业发展，开展防灾减灾救灾新材料、新产品研发，提升防灾减灾科研成果转化利用率。加强灾害基础理论研究和关键技术研发，着力研究草原灾害规律及灾害链的孕育、发生、发展、演变过程，分析致灾成因机理。推进大数据、人工智能等先进科学技术与方法在草原灾害监测预警和应急实际工作中的广泛应用，提高灾害信息获取、预报预测、风险评估、应急通信与保障等能力。着力构建科技防灾减灾应急机制，面对草原多灾种灾害叠加、灾后重建涉及多部门、领域交叉等情况，着力构建多部门与机构协作运行的科技应急组织机制，建设跨学科、跨部门、多灾种复杂灾情识别和监测预警的综合应急响应平台，整合科技资源，强调部门协调，提高执行效率，充分发挥科技在防灾减灾中不可取代的支撑作用。深入研究草原灾害与当地生态环境、社会经济之间的相互关系等内容，制定因地制宜的科学防灾减灾规划与发展战略，不断提高草原防灾减灾工作的现代化水平。

（五）建立饲草储备长效机制

加快建立和实施牧区饲草料储备制度，以适应草原灾害引起的草地产草量的波动，从而降低草原畜牧业经济损失，减轻牧民负担，增强政府抗灾能力。饲草储备是我国草原牧区战略储备的重要组成部分，对于维护国家饲草安全至关重要。充足的饲草储备能够快速、有效地缓解牧区突发灾害带来的饲草料短缺问题，是保障牲畜安全越冬的重要条件和草原畜牧业可持续发展的基础环节。做好牧区抗灾饲草储备工作，在草原灾害发生时，不仅可以减少饲草料跨地区调剂、长途运输成本，避免供给时间不平衡，减少自然灾害给农牧民造成的经济损失，同时还有利于解决年际间和季节性牧草供给不平衡问题，促进我国草产业发展，助力实现我国牧区畜牧业可持续发展。

（六）建立并完善草原灾害保险制度

灾害保险作为一种市场化的风险转移制度，灾后及时救助和理赔是保险社会管理功能的最直接体现。充分发挥政府的推动作用，建立市场化风险损失补偿机制，持续扩大保险覆盖面，贯穿于灾前、灾中、灾后，对风险防范、损失补偿等方面进行专业化、社会化灾害风险管理。

完善草原灾害保险制度，要逐步形成在政府财政支持下，多方社会力量协同配合的多层次草原灾害风险分散机制。通过必要的财政支持，建立草原灾害保险制度，统筹管理草原灾害风险，减轻政府负担，将过去的政府全担风险转由全社会分担，放大财政资金效能，提高政府的灾害风险管理水平与救灾效率。推进草原牧区金融支持政策的跟进，激活草原牧区金融服务链，完善应对灾害的金融支持体系。鼓励各地根据本地区的灾害风险特点及当地实际经济的承受能力，探索有效的草原灾害风险管理模式。

作者单位：内蒙古自治区社会科学院

牧区振兴的地方探索与经验启示

——苏尼特左旗牧区振兴实践调查

苏 文 张 敏

摘要：苏尼特左旗作为内蒙古典型的牧业旗，通过发挥基层党组织核心作用、培育壮大本土化人才队伍、契约化管理嘎查事务、创新探索“玛拉沁胡力奇+四所一庭一室”机制和“防贫保险+党员中心户+贫困户”模式深入推进牧区振兴，从规划设计、党建引领、培育人才、凝聚合力等方面为其他牧业旗县提供参考。

关键词：牧区振兴；地方探索；经验启示

牧区在我国经济社会发展大局中具有重要的战略地位，要实现社会主义现代化强国的目标，牧区振兴不可或缺。由于牧区与农区的自然、人文环境以及产业形态等有明显的差异，在实施乡村振兴战略过程中，应遵循牧业生产、牧民发展、牧区社会进步的基本规律，在保护好草原生态的基础上，延续牧业发展，实现牧区生产与生态和谐发展。苏尼特左旗作为内蒙古典型的牧业旗，因地制宜在牧区振兴方面进行了有益的探索，总结提炼其成功经验，对于其他牧业旗县发展具有一定的借鉴意义。

一、苏尼特左旗牧区振兴的探索实践

（一）发挥基层党组织核心作用，发展壮大嘎查集体经济

将发展壮大嘎查集体经济作为“书记工程”来抓，压实旗委

书记、苏木镇党委书记、嘎查党支部书记三级书记抓集体经济主体责任，制定嘎查研究发展计划，落实发展项目。选派嘎查“第一书记”、产业指导员、党建指导员、驻村工作队队员，不断强化组织引领，切实增强嘎查领导班子推动发展壮大集体经济的整体功能。积极推广“党支部+合作社”发展模式，充分利用嘎查资源、资产、资金等生产要素，大力发展基层党组织领办创办、经济合作组织。全面推行嘎查账目苏木镇管理制度和集体财务审计制度，严格执行“一事一议”制度和“四议两公开”议事规则。苏尼特左旗49个嘎查全部建立集体合作经济组织监事会，落实集体资产管理责任，实现了资金积累与滚动发展的良性循环。49个嘎查集体经济均达到5万元以上，其中80%的嘎查达到10万元以上，15%的嘎查达到100万元左右。

（二）立足地区发展实际需求，培育发展本土化人才

首先，从人才队伍结构、布局和创新能力与全旗经济社会发展需要相适应的角度出发，大力推进本土化人才队伍发展。结合“两委”换届，将48名创业成功返乡人士、致富能手等人才发展为党组织书记、嘎查长、合作组织负责人，切实增强嘎查领导班子推动发展壮大集体经济的整体合力。其次，大力推进基层干部队伍年轻化与高学历化，全旗49个嘎查“两委”成员平均年龄35.27岁，高中及以上学历成员学历达到47.67%。严格落实“一嘎查班子一名大学生”培养计划，加强嘎查后备干部库建设，保证每个嘎查培养2名以上大专以上学历的后备干部。最后，充分发挥旗内新型职业牧民培训学校的优势，加强职业技能培训，提升牧民文化素质。

（三）开展嘎查事物契约化管理，提高基层自我约束、管理能力

一是积极开展嘎查契约化管理试点工作。选择巴彦德力格尔嘎查、呼和淖尔嘎查开展经济社会民生等事务契约化管理试点。二是制定嘎查集体资产管理、经济项目建设、公益事业管理、社会事业管理、基础组织建设等契约协议。通过总结推广巴彦德力格尔嘎查契约化管理成功的经验，将契约关系引入全旗49个嘎查集体经济管理之中，把集体草场租赁、“铁畜”提留、流动畜群经营等事项，以合同、协议等书面形式，明确基层组织与牧民之间的履约责任，形成公正透明、责权明晰、执行有据、运作规范的长效机制，充分发挥群众的参与权、监督权、知情权，使牧民群众积极参与嘎查集体经济管理，助推嘎查集体经济健康平稳发展。

（四）“玛拉沁胡力奇+四所一庭一室”机制，实现矛盾化解在基层

由于牧区居住分散，行政执法部门的宣传半径有限，过去单一的普法形式和工作力度已经远远不能满足牧民学法的实际需求。积极探索牧区普法工作新途径，建立玛拉沁胡力奇（牧民律师）队伍。选出懂法律常识、有经验、有责任、有文化素养的牧民，为其发放聘书和普法书籍，部署普法工作任务，化解矛盾纠纷，并由旗司法局协调法检两院和执法部门人员定期、集中进行专业法律培训，使牧民能够随时咨询法律、学习法律，有效地解决了制约牧区普法工作的一大难题。同时，探索建立“四所一庭一室”工作机制。将“四所联调”（司法所牵头，公安派出所、草监所、国土所联合调解）与法院的巡回法庭、检察院的驻镇检察室进行整合，对排查和受理的矛盾纠纷形成联调一体化调处工作机制，最大限度实现信息互通、资源共享，加强司法调解、行政调解和人民调解的衔接配合，有效及时化解矛盾。

（五）“防贫保险+党员中心户+贫困户”模式，织密困难群众保障网

2020年，苏尼特左旗与中国太平洋保险公司签订“防贫险”，为贫困线以上、年人均收入8000元以下的困难群众提供防贫保险，提高已脱贫人口和非贫低收入人口的风险保障水平和抵御风险能力。同时，充分发挥党员中心户上联支部、下联牧户、带动党员、服务群众的作用，加大对党员中心户资金和设备方面的扶持力度，把党员中心户逐步打造成党员中心户示范户，发挥好其带头引领作用。全旗党员中心户领办创办合作经济组织达到42个，197名党员中心户辐射带动

412名贫困户稳定脱贫。达日罕锡力嘎查党员中心户格希格都仁带头创办查干哈达畜牧业专业合作社，辐射带动牧户109户，平均每年为社员增收6800多元。

二、苏尼特左旗牧区振兴的经验启示

（一）绘好牧区振兴蓝图——统筹规划，科学推进

牧区振兴是一项长期性任务，要坚持规划先行，谋定而后动，不仅要有符合地区实际的总体规划，还应细化设计产业、人才、治理等方面的具体规划。苏尼特左旗因地制宜，按照“南牛北羊、减羊增牛、保护马和驼”的发展思路，进一步调整畜群结构，推动形成结构更加合理、保障更加有力的畜牧业发展布局。同时，针对人才发展研究制定《苏尼特左旗中长期人才发展规划纲要》《苏尼特左旗实用人才三年培育规划》，有针对性地开展企业经营管理、牧区适用技术、新型职业牧民等知识培训工作。此外，针对集体经济、旅游发展、城镇发展都进行了规划设计。科学的顶层规划明确各项事业发展的总体思路、发展布局、目标任务、政策措施等，实现了事事有规可循，层层有人负责，为牧区振兴提供了有力保障。

（二）筑牢牧区振兴堡垒——强化组织，党建引领

基层党组织振兴是牧区振兴的坚强堡垒。苏尼特左旗始终以党建引领作为重要抓手，结合党员学习实际，开设党员教育培训“云课堂”，开办“社区党员夜校”，创新“四+”学习法，不断强化基层党组织的政治功能，持续提升基层党组织的组织力，切实增强牧区基层党组织的创造力、凝聚力、战斗力，推动牧区基层党建工作的全面进步、全面过硬。一方面强化各级党组织抓党建主责主业意识，大力推广“党支部+合作组织”“联合党委+企业”等模式，引导走合作联合、抱团取暖的发展路子，持续发展壮大嘎查集体经济；另一方面推行旗、苏木镇、嘎查、牧民小组、牧民党员五级网格治理模式，重点

发挥基层党员先锋模范作用，激发民众参与基层治理的积极性，有效推进牧区普法工作，及时化解矛盾纠纷，完善牧区基层自治、法治机制。

（三）夯实牧区振兴基石——引育并重，壮大新农

牧区振兴，以人为要。探索创新本土化人才的培养开发新模式，从人才队伍结构、布局和创新能力与全旗经济社会发展需要相适应的角度出发，通过建机制、重培育、强关怀，进一步盘活乡土人才资源。推动机制创新，制定完善人才使用、管理的相关制度，扎实推进人才分类评价制度改革工作，全力做好人才引进工作。提供专业化的培训服务，培育壮大新型职业牧民队伍，发展牧区专业合作社、家庭牧场、网红能人等新型经营主体，培育一批懂技术、善经营、会管理的新型专业牧民人才，为牧区发展增活力、添后劲。将合作社带头人纳入现代畜牧业人才支撑计划、高素质牧民培育工程等项目培训对象，围绕合作社制度建设、内部管理、业务模式等方面开展专题培训。

（四）凝聚牧区振兴合力——保险助农，结对帮扶

农业保险是现代金融的重要组成部分，对推进牧业现代化发展、促进牧区产业振兴、保障牧民收益等具有重要作用。苏尼特左旗由旗政府出资，为处于贫困边缘的从事牧业生产的低收入户以及国家扶贫开发子系统标注不享受政策的已脱贫户（简称非贫低收入户）购买“防贫险”，防止他们因病、因学、因灾、因意外致贫或返贫，解决了贫困人口“边减边增，边脱边返”的问题。同时，充分发挥党员中心户上联支部、下联牧户的“双联”桥梁纽带作用，帮助困难群众增强市场意识，提高其经营管理能力，带领困难群众共同走上增收致富之路。

作者单位：内蒙古自治区社会科学院公共管理研究所

图书在版编目（CIP）数据

内蒙古发展报告. 2021 / 包思勤主编. -- 呼和浩特: 远方出版社，2022.1

ISBN 978-7-5555-1668-2

Ⅰ.①内… Ⅱ.①包… Ⅲ.①区域经济发展—研究报告—内蒙古—2021②社会发展—研究报告—内蒙古—2021 Ⅳ.①F127.26

中国版本图书馆CIP数据核字(2021)第256547号

内蒙古发展报告（2021）

NEIMENGGU FAZHAN BAOGAO（2021）

主　　编　包思勤
责任编辑　云高娃　蔺　洁　王　叶
责任校对　云高娃　蔺　洁　王　叶
封面设计　晓　乔
版式设计　王改英
出版发行　远方出版社
社　　址　呼和浩特市乌兰察布东路666号　邮编010010
电　　话　（0471）2236473总编室　2236460发行部
经　　销　新华书店
印　　刷　内蒙古爱信达教育印务有限责任公司
开　　本　175mm × 255mm　1/16
字　　数　270千
印　　张　18.5
版　　次　2022年1月第1版
印　　次　2022年1月第1次印刷
标准书号　ISBN978-7-5555-1668-2
定　　价　60.00元